Joan Slavici

Die Rumänen in Ungarn, Siebenbürgen und der Bukowina

Joan Slavici
Die Rumänen in Ungarn, Siebenbürgen und der Bukowina
ISBN/EAN: 9783742870216
Hergestellt in Europa, USA, Kanada, Australien, Japan
Cover: Foto ©ninafisch / pixelio.de

Manufactured and distributed by brebook publishing software (www.brebook.com)

Joan Slavici

Die Rumänen in Ungarn, Siebenbürgen und der Bukowina

Die Völker Oesterreich-Ungarns.

Ethnographische und culturhistorische Schilderungen.

Sechster Band.

Die Rumänen
in
Ungarn, Siebenbürgen und der Bukowina.

Von

Joan Slavici.

Wien und Teschen.
Verlag von Karl Prochaska.
1881.

Die Rumänen

in Ungarn, Siebenbürgen und der Bukowina.

Von

Joan Slavici.

Wien und Teschen
Verlag von Karl Prochaska.
1881.

Bodenverhältnisse.

Die Rumänen bewohnen, theils in compacten Massen, theils mit anderen Völkern gemischt, den östlichen Theil des Reiches, an den Grenzen und landeinwärts bis gegen Debreczen und Szegedin. Die Frage ihrer Niederlassung ist besonders in neuerer Zeit viel besprochen worden und gilt noch immer für eine unbeantwortete; es wird aber als feststehend betrachtet, daß in den Thälern der siebenbürgischen Karpathen schon zu Anfang des XIII. Jahrhunderts eine mehr oder minder ausgebreitete rumänische Bevölkerung feste Wohnsitze hatte und daß seit etwa vierhundert Jahren die östliche Gruppe der Karpathen und das flache Land um diese herum, soweit man die Berge mit freiem Auge erblickt, die Heimat der Rumänen ist. Angenommen also, daß das rumänische Volk nicht in den Karpathen seinen Ursprung nahm, so ist es doch da zuerst in größeren Massen aufgetreten, hat sich dort entwickelt und ausgebreitet, erreichte dort seine heutige sociale Bedeutung und verbrachte somit den wichtigsten Theil seines Lebens unter dem Drucke der Bodenverhältnisse seiner heutigen Heimat. Diese Verhältnisse bestimmten vor Allem die natürliche Richtung seiner örtlichen Ausbreitung.

Die Rumänen waren von jeher als ein Gebirgsvolk bekannt und sie erscheinen in der Geschichte zuerst als unruhige Hirten, die ihre Heerden thalabwärts treiben oder sich in die Thäler wagen, um Beute zu machen. Im XIII. Jahrhundert treten jedoch zwei abgesonderte Gruppen auf, die schon feste Wohnsitze haben und wahrscheinlich auch Ackerbau treiben; die eine auf den südlichsten und die andere auf den nördlichsten Abhängen der großen siebenbürgischen Karpathenkette, bei Fogaras und bei Bistritz. *)

Weiter thalabwärts, wo heute die rumänische Bevölkerung überwiegt, war es damals, vor sechshundert Jahren, ziemlich öde, so daß man Leute aus fernen Ländern heranrufen mußte, um

*) Es wird dieß von keinem Geschichtsforscher in Abrede gestellt. Robert Rösler sagt in den „Rumänischen Studien," (Leipzig, Duncker und Humblot, 1871), Seite 139: „wenn es sich auch nicht bestreiten läßt, daß es schon vor dem zwölften Jahrhundert walachische Hirten in den Hochthälern der transsylvanischen Alpen, wie auf dem Terrassen- und Tiefland der Walachei gegeben haben mag, doch die Hauptmasse der Nation sich hier noch nicht kann befunden haben, daß die Romänen also ihr politisches Dasein in den genannten Ländern erst seit dem Ende des zwölften und dem Anfang des XIII. Jahrhunderts batieren dürfen, denn erst damals sind größere zusammenhängende Räume dichter von ihnen erfüllt worden." — Eudoxius von Hurmuzaki widerspricht in den „Fragmenten zur Geschichte der Rumänen." (Bucuresti. Socec et Comp. 1878) dieser Behauptung nicht. — Siehe noch: Lorenz Diefenbach „Völkerkunde Osteuropas" (Darmstadt. L. Brill. 1880) I. Band Seite 295: — Jos. Lab. Pič, „Abstammung der Rumänen" (Leipzig. Duncker und Humblot. 1880) Seite 113 und weiter; — Urkundenbuch zur Geschichte der deutschen Ritter im Burzenlande, abgedruckt im „Archiv für die Kenntniß von Siebenbürgens Vorzeit und Gegenwart" von J. K. Schuller (Hermannstadt. Hochmeister, 1841.) — In demselben „Archiv" finden wir — Seite 64 — eine Urkunde, in welcher es heißt: „Nos Ubaldus Tummels . . . ceterique cives jurati civitatis Bistricia memore damus . . . quod inter Blacos de villa Petri et Teutones . . . advenas . . . discordium exordum fuerat . . . Teutones advenae querellam ponunt, Blacos de villa S. Petri silvam alpestrem . . . pro extruenda villa . . . cedere non velle . . . Blaci aegre ferunt, ut territorium suum ultra mille annos possessum dissipetur . . aequum esse nivenimus . . . silva haec maneat penes silvam Blacorum" . . Diese Urkunde stammt zwar aus dem Jahre 1366; man kann aber aus ihrem Inhalt einen richtigen Schluß für die Zeit ziehen, zu welcher die Sachsen in Siebenbürgen sich niedergelassen hatten.

das Land zu bevölkern.*) Die erste Kunde über die Rumänen stammt aus der Zeit, wo sie mit diesen Colonisten in Berührung kamen. Man weiß es nicht, wie groß diese Gruppen waren, wie weit sie sich ausbreiteten und ob sie vollständig isoliert lebten oder ob, wie heute, die ganze Höhenkette von Fogaras über Hátszeg bis gegen Bistritz von Rumänen bewohnt war: gewiß gab es damals wenig Rumänen, sonst könnte man mehr über ihr Leben und Treiben in Erfahrung bringen.

Etwa zweihundert Jahre später fangen sie an, Anlaß zu Schwierigkeiten zu geben. Die Bevölkerung der Höhen, die sich mittlerweile vermehrt hatte, drängt fortwährend thalabwärts, um sich eine Scholle Erde und ein Stück Brod zu suchen, und da der Boden schon besetzt ist und sie sich stärker und immer stärker vermehrt, werden die Schwierigkeiten immer größer. Die Rumänen erscheinen zu spät hier in den Thälern und auf dem flachen Land und können die Scholle eigener Erde nicht mehr finden; darum irren sie rastlos herum und reiben sich unaufhörlich an den übrigen Völkern, die zur rechten Stunde gekommen waren. Sie müssen dienen und arbeiten, um leben zu können; man bindet sie an die Scholle, um sie zu ruhiger Arbeit zu zwingen, aber die Scholle ist nicht die eigene und kann sie darum nicht festhalten.

Während der letzten hundert Jahre hat sich die rumänische Bevölkerung des Reiches beinahe verdreifacht; doch sagt Kaiser

---

*) Wird von den Rumänen in Abrede gestellt. Hervorzuheben ist in dieser Beziehung das sogenannte: „Supplex libellus Valahorum Transilvaniae" (jura tribus receptis nationibus communia post liminio sibi adseri postolantium)" welches von beiden Bischöfen der siebenbürger Rumänen im Jahre 1791 an den Landtag gerichtet wurde. — Es ist jedoch nicht wahrscheinlich, daß die Rumänen in ungedeckten Gegenden schon zu dieser Zeit bleibende Wohnsitze hatte. — Siehe unten Kaiser Josef II. über die Rumänen des Banats und der ungarischen Ebene, und Freiherr von Enzenberg über die Rumänen der Bukowina.

Josef II. vor weniger als hundert Jahren Folgendes über die Rumänen *): „Die walachische Nation wird noch immer auf eine sehr knechtliche Art behandelt, wovon zum Theil ihre wenige Ausbildung, ihre Unbeständigkeit, ihr Hang zum Stehlen die vorzüglichsten Folgen sind. So lange also in ihnen nicht durch Schulen eine hinlängliche Aufklärung bewirkt, durch gute Behandlung eine Zuneigung für ihren Grund und Boden, auch die Lust zur besseren Bebauung ihrer Häuser und Grundstücke, dann Pflanzung mehrerer Obstbäume rege gemacht wird, so sehen sich diese Leute immer von einem Tage zum andern wie bloß campierend an. Überhaupt fordert diese Nation, daß man ihre Beschwerden anhöre, und mit einigen gründlichen Vorstellungen die ältesten unter ihnen, auf welche sie alles Vertrauen setzen, überzeuge; alsdann kann man Alles mit ihnen richten. . . . . . Die Walachen sind noch so sehr der Unterdrückung und einer sklavischen Behandlung gewohnt gewesen, daß ihnen auch ihre Wohnörter ganz gleichgiltig, und sie also zur Unbeständigkeit, zum Wechsel und allen Ausschweifungen sehr geneigt sind. Bei diesen müssen sowohl Schulen eingeführt, als ihre Geistlichkeit besser belehrt werden; endlich muß auch eine menschlichere Behandlung von ihren Grundherren und Obrigkeiten vor sich gehen, um sie zu bessern und sie an den Grund und Boden zu heften, auf welchem sie sind."

Heute ist der Wunsch des edlen Kaisers erfüllt; es hat sich endlich Alles gelegt: der harte Kampf hörte, nach Hunderten von Jahren, an dem Tage auf, an dem jeder seine eigene Scholle Erbe fand. Das brachten, so im Allgemeinen gesprochen, die Zeit und die Macht der Verhältnisse mit sich; wo jedoch ein jeder seine

---

*) Bartenstein, kurzer Bericht von der Beschaffenheit der zerstreuten zahlreichen illyrischen Nation in k. k. Erblanden. Frankfurt und Leipzig, 1802. pag. XVIII. Nachgedruckt bei E. von Hurmuzaki „Documente privitoare la istoria Romănilor", B. VII, Nr. CCLXXI, pag. 442.

Scholle fand, hing nur vom Boden ab, denn wer sie nicht in einer der natürlichen Richtungen suchte und fand, der ging für sein Volk verloren.

Weit unten in Istrien ist eine Gruppe von einigen tausend Rumänen, die unbekannt wann und wie dort hingebrängt wurden und die bis zum heutigen Tag einen großen Theil ihrer nationalen Eigenart bewahrt haben; am rumänischen Volksleben jedoch haben sie nicht theilnehmen können: sie sind kein Volk für sich, auch kein Theil eines Volkes, sondern eine ethnographische Curiosität, die, wie alle zu weit vorgeschobenen und willkürlich hinausgeworfenen Bevölkerungstheile, allmälig in anderen aufgehen müssen.

Was hier die verhältnißmäßig zu große Entfernung trotz eines außerordentlich zähen nationalen Bewußtseins mit der Zeit bewirken mußte, haben an den Karpathen andere Bodenverhältnisse bewirkt.

Die Hauptkette der östlichen Karpathen bildet gegen Norden, zwischen dem Tölgyeser und dem Borgo'er Paß einen unburchbringlichen Knoten, so daß der Übergang aus Siebenbürgen nach Galizien nur über Ungarn oder über die ehemalige Moldau möglich ist. Von diesem ziemlich langgestreckten nördlichen Gebirge aus entwickelt sich die Kette in zwei divergenten Linien, beide südlicher Richtung, die westliche, die im Allgemeinen Királyhágó genannt wird und bei den Rátezatu-Höhen endet, jedoch nicht so weit nach Süden, und die östliche, Tatárhágó genannt, die bis zu den Bodza'er Höhen reicht, mehr nach Süd-Osten gewendet. Die Endpunkte dieser zwei Linien sind dann mit einer südlichen, höheren Kette, den Havasok (Alpen), verbunden, und so bilden die Höhen der Karpathen ein mit der Spitze gegen Norden gelehrtes strategisches Dreieck, dessen westliche Seite Siebenbürgen von Ungarn, die östliche von der ehemaligen Moldau und die südliche von der ehemaligen Walachei trennt.

Die Thäler entwickeln sich naturgemäß auch vom nörblichen Gebirge aus. Beinahe sämmtliche Quellen des burch das Dreieck eingeschlossenen Bodens ergießen sich in die drei größeren Flüsse Siebenbürgens, welche an beiden Endpunkten des nörblichen Gebirges entspringen, und zwar die Szamos gegen Westen, bei Robna, die Maros und die Aluta gegen Osten, bei St. Domokos. Das Innere des Dreiecks wird somit durch zwei größere Wasser= scheiden in drei Becken getheilt. Die westliche Wasserscheide, zwischen der Szamos und der Maros, senkt sich allmälig von den Höhen des nörblichen Gebirges bis zu einer Hochebene, die sogenannte mezöség, cămpia, und hebt sich dann wieder bis zu den Höhen von Gäina und Bihor, bei Abrubbánya. Die östliche Wasserscheide ist eine stark durchschnittene. Die Maros und die Aluta entspringen in derselben Gegend, dort, wo die östliche Linie das nörbliche Gebirge berührt, am Hagymás, und fließen in entgegengesetzten Richtungen, die Maros nach Norden und die Aluta nach Süden. An den Abhängen der nörblichen Gebirgsgruppe angelangt, macht die Maros eine allmälige Krümmung nach Westen und fließt dann in südlicher Richtung weiter, so daß sie von ihrer Quelle bis gegen Maros= Básárhely einen beinah vollständigen Halbkreis beschreibt. Die Aluta fließt bis in das Burzenland, verläßt dann ihre südliche Richtung, macht eine plötzliche Krümmung nach Norden und wendet sich dann gegen Westen, sich immer mehr der Maros nähernd. An den Abhängen der südlichen Höhen angelangt, gegen Hermannstadt und Karlsburg zu, sind die beiden Flüße einander ganz nahe; doch sie entfernen sich plötzlich wiederum von einander, indem die Aluta eine jähe Krümmung nach Süden macht und gerade aus gegen die Donau, die Maros aber eine beinah eben so jähe nach Westen beschreibt und der Theiß zufließt. An der Linie nun, die wir uns zwischen dem Punkte, wo die beiden Flüsse

einander am nächsten sind, gezogen denken, ist eine kleinere Wasser=
scheide; sagen wir eine südliche, welche die östliche, große, in zwei
Gebiete theilt: gegen Nord=Osten ist das Gebiet der beiden Kokel=
flüsse, gegen Süden das der Hátszeger= und Czibin=Gebirge.

Die eine der vom Anfang des XIII. Jahrhunderts an
bekannten Gruppen rumänischer Bevölkerung trat auf den Höhen
des nördlichen Gebirgs, die andere aber in den Hátszeger= und
Czibin=Thälern auf. Eine dritte Gruppe tritt gegen Ende desselben
Jahrhunderts bei Lupsa, in den sogenannten „westlichen Bergen",
munţii apuseni, auf.*) Auf den Niederungen beider Wasser=
scheiden, an den Kokelflüssen und auf der östlichen Karpathenkette
finden wir nur aus späteren Jahrhunderten Spuren rumänischer
Bevölkerung.

Heute ist die rumänische Bevölkerung des ganzen vom Dreieck
eingeschlossenen Gebietes folgendermaßen vertheilt:

1. Das nördliche Gebirge, die westliche und die südliche Linie
sind von einer rein rumänischen Bevölkerung besetzt; da aber, wo
die Szamos und die Maros die westliche Linie durchschneiden, an
den Ufern beider Flüsse, finden wir auch Magyaren und in den
Thälern der Hátszeger=Gebirge Magyaren, die jedoch nur rumänisch
sprechen und überhaupt ihre Nationalität eingebüßt haben.

2. Auf den Niederungen der westlichen sowohl, als auf denen
der östlichen Wasserscheide, also am unteren Gebiet der größeren
Flüsse, ist die rumänische Bevölkerung nur überwiegend; doch auf
der östlichen Wasserscheide, da, wo die Maros, an dem nördlichen
Gebirge angelangt, den Halbkreis beschreibt, ist sie beinah ungemischt.

3. Auf der östlichen Linie endlich, auf dem oberen Gebiet
sowohl der Maros und der Aluta, wie auch der beiden Kokel=

---

*) Der walachische Knear von Lupsa mußte den deutschen Ansiedlern
von Offenbánya einen Theil des Lupsaer Territoriums abtreten.

flüsse, finden wir die Rumänen nur spärlich zerstreut und je mehr wir uns den Quellen nähern, desto mehr verschwindet die rumänische Sprache; um die Quellen herum finden wir nur noch Leute, die sich zwar zu den Rumänen bekennen, einiges von ihrer nationalen Eigenart bewahrt haben, aber nicht mehr rumänisch sprechen.

Wenn wir nun das Alles, sowohl das geschichtlich Bekannte, als auch das gegenwärtig Bestehende, zusammenhalten, so drängt sich uns die Überzeugung auf, daß die ursprüngliche Heimat der heutigen rumänischen Bevölkerung des Reichs auf den nördlichen, den westlichen und den südlichen Höhen der siebenbürgischen Karpathen zu suchen ist, und daß sie nur von da aus concentrisch gegen die östliche Linie und excentrisch gegen das Gebiet um die Karpathen sich ausbreiten konnte.

Der Ausbreitung gegen die östliche Linie setzte der Boden an den Höhen des Kockelfluß-Gebietes ein trotziges Hinderniß entgegen.

Der mächtige Drang, der alle Völker thalabwärts treibt, ist ein allgemein bekanntes und auch leicht verständliches Naturgesetz, denn nur Unzufriedene ziehen fort und die Annahme, daß man unten, thalabwärts, leichter die Mittel der Befriedigung findet, ist die natürlichere. Darum führen auch die Straßen gegen die Mündung, wo allmälig die Städte entstehen, und je größer oder je zahlreicher die Thäler sind, die zusammenfließen, desto reger wird die menschliche Bewegung an dem Punkte, wo sich Menschen aus so vielen und so verschiedenen Gegenden treffen. Der Rumäne also, der, dem natürlichen Drang folgend, thalabwärts in eine fremde Gegend zog, isolierte sich nicht, da er sich an einer Landstraße oder in der Nähe einer Stadt niederließ, wo die Möglichkeit, auch fernerhin mit Rumänen in Berührung zu kommen, nicht ausgeschlossen war.

Einen natürlichen Drang thalaufwärts zu ziehen gibt es nicht: Völker werden dazu gedrängt, einzelne Menschen entweder gelockt oder gezwungen. Der Rumäne also, der thalaufwärts in eine fremde Gegend gelockt oder abgeführt wurde, der saß nun da, ganz allein, inmitten einer Bevölkerung, die seine Sprache nicht verstand und seine Gebräuche nicht kannte und verlachte: er gieng wohl daran nicht zu Grunde, aber er trug wenig oder gar nichts zur Ausbreitung des rumänischen Volkes bei. An den Quellen der Maros, der Aluta oder an denen der beiden Kokelflüsse hatte man nichts zu suchen, und die wenigen Rumänen, die sich da niederließen, hätten auf sehr langen Landstraßen nach sehr entlegenen Städten fahren müssen, um die Fühlung mit ihrem Volke zu behalten. Es hat sich also die allmälig auch über das Gebiet der Kokelflüsse ausgebreitete rumänische Bevölkerung nur da erhalten und vermehren können, wo die Bodenverhältnisse die Fühlung nicht erschwerten oder sogar unmöglich machten, also an den nördlichen, westlichen und südlichen Abhängen, wo die Thäler nach von andern Rumänen bewohnten Gegenden münden. Die östlichen Abhänge, soweit die Thäler gegen die östliche Linie münden, sind nur von nicht mehr rumänisch sprechenden und spärlich zerstreuten Rumänen bewohnt. Der Überschuß der Bevölkerung des nördlichen Gebirgs ergoß sich meistens gegen die westliche Wasserscheide und hinüber nach der Moldau, gegen Corbu, Bólbor, Tölgyes, Békás und Gyimes, wo die Fühlung mit den Moldauern möglich ist.

Die Ausbreitung nach außen richtete sich nach den Thälern der äußeren Abhänge und nach den Pässen. Die westliche Linie der Karpathen, wenn auch stellenweise, speciell in der Marmaros, bei Abrudbánya und Hátszeg, stark ausgebildet, ist die offenste der drei Linien. Es sind drei große Straßen, die nach der Ebene führen: von Karlsburg das Maros-Thal entlang nach Arad, von

Klausenburg am Körös nach Großwardein und ebenfalls von Klausenburg am Szamos nach Szatmár. Die östliche dieser Straßen ist die bequemste. Sie hat zur Linken die Hátszeger-Gebirge, aus denen durch den Eisernen-Thor-Paß eine Nebenstraße nach Temesvar führt, und zur Rechten die westlichen Berge mit einer andern Nebenstraße nach Arad und wenn auch mit Umwegen nach Großwardein. Die Straße nach Temesvar ist ziemlich bequem, doch der Übergang von Abrubbánya nach Halmágy und weiter nach Buteni ist im Allgemeinen nur für leichteres Fuhrwerk und direct nach Großwardein nur für Fußgänger und Reiter möglich. Die andern zwei größern Straßen sind weniger bequem. Sowohl die Körös wie auch die Szamos fließen eine Weile durch enge Thäler, die man verlassen muß, um über mehr oder minder hohe Berge die jenseitigen Abhänge zu erreichen. Aber die Wasserscheide zwischen der Körös und der Szamos ist nicht hoch, und hier, zwischen diesen Straßen, ist die westliche Karpathen-Kette so niedrig, daß man beinahe keine bestimmte Grenze derselben angeben kann, und an mehreren Punkten der Übergang für leichtes Fuhrwerk möglich ist. Endlich führt noch eine Straße durch das Marmaroser Gebirge, aus dem Szamos-Thal über den Kamm der Rotunda, entweder nach Marmaros-Sziget oder nach Nagy-Bánya: sie ist ungefähr ebenso beschwerlich wie jene von Arubbánya nach Arad.

Durch alle diese Straßen ergoß sich nun die in den Gebirgen vermehrte Bevölkerung gegen die Donau und gegen die Theiß zu, und dieser Drang nach außen mußte mächtiger sein als der nach innen und besonders als der nach der höher liegenden östlichen Linie. Die Natur setzte jedoch auch diesem Drang ein ebenso mächtiges Hinderniß entgegen. Zu weit konnten sich die Rumänen auf die Ebene nicht wagen, weil sie Fühlung halten mußten und besonders weil ihnen, als Gebirgsleuten, die klimatischen Verhält=

nisse der Ebene nicht zusagten. Das allgemein bekannte Heimweh, dem manche Gebirgs-Bewohner auf der Ebene unterliegen, hat viel dazu beigetragen, daß sie immer wieder in ihre Berge zurückkehrten. Sie konnten sich nur allmälig auf der Ebene bleibend niederlassen, denn nur allmälig konnte eine Art Rumänen entstehen, die auch auf der Ebene zu leben und zu gedeihen fähig waren.

* * *

Die Gebirgsbewohner waren zu allen Zeiten gezwungen, ihr Brod auf der Ebene zu suchen. So lesen wir in einem Bericht des Freiherrn von Enzenberg über die Bukowina (1786) Folgendes*):

„Dieses Land ist, seitdem es Unfälle entvölkert haben, zu einer Hutweide geworden, und die wenigen Bewohner haben die Nachkömmlinge auf ihren Fußtapfen nachgeführt. Eine große Strecke Erdreich einnehmen, um wenig darauf zu ernähren, der Natur die einzige Sorge überlassen, den Ihrigen das Nöthige zu geben, waren die Vorurtheile davon, die noch nicht gänzlich bestritten sind. Hierzu kommen die ansehnlichen Gebirgsgegenden, die fast den größten Theil des Landes ausmachen. Sie sind zwar zum Theil bewohnt, aber nicht überall und so wie sie es sein könnten. Ihre Bewohner, aus dem Vorurtheil, daß die Gebirgsgegenden nur zur Viehzucht geeignet seien und in selben kein Ackerbau statthaben könne, nehmen zum Fruchtbau denen im platten Lande einen guten Theil Grundes hinweg. Hierdurch wird die Bevölkerung gehindert, und alte Ackerfluren, wovon in manchen Gegenden der Gebirge noch deutliche Spuren zu sehen sind, bleiben aus eben dem Grunde dem Viehtriebe gewidmet. Dem Volke das Vor=

---

*) „Documente privitóre la istoria Romănilor" culese de Eudoxiu Hurmuzachi. Bucnresti. 1878. V. VII. pag. 454.

urtheil wider den Ackerbau im Gebirge nach und nach zu benehmen, sind in dem Molbauisch-Kempolunger Okoll mit Sommersaaten von Weizen, Gerste, Hafer und türkischen Weizen Proben gemacht worden, und wenn das bekannte vorjährige Mißjahr nicht gewesen wäre, so würde die Ansaat der Erwartung gänzlich entsprochen haben. Sie hat, durch Überzeugung, daß nicht Lage und Klima an der schlechten Fechsung, sondern ungünstige Witterung die Schuld trage, dennoch das Gute gewirkt, daß dortige Unterthanen schon um Samen das Ansuchen gemacht haben."

Das Alles ist nun im großen Ganzen nicht bloß für die Bukowina, sondern auch für die übrigen Theile des Karpathen-Gebietes richtig. Es gab im Lauf der Zeiten Jahre und ganze Perioden, wo man auf dem flachen Lande nichts anbauen, ja nicht einmal sicher dort verweilen konnte; da war man gezwungen, die Wälder zu lichten und oben auf den Bergen den Anbau zu versuchen. Natürlich ist es beinahe unmöglich zu bestimmen, wann diese Versuche zuerst und zuletzt gemacht wurden; es muß aber sehr lange her sein, denn im Volksbewußtsein blieb keine Tradition davon übrig. Erst im Laufe des XVIII. Jahrhunderts, nachdem die Bevölkerung des flachen Landes sich vermehrt hatte, zwangen die geregelten Zustände die Gebirgsbewohner, die alten Ackerfluren von Neuem zu bebauen. Doch man bebaut auch heute nicht alle: man findet noch immer, besonders auf den Höhen der östlichen Linie, Lichtungen, die einst zweifellos Äcker gewesen sein müssen.

Der Kamm der Karpathen-Ketten ist durchgehends flach, die sanften Abhänge sind mit einer ziemlich dicken Erdschichte belegt und die anliegenden Thäler meistens weit, sich nur allmälig senkend: eben darum sind aber die Thäler meistens nur als fette Heuwiesen zu benutzen, und die Wohnsitze liegen, sammt den Äckern, zerstreut an den Abhängen, bald vereinzelt und bald in kleineren Gruppen. Die Kämme werden meistens nur als Weiden benutzt und sie eignen sich auch vorzüglich dazu. Dort oben, fünf- bis achttausend Fuß über der Meeresfläche, wo gewöhnlich keine Baumgattung mehr gedeiht, dehnen sich in unendlicher Reihenfolge die mit dichtem Gras besetzten und zuweilen sehr breiten Weiden aus. Da in dieser Region viel Thau fällt und es häufig regnet, da der Kamm flach und die Abhänge sanft sind, so ist hier das Gras immer frisch und die Quellen versiegen nie. Der Rumäne benennt diese Weiden mit dem Worte poiană, also mit einem Wort, das in der slavischen Sprache Flachland bedeutet. Und er thut das mit Recht, denn es ist da oben eine ganze Welt von flachen Höhen, auf denen Tausende und aber Tausende von Schafen die fetten Weiden zu menschlicher Nahrung umgestalten und wo man sicher leben und über sein Hab und Gut verfügen kann. Auf den Höhen der nördlichen Gebirge, um die Kelemen, und noch mehr auf denen der südlichen, vom Rätezatu bis gegen Buceciu, sind diese Weiden so zahlreich und so ausgebreitet, daß man wochenlang herumgehen müßte, um alle dort weidenden Heerden zu zählen, und daß man nicht zu hoch greift, wenn man behauptet, daß auf den Höhen der Hátszeger, Czibiner und Fogaraser Gebirge mehr flaches Land sei als in den anliegenden Thälern. Diese Höhen sind nur während der Sommer- und Herbst-Monate von Hirten und theilweise von Heumachenden bewohnt. Angebaut wird auf Höhen, die über viertausend Fuß hoch liegen, nur selten. Doch findet man hie und da alte Ackerfluren auch in höheren Regionen.

Die Karpathen-Hirten, wenn ihnen die Weide zu eng wird, lichten die Wälder auf die bequemste Art: sie legen Feuer an, und wenn beim ersten Versuch die Verheerung nicht gehörig ausfällt, fahren sie von Zeit zu Zeit mit dem Feueranlegen fort.

So wird zum Beispiel die Lichtung der Tannenwälder um Borszék seit etwa zehn Jahren bewerkstelligt. In früheren Zeiten konnte man solche Lichtungen ohne die Gefahr vornehmen, der sich heute der wenn auch unbekannte Brandstifter aussetzt, und manche der fetten Weiden entstanden auf diese Weise. Da der auch ohnedem nicht energische Nachwuchs Jahr für Jahr abgeweidet wurde, erstarb allmälig jeder Baumwuchs an solchen Lichtungen und entstand die erwünschte Weide. Nur da, wo die Abhänge steiler waren, wurde die Erdschicht abgespült und blieb statt der Weide der kahle Felsen. Solche Weiden, wie alt sie auch seien, sind nicht glatt wie die übrigen, sondern wenigstens stellenweise holprig und voll von unausgerodeten Wurzeln und morsch gewordenen Stämmen. Man findet nur hie und da kleinere Lichtungen, die ganz glatt sind, gar keine Wurzeln haben und nicht als Weiden benützt werden können, weil sie zu klein sind und nicht mit den großen Weiden in Verbindung stehen. Von der ehemaligen Cultur blieben an diesen Fluren nur noch Spuren von Grenz- und Wasser= ableitungs=Furchen. Heute werden sie als Heuwiesen benützt.

Denselben sanften Charakter bewahren die Karpathen auch weiter thalabwärts.

An die Ketten reihen sich im Inneren des Dreiecks größere, gebirgskesselförmige, von sanften Hügeln durchzogene und mehr oder minder scharf getrennte Landstriche, so daß man immer wieder derselben Formation begegnet. Die formenreichste dieser Landstriche ist das Hátszeger Land. Der Boden hebt sich von Temesvár an gegen Lugos, Karansebes und wieder gegen den Kamm der westlichen Linie. Endlich erreicht man beinahe unbe= merkt den jenseitigen Abhang und bei Grädiste an den Ruinen der ehemaligen Hauptstadt Sarmizegethusa und der späteren Ulpia Trajana angelangt, sieht man die ganze Landschaft vor sich.

Ganz unten, im Hintergrund, an den ziemlich steilen Bergen, treten Thürme und licht angestrichene herrschaftliche Sitze hervor; näher im Thal, an den Abhängen der linksseitigen und an denen der rechtsseitigen Berge, die den Schnee in den Sommer hineintragen, liegen die Dörfer, bis hinauf zu den beschneiten Felsen, welche wie ein Kranz sich an den schwerfälligen, langestreckten Rătezatu anreihen.

Doch der Anblick der vielen menschlichen Wohnsitze ist es nicht, der in uns das Gefühl des rastlosen Werbens und Seins so rege macht. Wir befinden uns an der Schwelle einer der großen Werkstätten der fleißigen Natur, die rastlos schafft und nie und nimmer mit den eigenen Schöpfungen zufrieden, sie immer wieder vernichtet, um den veralteten Stoff nach denselben Formen neu zu prägen, der Natur, die über die unendliche Zeit verfügt und sich doch keinen Augenblick der Ruhe gönnt. Hier in diesem großen Kessel kocht und siedet Alles. Weit und breit im Thal und auf den sanften Abhängen sieht das Auge die vom Wind wellig bewegten, dichten Saatenfelder; dazwischen, an den tiefer gelegenen und mehr bewässerten Theilen des Thales, wie an den steileren Abhängen der Berge, sproßt das frische Grün der stellenweise mit Obstbäumen bepflanzten Wiesen; aus den Schluchten und von den weniger zugänglichen Höhen blicken bald dunkel und trotzig, bald licht und heiter die üppigen Wälder hernieder; ganz oben endlich, wohl gedeckt und nur Eingeweihten zugänglich, breitet sich die nur hie und da zwischen den Felsen und an den mit Schnee gefüllten Vertiefungen schlicht hervortretende jungfräulich grüne Poiana aus.

So ungefähr sehen auch die übrigen Landschaften der Karpathen aus, zwar nicht immer so groß und so scharf begrenzt, aber stets voll vegetativer Abwechslungen und wenigstens scheinbar abgeschlossen-

An der westlichen Linie sind zwei solcher Landschaften, das Hermannstädter- und das Fogaraser-Land, an der östlichen ebenfalls zwei, das Gyergyoer- und das Csiker-Land, in dem von diesen beiden Linien gebildeten Winkel ist dann das Burzenland, welches sich weit gegen Kérdi-Vásárhely, Szepsi St. György und Marienburg hinaufzieht, und im Nord-Westen, wo die westliche Linie die nördlichen Gebirge erreicht, sind noch die kleineren und nicht ganz scharf geschiedenen Gegenden von Bistritz und Naszod. Weiter gegen die Mitte, um die Hochebene und an den tieferen Theilen der Flußgebiete sind die Thäler ausgedehnt, nur hie und da von wasserreicheren Strichen durchzogen und von meistens bis zum Kamm bebauten Bergen begrenzt. Nach außen endlich zweigen sich aus der Hauptkette kleinere Nebenketten ab, die strahlenförmig gegen das flache Land auslaufen, und die Thäler, die immer breiter werden, stellenweise scharf von einander trennen.

Der zwischen der Maros und der Szamos gelegene Theil der westlichen Linie bildet eine Ausnahme von dieser allgemeinen Bodenentwicklung.

Hier berühren sich die größten Gegensätze: der Maros zu sind die an Erzen so reichen „westlichen Berge", die rauheste Gegend der Karpathen; und der Szamos zu, speciell an der Wasserscheide zwischen der Szamos und der Körös, ist die Gegend so lieblich, wie man eine zweite in ganz Europa in so großer Ausdehnung schwerlich finden kann. Man wäre beinahe versucht, besonders die äußeren Abhänge, die den größten Theil dieser Wasserscheide ausmachen (Szilágyság, Sëlagiu), als ein sich plötzlich senkendes Hügelland zu betrachten; die Hügel sind aber so groß und ihre Abdachungen so weit ausgedehnt, daß man stundenlang fahren muß, um ihren Kamm zu erreichen. Man kann dabei einen ganzen Tag lang dieselbe Richtung verfolgen, ohne einen einzigen rauschenden Bach zu finden; nur weiter thalabwärts sieht man an den üppigen Schilfstreifen, daß es auch hier heimlich wirkende Wasser gibt. Ist man nun endlich oben, am Kamm bei Szilágy Fö-keresztur, bei Szilágy-Somlyó auf der Măgura oder gar auf dem Kamm der Hauptkette, bei Csucsa, wird man erst gewahr, daß das flache Land noch sehr weit unten liegen muß, in einer dem menschlichen Auge unerreichbaren Entfernung. Kreuz und quer ziehen sich die Nebenketten nach allen Richtungen hin, zehn bis fünfzehn hinter einander, die höheren, der Körös zu, durchgehends, die niederen aber, der Szamos zu, nur stellenweise von üppigen Wäldern bedeckt, und überall, wo die Wälder aufhören, beginnen die Ackerfluren und breiten sich aus bis dicht an die gedrängten Dörfer, die meistens in den quellenreichen Vertiefungen der Abhänge verschwinden und sich nur hie und da gegen die Thäler oder gegen den Kamm der Berge zu ausdehnen.

Ganz verschieden hiervon ist die Aussicht, die man auf die westlichen Berge von der Spitze der Găina aus hat. Hier in diesen Bergen sind tiefe Schluchten, wie z. B. der Zugang von Thorda am Aranyos oder der von Karlsburg über Zalathna, schäumende Wasserfälle wie die Scărișoara, ausgedehnte Höhlen wie der Ghețaru, kühne Felsenformationen wie die Cetatea, die Detunata oder der Vulcanu, man hat in jedem Berg die endlosen Irrwege der Gruben, kurzum, man findet Alles, was man sonst nur zerstreut findet, hier zusammengedrängt. Ist man nun auf der Höhe angelangt, sieht man selbstverständlich von allen diesen Herrlichkeiten nur noch die kahlen Felsen, die trotz ihrer Schönheit auch nicht das kleinste Würmchen ernähren könnten.

Oben am Bihoru breitet sich die herrliche Poiana aus. Sie ist mit zierlichen Blumen dicht besäet, aber zu klein für eine Weide und zu hoch gelegen, um fruchtbringend benutzt werden zu können. Überall, wo es sich nur der Mühe lohnte, hat man schon gelichtet und überall, wo es nicht zu naß ist und wo ein wenig Erdschicht den Regengüssen widerstehen kann, hat man den Samen dem Boden anvertraut. Ganz in der Nähe, wo die Bäume nicht mehr gedeihen und die Frucht gewöhnlich nicht zur Reife gelangt, wo man sich freut, vor dem ersten Schneefall eine Art Ernte machen zu können, an dem Kamm der Berge liegen zerstreut die Wohnsitze und die Äcker und die Heuwiesen; doch blickt man gegen das Flachland zu, sieht man nur Wälder und Berge und wiederum Wälder und Berge bis an das Blaue des Horizonts, an dem alles verschwindet. Auf der anderen Seite, gegen das Innere zu, breitet sich ein kleiner, von hohen und besonders nach links von sehr ausgedehnten Abhängen begrenzter Kessel aus. An diesen Abhängen liegen nun, wenn auch keine Dörfer, so doch bis an den Kamm hinauf zerstreute und zahllos scheinende Hofstätten, drei- bis viertausend an Zahl. Inmitten dieser zerstreuten Wohnsitze ist eine größere Gruppe von Häusern, ein Marktflecken sichtbar, zu dem die Gebirgsbewohner ein- oder zweimal wöchentlich strömen. Diesen Marktflecken nennen die Leute Cămpeni, auf deutsch Flachland, denn über soviel flaches Land, als es da unten gibt, verfügen sie nur, und die meisten von ihnen haben auch nie mehr als dieses gesehen.

Es ist dies ein schöner Theil Siebenbürgens, der schönste vielleicht, aber auch der kargste, der den Menschen stets an die Arbeit mahnt und ihn unaufhörlich zum Kampf um's Dasein zwingt.

Auf den Höhen der Hátszeger-Gebirge kann noch der sorglose Hirt seine Lieder in die Welt hinein singen; hier aber, in diesen felsigen und erzreichen Bergen wird man zu einem mürrischen Arbeiter, dem die Welt zu eng und die Menschen zu zahlreich scheinen. Zweimal ergriffen während der letzten hundert Jahre die Rumänen die Waffen und beidemal wurden sie von Leuten angeführt, die dort oben, ganz nahe an der Spitze der Gäina geboren waren. Die Nahrung, welche die Natur nicht freiwillig spendet, muß der Mensch sich erarbeiten, und wenn die Arbeit zu sauer wird, erkämpfen. Überall, wo die Natur freigiebig ist oder wo sich Wege nach mehr oder minder üppigen Gegenden öffnen, kann der Mensch geduldig sein: eingeschlossen aber in einer durch hohe Berge und tiefe Schluchten von der übrigen Welt getrennten, armen Gegend, wird auch der sonst gutartig angelegte Mensch so grausam, wie sich die Motzen wiederholt gezeigt haben.

Doch auf den Höhen der Karpathen-Ketten ist der Boden nirgends im Verhältniß zur Bevölkerung hinlänglich freigebig; wo man auch sei, ist man gezwungen, das noch Fehlende weiter unten in den Thälern und auf der Ebene zu suchen, und wenn auch der Gebirgsbewohner heute nicht mehr das flache Land bebaut, so arbeitet er doch mit bei der Ernte und nimmt den Lohn seiner Arbeit mit sich in Feldfrucht. So besteht, wenn auch in einer modernen Form, das vom Kaiser Josef II. beklagte Hin- und Herwogen der Rumänen auch am heutigen Tage noch, und die ärmere, das heißt beinahe die ganze Gebirgsbevölkerung, verbringt einen guten Theil des Jahres auf dem flachen Lande.

Abstammung und Entwickelung.

Vor etwa sechshundert Jahren erscheinen die ersten auch uns bekannten Gruppen der rumänischen Bevölkerung auf den Höhen der Karpathen. Sie haben sich im Laufe dieser sechshundert Jahre derart entwickelt und ausgebreitet, daß sie jetzt aus etwa drei Millionen Seelen bestehen und somit einen nicht zu unterschätzenden Theil der Reichsbevölkerung ausmachen. Woher dies Volk gekommen und welches seine Abstammung sei, damit beschäftigte man sich Jahrhunderte lang nicht; man hatte es dort in den Bergen vorgefunden, und da es sich im Allgemeinen „Romăni" nannte und eine in manchen Beziehungen der Lateinischen ähnliche Sprache hatte, nahm man an, daß dies Volk aus der Zeit der römischen Herrschaft zurückgeblieben sei. Chronisten und Geschichtsforscher waren darüber so ziemlich einig, und so wurde die damals ohnehin bedeutungslose Frage nicht eingehender besprochen. Schon Papst Innocenz III. wollte einem Bulgaren-König damit schmeicheln, daß er ihn, als angeblichen Rumänen, an seine römische Abstammung erinnerte. Später sind es die biederen Bürger von Bistritz, die ein Zeugniß über die Uransässigkeit der um ihre Stadt wohnenden Rumänen ausstellen; noch später rühmt sich König Mathias der Gerechte seiner römischen Abstammung, und gegen Ende des XVI. Jahrhunderts werden die Rumänen, als Nachkömmlinge der Römer, wiederholt der besonderen Aufmerksamkeit des römischen Stuhls anempfohlen*).

Um diese Zeit erscheint nun inmitten der Rumänen ein Mann, der die besondere Aufmerksamkeit der westlichen Völker auf sich und auf sein Volk lenkt, **Michael der Tapfere**, Fürst der Walachei und Statthalter seiner römisch=kaiserlichen Majestät in Siebenbürgen. Bis in die fernsten Länder ging die Kunde, daß da unten an der Grenze der Türkei ein Volk und inmitten dieses Volkes ein Mann lebe, der, treu an der Christenheit und an Kaiser Rudolf II. festhaltend, die Türken und ihre Bundesgenossen tapfer zu bekriegen verstehe und der alle die unter dem Joch der Türken lebenden Völker zu einem großen Unternehmen zu vereinigen und dem christlichen Westen zuzuführen trachte**). Es war dies das erstemal, daß Rumänen in nähere Beziehung zu den westlichen Völkern traten und für die civilisierte Welt eine gewisse Bedeutung erlangten. Etwa hundert Jahre später wurde dann das rumänische Volk dauernd mit dem Westen verbunden, da der Wiener Hof selbst für das Gedeihen einer ziemlich ausgebreiteten rumänischen Bevölkerung zu sorgen hatte.

Nur allmälig also und nur sehr spät wurden die Rumänen ein Volk, dessen Abstammung und fernere Geschichte auch die westlichen Völker mehr oder minder interessieren konnte. Um diesem stets wachsenden Interesse zu entsprechen, fingen die Gelehrten an, sich eingehender mit dem rumänischen Volke zu beschäftigen.

Man hatte jedoch mit einem großen Mangel an urkundlichen Überlieferungen zu kämpfen, und so fand man bald, daß die Rumänen eher slavischer, als römischer Abkunft seien, bald daß

---

*) „Documente privitóre la istoria Romanilor" de Eudoxio Hurmuzachi. Bucuresti. 1880. Vol. III. pag. 122.

**) „Documenti privitóre la istoria Romänilor" de Eudoxio Hurmuzachi. Bucuresti. 1880. Vol. III. pag. 575.

ihre eigentliche Heimat nicht in den Karpathen, sondern im Balkan zu suchen sei.

Es genügt hervorzuheben, daß die erste dieser Meinungen sich nie verbreiten konnte: heute sind die Gelehrten darüber einig, daß die Rumänen zur Gruppe der romanischen Völker zu zählen seien. Die Frage der ursprünglichen Heimat der Rumänen wurde zuletzt von Robert Rösler aufgeworfen und mit großem wissenschaftlichen Apparat beleuchtet.*) Aus dem uns zur Verfügung stehenden historischen Material kann man nichts oder doch nur sehr Zweifelhaftes über die Rumänen, die während der ersten acht Jahrhunderte des Mittelalters in den Karpathen gewohnt haben sollen, in Erfahrung bringen; so wäre es möglich, daß, als Dacien aufhörte eine römische Provinz zu sein, das romanische Element nach Moesien übergesiedelt wurde, und die Rumänen erst später, gegen Ende des Mittelalters, wo es friedlicher in den Karpathen aussah, dorthin wieder zurückkehrten. Um diese Annahme zu begründen, weist Rösler nach, daß keine Überlieferungen vorlägen über Rumänen, die während der obenbezeichneten Periode in den Karpathen gehaust, wohl aber über Rumänen, die zur selben Zeit an verschiedenen Punkten des Balkans bald als unstät herumirrende Hirten, bald als Sklaven gelebt hätten, ja, daß Rumänen und Bulgaren sogar ein gemeinsames Reich bilden konnten.

Leider ist noch nicht nachgewiesen worden, ob die Rumänen, die mit den Bulgaren ein Gesammtreich bildeten, nicht auch in den Karpathen, sondern bloß im Balkan lebten; auch gibt uns keine Überlieferung Aufschluß über die Zeit, wann die vielen Rumänen aus dem Balkan gegen die Karpathen gezogen wären

---

*) Robert Rösler, „Romänische Studien," (Leipzig, bei Duncker und Humblot, 1871), ein zwar nicht ohne jede Befangenheit abgefaßtes, aber trotzdem werthvolles Buch, welches dem unbefangenen Leser einen klaren Einblick in die erste Periode der rumänischen Geschichte gewährt.

und über die ökonomischen und socialen Motive einer so großen Bewegung.*) Die älteste ungarische Quelle, der anonyme Notar des Königs Béla, gibt an, daß die Magyaren gleich bei ihrem Erscheinen in ihrer heutigen Heimat mit drei verschiedenen Fürsten der Rumänen zu kämpfen hatten. Wäre das wahr, so müßte man zugeben, daß schon im IX. Jahrhundert, also ungefähr nach Vernichtung der avarischen Macht, die Rumänen als selbständig organisiertes Volk in den Karpathen auftreten. Die Glaubwürdigkeit des Anonymus wird jedoch bezweifelt. „Die Erzählung des sogenannten anonymen Notars des Königs Béla,“ sagt Rösler (pag. 79), „bei dem sie allerdings unter dem Namen Blacci Siebenbürgen und den gesammten Osten Ungarns bewohnen, kann hier nicht im entferntesten berücksichtigt werden. Besonnene und kritische Forscher lassen ihn überhaupt als Quelle für die Eroberungs-Epoche nicht zu. Jede vorurtheilslose Untersuchung führt immer wieder nur dazu, die verwerfenden Urtheile zu bestätigen. Ohnehin ist er ein Schriftsteller aus dem Ende des XIII. Jahrhunderts, seine Wahrheitsliebe sehr gering, seine Tendenz unverkennbar. . . . Bei dem anon. Not. begegnen wir siebenbürgischen Herzogen (duces utrasilvani) im IX. Jahrhundert; in Wahrheit erschienen die ersten urkundlich 1176, 1199, 1201. Es ist dies zugleich ein Argument gegen diejenigen, welche ihn unter dem ersten oder zweiten Béla (1061—1063, 1131—1141) setzen wollen, denn es leuchtet ein, daß vor der Aufstellung von siebenbürgischen Wojwoden auch der anon. Not. diese nicht in seine Geschichte eingeführt haben konnte.“

Das ist nun allerdings sehr richtig: der anon. Not. konnte nicht über Dinge schreiben, die erst nach seinem Tode entstanden.

---

*) Siehe darüber Jos. Lad. Pić, „Über die Abstammung der Rumänen“, Seite 70—96.

Dann steht es aber auch zweifellos fest, daß spätestens im XIII. Jahrhundert nicht bloß einige Punkte der Karpathen-Kette, sondern Siebenbürgen und der gesammte Osten Ungarns von Rumänen bewohnt waren, und daß zur Zeit des anon. Not. die Rumänen, da wo er sie angibt, für eine alte Bevölkerung galten, so daß der Notar des Königs sagen konnte: „Zur Zeit, als die Vorfahren meines Königs in dieß Land zogen, hatten sie mit drei verschiedenen Fürsten der Walachen zu kämpfen." Zugegeben also, daß der anon. Not. für die Gründungs-Epoche keine zuverläffige Quelle sei und daß er erst gegen Ende des XIII. Jahrhunderts seine Chronik schrieb, bleibt es doch immer bewiesen, daß die Rumänen auch im Anfange des XIII. Jahrhunderts ganze Gegenden der Karpathen schon besetzt hielten; sonst hätte er sie nicht als eine Urbevölkerung des Landes hinstellen können.

Man wußte zu jener Zeit nicht, wann eigentlich die vielen Rumänen in Siebenbürgen und im östlichen Theil Ungarns sich niedergelassen, und so war man der Meinung, daß sie Urbewohner des Landes seien; verdiente er auch weiter keinen Glauben, so gibt der anon. Not. dieser allgemein verbreiteten Meinung doch wenigstens einen beachtenswerthen Ausdruck. Und betrachtet man die Frage von ethnographischem Standpunkt aus, so scheint diese Meinung auch die richtige zu sein. Denn wie stellt man sich die Rumänen der ersten Jahrhunderte des Mittelalters vor? Man kann doch unmöglich glauben, daß schon zur Zeit, als die Römer Dacien räumten, die Rumänen als fertiges Volk dastanden. Rösler scheint allerdings die Rumänen als eine Art verkommener Römer hinstellen zu wollen*) und so ist es für ihn, ethnographisch gesprochen, auch ziemlich einerlei, ob sie seit jeher in den Karpathen lebten oder nicht. Die Rumänen sind jedoch ein neues

---

*) Rumänische Studien Seite 45.

und von den Römern ganz verschieden angelegtes Volk, welches
sich nur unter gewissen Bedingungen zu dem ausbilden konnte,
was es heute ist. Wären diese Bedingungen die gleichen in den
Karpathen, wie auch im Balkan, so hätte die Frage der ursprünglichen Heimat der Rumänen überhaupt keine Bedeutung. Da sie
jedoch nicht die gleichen waren, wird die Meinung Rösler's um
so bedenklicher, als sie das Verständniß der rumänischen Geschichte
im hohen Grade erschwert.

Die Natur des gegenwärtigen Aufsatzes gestattet keine eingehen-
dere Besprechung der Frage; ich werde nur versuchen, in einigen
möglichst kurzen Strichen ihre ethnographische Seite zu zeichnen.*)

* *
*

Die Rumänen sind das in der ökonomischen Entwickelung am
meisten zurückgebliebene Volk des Reiches. Dieses Zurückbleiben
glauben nun die Rumänen selbst dadurch zu rechtfertigen, daß sie
auf die ungünstigen rechtlichen Verhältnisse der Vergangenheit
hinweisen; ihre Nachbarn, die Sachsen, und besonders die Magyaren stellen die ökonomische Untüchtigkeit der Rumänen als
eigentliche Ursache ihrer Armuth hin. Die Wahrheit ist, daß
nicht bloß die rechtlichen und die persönlichen, sondern auch die
natürlichen Bedingungen ihrer ökonomischen Entwickelung ungün-
stig waren.

---

*) Herr Jos. Lab. Pič, der in seiner oben citierten Abhandlung über
die Abstammung der Rumänen die von Rösler aufgestellte Theorie bekämpft,
behauptet, Hurmuzaki hätte sich „mit der neuen Theorie versöhnt." Im
zweiten (erst jetzt erschienenen) Band seiner „Fragmente zur Geschichte der
Rumänen (pag. 1) sagt jedoch Hurmuzaki: „Seit den Römerzeiten und trotz
aller Wandlungen der Völkerwanderung hatte sich im bergumgränzten Stamm-
land Siebenbürgen und dem nordöstlichen Ungarn der romanische Volksstamm
als Ureinwohner standhaft und unausrottbar zu behaupten gewußt".

Die nördlichen Grenzen des von den Rumänen bewohnten Bodens liegen etwa 3000 Fuß höher, als die südlichen.*) So liegt Orschowa 160, Szegedin 240 und Debreczen 400, wogegen Bistritz 1177, Hermannstadt 1298, Kronstadt 1831, Csik=Somlyo 2202 und Gyergyo St. Miklos 2460 Fuß über der Meeresfläche. Bekanntlich entstehen aber Städte immer an den tiefer liegenden Punkten des Landes. So liegt das zu Gyergyo=St. Miklos gehörige Bélbor etwa 3600 Fuß über der Meeres= fläche und soll auch die höchst gelegenste Ortschaft Siebenbürgens sein.

Die hydrographischen Verhältnisse führen uns zur Annahme, daß es weiter gegen Süden andere ebenso hoch gelegene Ortschaften geben müsse.

Die Quellen der Maros liegen 2800 und die der Aluta 3100, dagegen die des Bisso, in Marmaros, 4000 und die der großen Szamos 5000 Fuß über der Meeresfläche. Noch höher liegen die Quellen der in den westlichen Bergen entstehenden kleineren Flüsse: der weiße Körös 4378, der schwarze 4508 und der reißende 5114, die kleine Szamos 5252 und die Aranyos 5570 Fuß über der Meeresfläche. Die tiefsten Thäler Siebenbürgens liegen an der Maros: Maros=Vásárhely liegt 924, Karlsburg 740 und Arad, auf der Ebene, blos 360 Fuß über der Meeresfläche, wogegen Klausenburg, an der Szamos, 1062 und die Aluta auch beim Rothenthurm 1107 Fuß über der Meeresfläche ist.

Die Temperaturverhältnisse sind eng mit dieser allgemeinen Hebung des Bodens gegen Norden verbunden. Sie gestalten sich, in Graden, für das ganze Jahr berechnet,**) folgendermaaßen:

---

*) Alle die hier folgenden Daten entnehme ich den Jahrbüchern des ungarischen statistischen Amtes.
**) Für die Jahre 1848—1867. — Jahrbuch für 1874.

Arab + 12·2, Szegedin + 11·3, Debreczen + 10·7, Hermannstadt + 8·6, Bistritz + 8·3 und Kronstadt + 7·5. Die größte Wärme, im Monat Juli: Arab 23·4, Szegedin 22·8, Debreczen 22·4, Hermannstadt und Bistritz 19·3 und Kronstadt 19·5. Die größte mittlere Kälte, im Monat Januar, Kronstadt —4·9, Bistritz —4·7, Hermannstadt —3·9, Debreczen —2·4, Szegedin —1·1, Arab —0·4.

Die Productionsfähigkeit des Bodens hängt nun im Großen und Ganzen von diesen Verhältnissen ab: sie ist bedeutend an der südlichen und unbedeutend an der nördlichen Grenze. Um sie wenigstens annähernd für die verschiedenen Theile des Bodens zu bestimmen, bietet sich uns kein anderer Ausgangspunkt als das Verhältniß zwischen Ackerbau, Rebencultur und Weide. Da, wo die Verhältnisse sich am besten gestalten, im Temesvarer Comitate, waren im Jahre 1872 von 1,009.222 Joch (zu 1600 ☐Klafter) 510.020 Joch Äcker, 27.125 Joch Weingärten, 140.570 Joch Wiese und 139.459 Joch Weide; im Marmaroscher Comitate dagegen von 1,682.613 Joch 137.128 Joch Äcker, gar keine Rebencultur, 214.074 Joch Weide und 169.005 Wiese. Es wurde somit im Temesvarer Comitat 53·22%, im Marmaroscher bloß 8·14% des Bodens cultiviert. Dazu hat man im Marmaroscher Comitate nicht bloß weniger (12·72% gegen 13·92%) Wiese, sondern auch weniger (10·41 gegen 13·83%) Weide. Man hätte also gewiß die Wälder — 62·92% des ganzen Bodens — noch weiter gelichtet, wenn die Arbeit lohnend gewesen wäre; dort oben aber, wo die Rebe nicht mehr gedeiht, ist die Natur überhaupt sehr karg und auch an günstiger gelegenen Stellen kann der Boden nur eine sowohl qualitativ wie quantitativ schwache Ernte versprechen.

Weiter gegen Süden gestalten sich die Verhältnisse immer besser. Schon im Nasoder District, um die Quellen der großen Szamos, sind 9·64% des Bodens angebaut und 35·25% Wiese und Weide. Im Csiker Stuhl, an den Quellen der Maros und der Aluta, werden dann 13·37% des Bodens bebaut und 33·98 als Wiese und Weide benutzt. In den westlichen Bergen und auf der südlichen Linie, wo die Rebe auch nur an günstiger gelegenen Stellen des Bodens gedeiht, nämlich auf 23 Joch im Fogaraser Kreis und auf 1156 Joch im Hermannstädter Stuhl, sind die Verhältnisse ungefähr dieselben wie im nördlichen Theil Siebenbürgens. Hier ist der Boden jedoch besser und im Fogaraser Kreis werden 20·92%, im Hermannstädter Stuhl 14·10% und im Zaranber Comitat, um die Gäina, 27·83% angebaut.

Von den drei größeren Flußgebieten ist jenes der Aluta das wenigst fruchtbare: von 574.096 Joch, die am mittleren Lauf der Aluta bebaut werden, sind außer dem Hermannstädter Stuhl nur noch 1547 Joch Weingärten, wogegen im kleineren Flußgebiet der mittleren Szamos die Rebencultur auf 5231 Joch betrieben wird. Der eigentlich fruchtbare Theil Siebenbürgens ist das mittlere Flußgebiet der Maros, also der östliche Theil der „Ebene", das untere Gebiet der Kockelflüsse, das Hátszeger Thal und besonders das Maros-Thal selbst, von Szász-Régen ab bis zur ehemaligen Grenze. Die rauheren Theile der westlichen Berge und des Hátszeger Gebirges sind selbstverständlich auszunehmen. Rechnet man aber auch diese dazu, so bleiben noch immer 27·57% des Bodens benutzt, wovon 30.516 Joch Weingärten. Die Productionsfähigkeit des Bodens ist jedoch selbst hier nicht so groß wie diejenige auf der ungarischen Ebene oder gar im Banat.

Entsprechend diesen Ernährungsverhältnissen ihrer Heimat theilen sich die Rumänen selbst in vier verschiedene Zonen: Munteni, pădureni (im Banat codreni), podgoreni und cămpieni.

Munteni sind die Bewohner der Höhen; der Ausdruck hat jedoch keine bloß örtliche Bedeutung. Er wird oft mit mocani und auch mit bârsani verwechselt, welche beide Ausdrücke für die Bezeichnung der noch als Hirten lebenden Rumänen gebraucht werden. Es sind somit Leute, die meistens Viehzucht treiben und deren Viehreichthum gepriesen wird. Ein großer Theil dieser rumänischen Gebirgsbevölkerung lebt noch heute so wie vor tausend Jahren: ihr hauptsächlichster Reichthum besteht heute wie damals in Schafheerden. Im Marmaroser Comitat und im Naszober Kreis sind zusammengenommen bloß 190.609 Joch Äcker, jedoch 299.072 Joch Wiese und 279.535 Joch Weide, die meistens den eigentlichen Gebirgsbewohnern zugute kommen. Im Süden, im Fogaraser Kreis, im Hermannstädter Stuhl und im Hunyader Comitat (Hátszeg) gibt es bloß 341.699 Joch Äcker, aber 313.511 Joch Wiese und 268.197 Joch Weide. Vermehrt sich nun die Bevölkerung und wird die Weide dadurch zu eng, bleiben derselben noch immer zwei Wege offen: das Fortziehen und die Benützung anderer Weiden. So werden die Höhen der östlichen Linie nicht von den daran wohnenden Széklern, sondern von Rumänen beweidet, und man trifft auch auf der nördlichen Poiana, um die Kelemen, Mokani aus dem Hermannstädter Stuhl und überhaupt meistens Hirten, die auf der südlichen Linie zu Hause sind. Dann überwintern die meisten Heerden in der Moldau, der Walachei, in der Dobrudja und in Bulgarien, wo auch Wolle, Käse, Fleisch und Alles, sogar die Knochen, einen guten Absatz findet.

Was sollte nun diese Leute dazu bewegen, das so angenehme Hirtenleben aufzugeben? Auch die größte Noth kann sie nur gegen die Ebene treiben, um dort das Hirtenleben fortzusetzen, so lange es noch Weide gibt. So waren von allen Muntenii bloß die Bewohner der westlichen Berge, die Moțen, gezwungen, das Hirtenleben gänzlich aufzugeben, da sie wenig Weide hatten und sich ihnen auch keine Wege zu Gegenden, wo es noch freie Weide gab, öffneten. Sie sind tüchtige und ausdauernde Arbeiter, nicht nur in den Erzgruben, sondern überall, wo sie etwas erwerben können. Ihre Holzarbeiten besonders sind weit und breit bekannt und wegen ihrer Dauerhaftigkeit sehr gesucht.

Ganz anders verhält es sich mit den Bewohnern der äußeren, dicht bewaldeten Abhänge der Karpathen, mit den pădurenii, den Waldmännern. Dieß sind die eigentlich armen Rumänen, die die Magyaren „wilde Walachen" (vad oláh) und auch noch „walachische Bären" (oláh medve) und „gesonnte Walachen" (naponsült oláh) nennen: es sind meistens kleine Menschen mit verhungert aussehenden Gesichtern, redselig unter sich und scheu Anderen gegenüber, ruhig und gleichgiltig in ihrem Benehmen, äußerst frugal, ausdauernd und mit großem Hang zum Müßiggang.*) Der höchste Lebensgenuß besteht für so einen Waldmann darin, sich auf grünem Rasen auszustrecken, zuzuschauen wie andere Leute arbeiten und sich über tausend und aber tausend nichtige Dinge zu unterhalten. Auch in die Arbeit trägt er diesen seinen Hang zur Muße hinein: bald hat er seine Pfeife zu stopfen, bald etwas zurechtzumachen; dann macht er eine Pause, um etwas mit gehörigem Nachdruck sagen zu können, dann muß er Athem schöpfen, und dazu wird noch unaufhörlich gescherzt und gesungen, denn die Arbeit ist eine bittere Nothwendigkeit, die versüßt werden muß. Die Frauen „sitzen" zu Hause und spinnen und weben und nähen und sticken, denn gekocht wird nur höchst selten. Die Kinder geben die Hirten ab und lernen das Geschäft ihrer Väter auf der Weide: dort wird gesungen und getanzt, und sind sie endlich ermüdet, vertreiben sie sich die Zeit durch Märchen und Räthsel.

---

*) Ich habe unter dem Titel „Popa Tanda" eine novellistische Darstellung der Zustände eines von solchen Waldmenschen bewohnten Dorfes versucht. Deutsch von Mite Kremnitz, in den „Rumänischen Skizzen." Bucuresti. Socec et Comp.

So leben diese Leute; aber der beste Beweis dafür, wie sehr ihnen dieses Leben zusagt, ist der, daß sie stärker als ihre Nachbarn zunehmen. Während dreißig Jahren, von 1839 bis 1870, hat sich die Bevölkerung Siebenbürgens um 14% vermehrt. Im Torda'er Comitat (67% Rumänen) hat sie sich jedoch um 26·66%, im Fogaraser Kreis (94% Rumänen) um 32·25%, im Mittel-Szolnoker Comitat (60% Rumänen) um 32·94% und im Zaránder Comitat (96·45% Rumänen) um etwa 90% vermehrt.*) Und das ist sehr natürlich, denn der Rumäne und besonders der Gebirgsbewohner hat sehr wenig Bedürfnisse. Er baut sich selbst sein Haus aus Holz und deckt es mit Stroh oder Heu. Die Kleidung für die Familie stellt die Frau her. Vier Schafe geben ihm einen Pelz und ein Lamm eine Mütze für's ganze Leben. Es fehlen nur noch die Sandalen für den Winter, ein Luxus, der dem Manne etwa 30 Kreuzer kostet.

Das Wichtigste bleibt die Nahrung. Die hauptsächlichste Nahrung der Rumänen ist Mais, gewöhnlich als Brei, mämáligǎ, und nur selten als Brod. Fleisch essen sie selten, Rindfleisch beinahe nie. Auch wohlhabendere Familien zehren an einem Schwein das ganze Jahr hindurch; die Lämmer werden meistens verkauft, und nur das Fleisch von Schafen und Ziegen wird, obwohl auch das nicht häufig, gegessen. An Sonn- und Feiertagen gönnt sich der Rumäne zuweilen ein Huhn, nur selten eine Ente oder gar eine

---

*) Der Procentsatz der Rumänen nach Keleti Károly, „Hazánk és Népe" (Budapest, 1873), die Gesammtziffer für 1870 nach der in diesem Jahre durchgeführten Volkszählung und die Gesammtziffer für das Jahr 1839 nach dem „Archiv des Vereins für siebenbürgische Landeskunde." (Seite 392 bis 439.) II. Band 3. Heft. Bezüglich der Vermehrung der Rumänen consultirte ich außerdem die Register der Consistorien, ältere und neuere Schematismen und besonders die periodischen Ausweise (seit 1766) über die Seelenzahl der Parochien, welche ich im Archiv des gr.-orient. Consistoriums von Großwardein vorfand.

Gans, da er diese für einen guten Preis verkaufen kann. Aus der Milch der Schafe macht er Käse (brănză) für den Winter, und die Milchkühe werden durch die viel billigeren Ziegen ersetzt. Außerdem Fisolen, Linsen, Zwiebeln, Gurken, Kürbisse, Kraut und viel Obst bis auf die Holzbirnen. Es fehlte nur noch das Salz zur Ernährung, und Siebenbürgen hat so viel, daß es ganz Europa damit versehen könnte.

Das hauptsächlichste dieser Nahrungsmittel, der Mais, gedeiht an höher gelegenen Theilen des Bodens nicht. Man kann im Allgemeinen sagen, daß diejenigen Rumänen, denen die großen Weiden zu Gute kommen, keinen Mais anbauen können. Speciell im nördlichen Theil des Csiker Stuhls, des Naßober Kreises und des Marmaroser Comitats, an der Gäina und überhaupt im Gebirge gelangt der Mais nicht zur Reife. Hier gedeiht jedoch der Weizen, wenn auch die Ernte gering ist und zuweilen die Saaten nur gegen Ende September und auch dann noch nicht ganz reif werden. Weiter unten, gegen die Zone der Rebencultur, gedeiht der Mais verhältnißmäßig besser als auf der Ebene. So gab die Ernte des 1873er Jahres für ein Joch (zu 1600 □Kl.) im:

Temesvarer Com. 7·08 Wiener Metzen Weizen u. 6·40 W. M. Mais,
Naßober Kreis 4·33   „   „   „   „ 4·63 „ „   „
Marmaroser Com. 4·11   „   „   „   „ 6·98 „ „   „
Zaránder Comitat 5·88 „   „   „   „ 7·71 „ „   „

Dann hängt die Maisernte weniger als andere Ernten von Witterungsverhältnissen ab, und endlich ist Mais auch viel billiger als Weizen und Korn. Die Preise für eine Wiener Metze waren im Lauf des Jahres 1872 folgende:

Im Mai

	Mais	Korn	Weizen
Arab	2 fl. 10 kr.	4 fl. 00 kr.	6 fl. 00 kr.
Temesvar	2 „ 15 „	4 „ 10 „	6 „ 00 „
Großwardein	1 „ 80 „	3 „ 80 „	5 „ 70 „
Hermannstadt	2 „ 41 „	5 „ 20 „	6 „ 89 „
Kronstadt	2 „ 55 „	4 „ 91 „	7 „ 80 „

im November

	Mais	Korn	Weizen
Arab	1 fl. 60 kr.	3 fl. 90 kr.	5 fl. 75 kr.
Temesvar	1 „ 50 „	4 „ 20 „	6 „ 30 „
Großwardein	1 „ 40 „	3 „ 90 „	4 „ 55 „
Hermannstadt	1 „ 47 „	4 „ 20 „	5 „ 57 „
Kronstadt	1 „ 66 „	4 „ 19 „	5 „ 53 „

Diese Billigkeit des Hauptnahrungsmittels ist die ausschlaggebende ökonomische Ursache der unverhältnißmäßig raschen Vermehrung der Rumänen: sie können sich stärker als ihre Nachbarn vermehren, weil sie unverhältnißmäßig billiger leben. Außerdem sind auch die Bodenverhältnisse ihnen günstig. Die Äcker, welche die Păburenii selbst besitzen, sind zwar meistens schlecht, so daß der Bebauer bei der Aussaat unaufhörlich in Zweifel ist, ob er auch ernten wird. Der Boden treibt ihn also umso weniger zum Fleiß an, als sich ihm Wege zu einer fruchtbaren Ebene öffnen, die ihn leichter ernähren kann als seine eigenen Grundstücke es im Stande sind.

Bei ihm zu Hause findet er Holz, Heu, Obst und Hausthiere, die er gegen den Mais der Ebene eintauscht; ferner kann er dort auch seine Arbeit verwerthen. Bei Arab und Großwardein war im Jahre 1870, im Monate Jänner, der Taglohn für einen Mann 80 kr. mit und 1 Gulden ohne Beköstigung. Der Mann braucht somit bloß 20 kr. pro Tag für seinen Unterhalt; arbeitet er darum einen Tag, kann er sich während anderen vier Tagen der Muße ergeben. Bei Klausenburg braucht er schon 30 kr. und bei Debreczen, Temesvar und anderen dem Wohnsitz der Păburenii entfernter liegenden Gegenden 40 bis 50 kr. und auch mehr pro Tag. Während der Monate Juli und August, zur Zeit der Ernte auf der Ebene, ist nun aber bei Debreczen, Holdmezö-Vásárhely, Szolnok, Szegedin und Arad der Taglohn 2 fl. bis 2 fl. 50 kr. ohne Beköstigung.

Dieses ist die Zeit, zu der auch die Păburenii arbeiten. Da bei ihnen zu Hause die Saaten viel später zur Reife gelangen, können sie die Ernte auf der Ebene mitmachen, und diese Ernte ist so ausgiebig, daß ein Mann mit einigen Tagen Arbeit seine Familie für's ganze Jahr versorgen kann.

Die gesegnete Ebene und der Fleiß ihrer Bewohner, diese sind's, welche die rasche Vermehrung der rumänischen Bevölkerung möglich, aber zugleich ihr einstweiliges Zurückbleiben in ökonomischer Beziehung erklärlich machen. Um Hermannstadt, Kronstadt und überhaupt im Sachsenland sind die Rumänen rührige und fleißige Leute, weil sie größere Bedürfnisse haben, und weil sie sonst die Concurrenz mit einem fleißigen Nachbar auf einem verhältnißmäßig unfruchtbaren Boden nicht auszuhalten im Stande wären.

Die Câmpienii, in Ungarn und im fruchtbaren Theil des mittleren Marosgebietes, sind zwar arbeitsam, aber doch weniger fleißig, weil sie nur mit Magyaren zu wetteifern haben und auch der Boden ein ergiebigerer ist.

Die Podgorenii endlich, welche an der Ebene die Weingegenden bewohnen, sind der in ökonomischer Beziehung vorgeschrittenſte Theil der Rumänen. Aber es gibt auch nirgends ſo viel Elend als in der Pobgoria. Ein gutes Jahr gibt reiche Entſchädigung für vier oder fünf ſchlechte und gewöhnt die Menſchen an größere Anſprüche, welche während der ſchlechten Jahre nicht befriedigt werden können. So ſind die Pobgorenii bald reich und bald arm, und durchgehends leichtſinnig wie alle Menſchen, die Alles vom guten Glück erwarten.

Im Allgemeinen paſſen ſich die Rumänen den Verhältniſſen an, gedeihen beſſer als ihre Nachbarn und wachſen allmählich an. „Dieſes Wachſen dauert noch fort," ſagt Rösler; „wird ſich zu der anerkannten ſtarken Generationskraft dieſes Volkes einſt auch eine namhafte Steigerung der Intelligenz und Capitalmacht hinzugeſellen, ſo gerathen die beiden andern Nationen Siebenbürgens in bringende Gefahr überſchichtet und erdrückt zu werden. Dann dürfte die Magyaren, die bisherigen Widerſacher und Peiniger der Sachſen, zugleich mit dieſen ein und dasſelbe große Grab verſchlingen." Die Meinung, daß die Rumänen anerkannt ſtarker Generationskraft ſeien, iſt jedoch nur in einem gewiſſen Sinn richtig, und Rösler huldigt einer wohl allgemein verbreiteten, aber irrigen Meinung, wenn er über die Rumänen ſagt (pag. 100): „Arbeitſam, rührig und fruchtbarer als die Serben, ſo vermehren ſie beſtändig ihre Seelenzahl."

Es iſt wohl wahr, daß die Rumänen ſich ſtärker als ihre Nachbarn vermehren; aber dieſes größere Gedeihen iſt gewiß keine Folge einer größeren Fruchtbarkeit, denn dann müßten die Rumänen auch wirklich „arbeitſam und rührig" ſein, was ſie im Allgemeinen nicht ſind.

Ein flüchtiger Blick über die Reſultate der vorletzten (1870er) Volkszählung ſoll das anſchaulicher machen. In Siebenbürgen, wo die Rumänen über die Hälfte der Bevölkerung ausmachen, iſt das männliche Element um 563 Seelen überwiegend; in Ungarn dagegen hat man im Jahre 1870 um 118.699 mehr Frauen als Männer gezählt.*) Rechnet man die zur Zeit der Zählung abwesenden Heimischen dazu und die gezählten Fremden ab, so wird das Verhältniß für die ursprüngliche Bevölkerung Ungarns noch ungünstiger, denn Ungarn ist ein Migrationsboden, dem fortwährend fremde und besonders männliche Elemente zufließen. Siebenbürgen ist dagegen ein Land, dessen wanderlustige Kinder seit mindestens hundert Jahren fortfahren die umliegenden Länder und besonders Ungarn zu bevölkern. Die Ausgewanderten und die Verschollenen abgerechnet, lebten zur Zeit der Zählung 16,994 Siebenbürger, wovon 13,106 Männer in der Fremde; man zählte dagegen in ganz Siebenbürgen bloß 5592 Fremde, wovon 4074 Männer.

Dann gibt Siebenbürgen auch ein verhältnißmäßig größeres Contingent für die Armee. Man zählte in Ungarn 368,517 und in Siebenbürgen 85,648 Männer, die Militärdienste leisteten, oder solche früher geleistet hatten. Da es nun in Ungarn 5·243 Mal so viel Männer als in Siebenbürgen gibt, so hätte Ungarn ein Contingent von (5·243×85,648) 449,052 Mann geben sollen. Die Differenz von 80,535 beweist uns nicht, daß die Siebenbürger ein kräftigerer Menschenschlag als die Ungarn seien, sondern nur, daß es in Ungarn verhältnißmäßig mehr Kinder gibt und namentlich Knaben, die vor dem 20. Jahre sterben.

Doch wie kann das weibliche Element in einer Gesellschaft zur Überzahl gelangen? Bekanntlich werden überall immer mehr

---

*) In der Wirklichkeit gibt es jedoch auch in Siebenbürgen mehr Frauen als Männer, denn es wurde in den statistischen Tabellen bei der Totalsumme ein Additionsfehler begangen. Der Unterschied ist jedoch klein und ohne Bedeutung für diesen Aufsatz. — S. Keleti Károly „A St. István korona országainak népessége etc." Pest. 1871. — wo der Fehler leichter nachzuweisen ist.

Knaben, als Mädchen geboren. Da jedoch, besonders in der Jugend, auch mehr Knaben sterben, so geben schwächliche Generationen einen überwiegend weiblichen Nachwuchs für die späteren Jahre. Während der Jahre 1866—1870 sind in Ungarn und Siebenbürgen zusammen 2,747,000 Kinder, wovon 1,410,407 männlichen Geschlechtes, also um 73,814 mehr Knaben, geboren. Während derselben Zeit sind aber 1,055,007 Kinder vor Beendigung des fünften Jahres gestorben und nämlich um 140,725 mehr Knaben als Mädchen; es blieben somit um 66,911 mehr Mädchen am Leben. Auch bei den Rumänen ist das natürliche Verhältniß nur im Allgemeinen bestehen geblieben.

Da bei der vorletzten Zählung die Nationalität der Gezählten nicht berücksichtigt wurde, werde ich als Grundlage der Comparation dreizehn politische Kreise nehmen, in denen die Rumänen besonders die Landbevölkerung ausmachen, nämlich: 1. Krassó, 2. Kövár, 3. Zaránd, 4. Unter-Alba, 5. Torda, 6. Doboka, 7. Inner-Szolnok, 8. Naßod, 9. Hunyad, 10. Fogaras, 11. Mühlbach, 12. Broos und 13. Reusmarkt, ohne die Städte, soweit ihre Seelenzahl ausgewiesen ist, mitzurechnen. Man hat in diesen Kreisen 1,324,561 Seelen, wovon 666,929 Männer, also um 9297 mehr als Frauen, gezählt. Bei denselben Verhältnissen hätte man in Ungarn, bei einer 8·393 Mal so großen Bevölkerung, 78,029 mehr Männer als Frauen zählen sollen; da man jedoch um 118,699 weniger zählte, ist die Differenz den Rumänen gegenüber von 196,728 Männern.

Untersucht man die Eintheilung der Bevölkerung nach dem Alter der einzelnen Individuen, so sieht man ganz genau, wie diese Differenz entsteht, und um die Verhältnisse möglichst anschaulich zu machen, will ich zeigen, wie sie sich nach den Resultaten der 1870er Zählung bei einer rumänischen Bevölkerung gestalten müßten, die ebenso groß wäre wie die ungarische.

Ungarn. Siebenbürgen.
(über 7/10 Rumänen.) (über 1/3 Rumänen.) über 2/3 Rumänen.

	Ungarn		Siebenbürgen		über 2/3 Rumänen
Gesammtbevölk.	11,117,623	2,101,727 (× 5·2897) =	11,117,505	1,324,561 (× 8·393) =	11,117,040
1=jährige Knaben	225,532	33,827 "	178,840	21,435 "	179,906
1—2 "	166,087	30,216 "	159,810	19,372 "	162,489
2—3 "	146,054	27,411 "	144,956	18,835 "	158,062
3—4 "	143,936	26,321 "	138,911	17,172 "	144,124
4—5 "	138,236	25,987 "	137,445	16,626 "	139,542
5—10 "	639,690	121,000 "	640,063	77,129 "	647,343
10—15 "	606,694	110,613 "	585,109	69,129 "	563,332
15—20 " Männer	495,597	94,795 "	501,448	61,966 "	510,180
20—40 " "	1,640,793	312,398 "	1,652,491	201,074 "	1,687,614
40—45 " "	296,679	58,714 "	310,579	36,305 "	304,707
15—20 " Frauen	582,277	102,791 "	543,733	64,639 "	542,515
20—30 " "	945,547	178,900 "	946,547	113,608 "	953,521
30—40 " "	768,357	145,649 "	770,435	94,177 "	790,427
40—45 " "	280,737	57,475 "	303,708	35,677 "	299,437

Die Verhältnisse könnten sich nicht so gestalten, wie sie hier dargestellt sind, wenn der Nachwuchs bei den Rumänen nicht geringer und das Leben nicht länger wäre. Die Frage, wie diese Verhältnisse entstanden sind, gehört jedoch nicht hieher: genug, daß sie bestehen und keine zufälligen sein können, genug, daß die rumänische Gesellschaft eine für das Individuum vortheilhafter eingerichtete ist. Eine rumänische Bevölkerung, die ebenso viele Kinder und ebenso viele Greise wie die ungarische hätte, würde um 69,432 mehr Männer zwischen 15—45 und um 48,744 mehr Frauen zwischen 20—45, also um 118.176 mehr Individuen haben, die sowohl für sich, wie auch für Andere sorgen könnten. Dann gäbe es in Ungarn im Alter von 15—20 um 39,762 mehr Frauen, als es in einer ebenso großen rumänischen Gesellschaft geben würde; zwischen 15 und 45 gäbe es jedoch bei den Rumänen um 9608 mehr Frauen. Trotzdem werden in Ungarn verhältnißmäßig mehr Kinder als bei den Rumänen geboren.*)

Das Jahr 1870 ist ein normales, und ich wähle es schon darum für die Vergleichung, weil für dieses Jahr allein uns die Zahl der zeugungsfähigen Frauen bekannt ist. Es wurden in diesem Jahre in Ungarn 493,297 und in den rumänischen Kreisen 48,725 Kinder geboren. Wenn also 308,101 Frauen in den rumänischen Kreisen 48,725 Kindern das Leben gaben, wie vielen Kindern hätten die 2,576,918 Frauen aus Ungarn, bei derselben Fruchtbarkeit, das Leben geben sollen? Die Antwort ist: 407.526 Kindern. Es wurden jedoch 85,771 mehr geboren.

Während der Jahre 1866—1870 sind in Ungarn 2,368,594, also beinahe ebensoviel Kinder, als es Frauen gab, geboren; wäh-

---

*) Vergleiche Keleti Károly, „Magyarország népességének szaporodása és fogyása (Budapest 1879) pag. 21—22. — Konek Sándor constatiert dasselbe.

renb ber erften vier Jahre ftarben jeboch von ben in biefen Jahren geborenen (1,875,297) 503,248 (26·84%) und fo konnten im fünften Jahr 493,298 Neugeborene die verftorbenen nicht ganz erfetzen.

In ben rumänifchen Kreifen wurden während der erften vier Jahre 196,784 Kinder geboren, ftarben 42,711 (21·73%) und wurden die Verftorbenen mit 48,725 Neugeborenen des fünften Jahres erfetzt.

Die Frage, richtig geftellt, wäre alfo: wenn in ben rumänifchen Kreifen 42,771 verftorbene mit 48,725 neugeborenen Kindern erfetzt wurden, wie viel Kinder hätten in Ungarn 503,248 Verftorbene erfetzen müffen? Die Antwort ift: 574,077, alfo um 80,779 mehr als wirklich geboren wurden.

Die Meinung über die Fruchtbarkeit ber rumänifchen Frau ift fomit nur in bem Sinn richtig, daß fie mehr lebensfähige Kinder als andere Frauen zur Welt bringt, und darin befteht auch ihre Bedeutung, als Factor der ökonomifchen Entwicklung.

Wenn der Rumäne von feinem Neugeborenen fpricht, fo fagt er in feiner bildlichen Weife, mi-a căzut noroc la casă, „mir ift das Glück in's Haus gefallen", und das ift auch richtig ausgedrückt, denn er hat beinahe nur Freuden davon; geforgt wird für das kleine Gefchöpf ziemlich wenig. Die zähe Natur der Erzeuger vererbt fich auf die Nachkommenfchaft und diefe Zähigkeit gibt auch den fpäteren Generationen die Fähigkeit, mit geringen Bedürfniffen beftehen zu können. In Ungarn dagegen find die vielen fchwächlichen Kinder eine Calamität, die Jahr für Jahr immer wächft. Da fie nicht Kinder abgehärteter Leute find, muß auch beffer für fie geforgt werden und trotz diefer größeren Sorgfalt fterben fie leichter. Man foll fich die fchweren Sorgen ber Eltern, die vergebliche Mühe und das Capital veranfchaulichen, welche Jahr für Jahr diese dem frühen Tode geweihten Kinder beanspruchen. In je fünf Jahren werden über eine Million solcher Kinder geboren, getauft, unterhalten und begraben, und will man alles, was dabei an Früchten menschlicher Arbeit verloren geht, in Geldwerth ausdrücken, so geht das in die Hunderte von Millionen.

Ferner werden aus den am Leben bleibenden nichtrumänischen Kindern Menschen mit ziemlich großen Bedürfnissen. Der Rumäne kann leicht sagen: Meine Kinder werden auch so leben, wie ich! denn dazu gehört nicht viel. Seine Nachbarn müssen aber dafür sorgen, daß ihre Kinder auch so wie sie selbst leben können, und neben den größeren Bedürfnissen treibt sie auch noch diese Sorge zum Fleiß an. Die Sachsen trieb diese Sorge und die Furcht vor der Calamität der vielen Kinder sogar zur Unsitte der Abtreibung der Leibesfrucht, dem sogenannnten „Zwei-Kinder-System".

So findet denn die ganze Entwicklung des rumänischen Volkes in einer einzigen allgemeinen Eigenschaft der Rumänen ihre Erklärung: in der größeren Zähigkeit, mit der sie am Leben bleiben, in ihrem abgehärteten Wesen. Dieses Wesen kann weder ursprünglich, noch zufällig sein. Die Römer, die so vielen Völkern ihr Wesen aufprägten, sind zweifellos keine schwächlichen Menschen gewesen; aber ich glaube, bei der rumänischen Kost hätten sie doch nicht gedeihen können: die Fähigkeit, bei so einer Kost zu gedeihen, haben die Nachkömmlinge der Römer nur im steten Kampf mit dem Tode erwerben können. „Să nu-i dee Dumnezeu omului cât poate suferi", „Gott gebe dem Menschen nicht so viel als er vertragen kann", sagt der Rumäne, und darin liegt der Sinn seiner ganzen Lebensphilosophie und auch die Erklärung seiner ganzen Geschichte.

Wer sich die Zeiten nach der römischen Herrschaft veranschaulicht und je eine Mischbevölkerung beobachtet hat, der wird sich vorstellen können, wie elend und wie verkommen das romanische Element während der ersten Jahrhunderte in den Karpathen sein mußte, wie viel Menschen an den ihnen aufgezwungenen neuen Verhältnissen zu Grunde gehen und wie hinfällig die ersten Generationen des heute so abgehärteten rumänischen Volkes sein mußten. Es blieb eben nur am Leben, wer solch' Leben vertragen konnte; doch wenn Hunderte zu Grunde gingen, der Mann, der übrig blieb, wurde zum Stammvater gestählter Hunderte, die allmählich zu Tausenden anwuchsen. Dazu gehörte aber Zeit, sehr viel Zeit.

Das Hauptargument Rösler's ist, daß während der ersten Jahrhunderte des Mittelalters das romanische Element nur in dem Balkan auftritt, in den Karpathen dagegen spurlos verschwindet, und er findet das auch natürlich, da nach seiner Meinung nur wenig Römer in Dacien zurückgeblieben seien und auch diese „mußten im Laufe der Zeit von den späteren überschichtenden Bevölkerungsmassen aufgesaugt werden" (pag. 68).

Derselbe Rösler also, der heute in der geistigen und ökonomischen Entwicklung der Rumänen eine bringende Gefahr für die geistig und ökonomisch höher stehenden Magyaren und Sachsen erblickt, ist auch der Meinung, daß die Römer von barbarischen Völkern „aufgesaugt" wurden, die heute nicht mehr bestehen, ja sogar von Völkern, die von dem heute von Rumänen bewohnten Boden spurlos verschwunden sind. Es wäre doch natürlicher anzunehmen, daß, wenn auch die Sachsen und Magyaren nicht mehr überschichtet werden können, die Reste jener barbarischen Völker allmählich überschichtet wurden.

Ich glaube indessen, daß Rösler sich nichts bestimmtes gedacht hat, als er behauptete (pag. 68), daß nur „wenig" Römer nach der Räumung in Dacien zurückgeblieben seien. Denn was soll auch „wenig" oder „viel" bei einer so langen Zeit bedeuten? Nehmen wir an, es blieben nicht mehr als tausend, bloß tausend Seelen, die sich in je hundert Jahren bloß verdoppelt haben, was einer jährlichen Vermehrung um etwa $1/2\%$ gleichkäme. Dann hätten wir:

Anno .. 280 .. 1000 Seelen
„ .. 380 .. 2000 „
„ .. 780 .. 32000 „
„ .. 1180 . 512000 „
„ .. 1480 . 4096000 „
„ .. 1880   65536000 „

Wären also nicht mehr als tausend Seelen römischer Bevölkerung im Jahre 280 in Dacien zurückgeblieben, so könnte auch bei minder günstigen Verhältnissen das rumänische Volk heute aus mindestens 65 Millionen Seelen bestehen, ohne daß es in den ersten Jahrhunderten des Mittelalters irgendwie hätte auffallen müssen.

Von „viel" oder „wenig" kann somit nicht die Rede sein. Die Frage ist: ob die in Dacien zurückgebliebenen Römer auch lebensfähige Leute waren, um trotz der ungünstigen Bedingungen gedeihen zu können, und die besten Belege dafür sind die heutigen Rumänen.

Historischer Rückblick.

Das romanische Element wurde schon vor der römischen Eroberung nach Dacien verpflanzt. Die Überlieferung, daß Decebal und seine nächsten Vorgänger römische Künstler und Arbeiter jeder Art herangezogen haben, um mit ihrer Hülfe besser für den Kampf gegen Rom sich vorzubereiten, ist wohl nicht ganz buchstäblich zu nehmen, aber doch sehr bezeichnend. „Wenn die Menge und Großartigkeit der Festlichkeiten die Wichtigkeit einer Eroberung constatieren", sagt Rösler (pag. 44), „so muß man die Eroberung Daciens für die wichtigste aller Eroberungen der Römer erklären. Sie wurde mit kaum je gesehener Pracht gefeiert. Von überall her, selbst aus Indien, kamen Deputationen und Glückwünsche; 123 Tage dauerten die Festlichkeiten, 10.000 Gladiatoren kämpften, 11.000 wilde und zahme Thiere bluteten in der Arena. Was die dacische Beute eingebracht, wurde so nach alter römischer Weise dem hauptstädtischen Pöbel zur Augen=, Ohr= und Gaumenweide verjubelt. Dacien wurde kaiserliche Provinz, der ein Legat vorstand mit anfänglich prätorischem, seit Marcus Aurelius consularischem Range. — Das Land, welches durch den mehrjährigen erbitterten und blutigen Krieg, wie durch Auswanderung seine besten und zahlreichsten Volkskräfte verloren hatte, empfing neue Bevölkerung durch römische Colonisten, welche aus allen Provinzen des römischen Reichs, zu nicht geringem Theil aber aus Unter-Italien dahin strömten." Dieses geschah im Jahre 106 nach Christi Geburt. „Wir haben Grund anzunehmen," sagt Rösler, „daß das unterworfene dacische Element sich von der Berührung mit der römischen Cultur fernhielt und seinen Groll gegen Rom fortnährte."

Es sind somit auch noch Dacier zurückgeblieben: was ist aus ihnen geworden? Die Annahme, daß sie ewig den Groll gegen Rom fortnährten und zuletzt daran zu Grunde gingen, ist ebenso bequem, wie etwa die Behauptung, daß schon bei der großen Katastrophe alle Dacier sich vergifteten, damit in den Adern der zukünftigen Rumänen das reinste römische Blut fließen könne. Es kann doch nicht ganz zufällig sein, daß man die Rumänen meistens da findet, wo auch die ehemaligen Sitze der Dacier zu vermuthen sind. Sarmizegethusa, die Hauptstadt der Dacier lag am Rätezatu, an der von Hátszeg nach Temesvar führenden Straße: hier ungefähr mußte der topographische Mittelpunkt des von den Daciern besetzten Bodens sein, sonst hätten die Könige ihren Sitz hier nicht aufschlagen können. Die localen Vorzüge der Lage konnten bei der Wahl nicht entscheidend sein. Man wählte sich den Punkt etwas abseits, der Donau zu, weil die Hauptrichtung der Action des dacischen Volkes gegen die Donau war; aber, wenn auch abseits gelegen, mußte er doch in topographischer Beziehung zu allen wichtigen Punkten des dacischen Reichs stehen, sonst wäre die bequeme Regierung und möglichst schnelle Zusammenziehung der Kräfte von hier aus nicht möglich gewesen. Es war eben ein Punkt, wo nach den damaligen Bevölkerungsverhältnissen eine größere Stadt entstehen mußte.

Die Grenzen des dacischen Reichs sind uns nicht genau bekannt; wir können aber getrost annehmen, daß alles, was von Sarmizegethusa aus nicht dominiert werden kann, auch nicht zum dacischen Reich gehörte, also nicht die nördlichen und nordöstlichen Abhänge der Karpathen, nicht die Quellengegend des Theiß-Flusses und nur locker zusammenhängend der nördliche und nordöstliche Theil Siebenbürgens. Wäre der Boden an den Quellen der Szamos, der Maros und der Aluta auch von Daciern besetzt gewesen, so hätte man sich die Hauptstadt nicht am Rätezatu wählen können; wenn aber der Boden dort oben überhaupt und von andern Stämmen bewohnt war, so konnten diese Stämme ziemlich frei leben, da man aus Sarmizegethusa nur auf sehr großen und beschwerlichen Umwegen an sie heranzukommen vermochte.

Wenn wir die dießbezüglichen Überlieferungen den Bodenverhältnissen anpassen, so drängt sich uns die Überzeugung auf, daß die Dacier von der unteren Donau aus gegen die Karpathen gedrängt, die vier nächsten Straßen (Rothenthurm, Vulcan, Eiserne Thor und Maros) verfolgten und nach rechts und links sich niederließen. An diesen Straßen liegen auch die Spuren römischer Cultur, und alles, was zu abseits von ihnen liegt, scheint außerhalb des Bereiches römischen Einflusses geblieben zu sein.*) An diesen Straßen finden wir auch den Hauptstock der Rumänen.

Rösler, dem wohl zuweilen der Sinn für ethnographische Verhältnisse, aber nie die Quellenkenntnisse fehlen, sagt darüber Folgendes (pag. 46): „Die kleine Walachei, Siebenbürgen und Banat sind der cultivirte Kern, um den weite Landstrecken nur nominell zu Dacien gerechnet werden: das Gefühl der Unsicherheit, welches auch die römischen Waffen nicht zu vertilgen vermochten, stand dauernder Ansiedlung auf dem äußeren Glacis der Karpathen sehr im Wege." Um so weniger konnte also zu irgend einer Zeit seit der römischen Herrschaft der gedecktere Theil der Karpathen öde bleiben. „Die Provinz Dacien war gleich einem Feldlager im feindlichen Lande: von Nord, West und Ost umgaben sie sarmatische und germanische Stämme, alle lauernd auf den Augenblick, in dem sie die römischen Grenzen mit Vortheil überschreiten könnten. Während der Regierung Trajan's ist die Ruhe nicht gestört worden, die Grundlagen der neuen Einrichtung konnten sicher gelegt werden, der große Name des Siegers schwebte schirmend über seiner Schöpfung. Aber nach seines Nachfolgers Antritt brachen die Sarmaten ein, der Stamm der Rozolanen konnte nur durch Zahlung eines erhöhten Jahrgeldes von Feind-

---

*) In der neuesten, von Herrn Gr. G. Tocilescu gemachten und sehr ausführlichen, Untersuchung über die vorrömischen Völker Daciens „Dacia inainte de romani", (Bucuresti 1880), wird diese Frage zwar nicht aufgeworfen, aber doch, wenigstens indirect, im oben angedeuteten Sinne beantwortet. S. pag. 92, 104, 77.

seligkeiten abgehalten werden. Erwähnt muß auch werden, daß Hadrian, aus Neid gegen seinen unerreichbaren Vorgänger, die Brücke bis auf die Pfeiler abbrechen ließ und sich mit dem Gedanken trug, die ruhmvolle Erwerbung Trajan's ganz und gar aufzugeben. Unter Antonius Pius erhoben sich die Dacier; wir hören nicht bestimmt, ob die in den Grenzen der römischen Provinz, oder die Freien in den nördlichen Karpathen-Thälern, was wahrscheinlicher ist. Schon hier sehen wir die Dacier in Gemeinschaft mit den Germanen, ein Bündniß, welches sich im Laufe der Zeit immer inniger geknüpft haben mag, bis die wenig zahlreichen Dacier in der Menge der Germanen selbst aufgingen. Wären die Geten, wie sie den Griechen hießen, endlich mit Gothen zusammengeschmolzen?" (Rösler pag. 46.)

Da die Frage so zaghaft gestellt ist, kann man wohl wagen, sie mit einem schlichten „Nein" zu beantworten. So liebenswürdig scheinen die Dacier den Römern gegenüber nicht gewesen zu sein. Als die Römer von Süden kamen, suchten die bedrängten Dacier Schutz in den „nördlichen Thälern", die wohl im heutigen Siebenbürgen, jedoch „außer den Grenzen der römischen Provinz" lagen. In diesen Thälern finden wir keine Spuren römischer Cultur, da sie außer den Grenzen der römischen Provinz lagen; aber wir finden hier auch noch heute Rumänen. Die Dacier, die einst auch während der römischen Herrschaft in diesen Thälern ihre Unabhängigkeit bewahren konnten, mögen diese sicheren Schlupfwinkel nicht den Römern zuliebe geräumt haben. Um so weniger konnten sich diejenigen Dacier, die zerstreut in der römischen Provinz lebten, mit den Gothen verschmelzen. Denn wahrscheinlich war auch Hadrian nicht so „neidisch", wie Rösler meint. Er ließ die Brücke bis auf die Pfeiler abbrechen, weil sie den barbarischen Horden mehr als den Römern nutzte; er wollte die Provinz aufgeben, weil es um sie her sehr gefährlich aussah. Nach alldem, was Rösler sagt, scheint das Leben in Dacien schon unter dem ersten Nachfolger Trajan's so unsicher gewesen zu sein, daß es ganz erklärlich ist, wenn Spuren römischer Cultur beinahe nur in gutgedeckten Gegenden zu finden sind. Römer und Dacier hatten bald dasselbe Schicksal und wurden mehr oder minder auf einander angewiesen. Der Gedanke, daß nur Römer und sogar alle Römer auf einmal Dacien verließen, ist ebenso unnatürlich wie der, daß sie es auf einmal colonisierten. Es vergingen ja beinahe zweihundert Jahre von der Eroberung bis zur Räumung, und es mußte auch hier, wie überall in dieser Welt, ein allmähliches Steigen und dann ein Sinken stattfinden. Wir sehen, daß schon unter Hadrian der Gedanke der Räumung auftritt, daß man die Verbindungsbrücke mit Rom bis auf die Pfeiler abbricht, und diese allmähliche Trennung nimmt nun zu bis gegen Ende des III. Jahrhunderts, wo Dacien aufhört, auch nominell eine römische Provinz zu sein. Am Tage der Räumung war die Provinz gewiß keine blühende.

Zur Zeit Trajan's konnte wohl römisches Leben in der späteren Moldau und in der Walachei blühen; aber der bessarabische Römerwall ist ein hinlänglicher Beweis, daß diese Blüthe manchen Gefahren ausgesetzt war und eines steten Schutzes beburfte. Schon unter Hadrian mag dieser Schutz nicht hinreichend gewesen sein, und so finden wir über die östliche Wasserscheide, im nordöstlichen, den Einbrüchen mehr ausgesetzten Theil Siebenbürgens, keine Spuren römischer Cultur und auch keine Rumänen. Diese östliche Wasserscheide, die den Daciern und später auch den Römern die Herrschaft über das obere Flußgebiet der Aluta, wenn auch nicht unmöglich, so doch sehr beschwerlich machte, diente nun als eine Schutzmauer gegen die barbarischen Einfälle.

Was konnte aber die Thalgegenden der unteren Donau, die kleine Walachei und später das Banat schützen? Hier war das Land offen und die Barbaren konnten ihr Unwesen nach Belieben treiben.

Wenn also gesagt wird, daß Hadrian die Brücke bis auf die Pfeiler abbrechen ließ, muß man sich auch die Verhältnisse vorstellen, die ihn dazu bestimmen konnten. Die Verbindung zwischen Moesien und Dacien war mitunter vielleicht wochen- oder gar monatenlange durch barbarische Streifzügler abgeschnitten, und zu solchen Zeiten mußte die Brücke sehr unbequem für Moesien sein. Wäre die Zahl der in Dacien angesiedelten Römer gering gewesen, und hätte man Lust gehabt, das gesegnete Land freiwillig zu verlassen, so wäre die allgemeine Räumung schon unter Hadrian geschehen. Später wurde es immer schwieriger, die gänzliche Räumung durchzuführen. Es gingen allmählich alle Diejenigen fort, die es dort nicht mehr aushalten konnten; das Elend wurde immer allgemeiner und je elender die Menschen werden, desto weniger Bedürfnisse haben sie, und je weniger Bedürfnisse sie haben, desto schwerer lassen sie sich zu etwas bestimmen. Schließlich räumte man die Provinz, weil es nicht mehr der Mühe werth war, sie zu schützen und zur Zeit der officiellen Räumung mögen es schon viele Römer gewesen sein, die das Leben dort oben in den Gebirgen erträglich finden konnten.

Es erging den Römern ebenso wie den Daciern: sie wurden weiter und immer weiter in die gedeckteren Thäler gedrängt, und zuletzt, als die Provinz aufgegeben wurde, rettete sich Jeder, wie und wohin er sich retten konnte.

Es ist somit nichts Zufälliges, wenn man die Rumänen meistens dort findet, wo auch die ehemaligen Sitze der Dacier zu vermuthen sind: überall, wo **bedrängte Menschen eine Zuflucht** finden konnten. Und alles, was an ethnographischen Elementen in den Karpathen spurlos verschwand, konnte nur von diesen Schlupfwinkeln verschlungen werden.

Tausend Jahre lang strömten die heimatlos gewordenen Völker durch die Karpathen; endlos war die Reihe der Schwärme, die von wieder anderen Völker-Schwärmen getrieben, mit der gierigen Wuth des Hungers über die angesessenen Völker herfielen, um ihnen die Früchte saurer Arbeit und die liebgewordene Heimat zu entreißen: da wies der Boden selbst dem schwerbedrängten Menschen die sicheren Schlupfwinkel, in denen er die besseren Zeiten abwarten konnte. Es rettete sich dahin wer sich nur retten konnte, nicht bloß Dacier, Romanen und Slaven, sondern kleinere oder größere Bruchstücke aller in den Karpathen verschwundenen Völker, es retteten sich nicht die Völker, sondern die einzelnen noch übrig gebliebenen Individuen. Alle diese Elemente, mögen sie noch so verschieden gewesen sein, mußten sich mit der Zeit verschmelzen, denn sie waren auf einander angewiesen: die Überlegenheit des romanischen Elements war jedoch so entscheidend, daß sogar heute, nach beinahe zweitausend Jahren, jeder Rumäne sich gegen den Gedanken sträubt, kein directer Nachkömmling der Römer und womöglich der Legionäre zu sein.

Zweifellos waren während des ganzen Mittelalters mehr Rumänen im Balkan, als in den Karpathen, denn auch die Zahl der nach Moesien übersiedelten Römer mag größer gewesen sein, als die der in Dacien verbliebenen: dieses soll jedoch nur beweisen, daß im Balkan das romanische Element nicht so gut wie in den Karpathen gedeihen konnte.

Abgesehen davon, daß die romanischen Elemente in dem Balkan mit den Romäern, dann mit den Bulgaren und zuletzt mit den Türken und Griechen, also mit ungleich tüchtigeren Elementen, als in den Karpathen, zu thun hatten, so erschwerte ihnen auch der Boden den Kampf um's Dasein. „Unbekannt ist der Zeitpunkt," sagt Rösler (pag. 121), „in welchem die Romänen auf der Halbinsel Istrien zuerst erschienen, unleugbar ist aber der romänische Ursprung der dortigen Tschitschen und Valbarsaner, die sich einst Rumeri nannten und heute ein bis auf wenige Reste entnationalisiertes, in Slaven und Italiener verwandeltes Element bilden, ebenso der schon slavisierten, walachischen Sprachinsel in Krain zu Harst und Bojance. Auch hier sind ausgedehnte Wanderungen der Hirten Illyriens anzunehmen. Viele andere zersprengte Häuflein mögen schon früher in andere Nationalitäten zerbröckelt und aufgegangen sein, so diejenige Abtheilung, welche in der Pozsega'er Gespanschaft Slavoniens wohnte, und der Gegend, die sie bewohnte, den Beinamen „kleine Walachei" verschafft hat, oder jene zwischen dem Ibar und der Drina im südlichen Serbien, wo der Name „Altwlachien" noch jetzt im Andenken ist, oder jener isolierten Gemeinde, welche zu Sovig bei Tuzla in Bosnien genannt wird."

Es soll nur noch die von Rösler übergangene „mährische Walachei" in diese Liste hineingebracht werden, und dann kann man fragen: warum sind alle diese Rumänen „bis auf wenige Reste", die sich auch nicht mehr Rumeri, wie einst, nennen sollen, ganz und gar entnationalisiert worden? und warum sind diese „wenigen Reste" in einer sehr gebirgigen Gegend geblieben?

Sie haben Jahrhunderte lang tapfer ausgehalten; sie blieben jedoch zu lange isoliert; der Einfluß fremder Sprachen und fremder Sitten war zu anhaltend und zu mächtig, und so mußten sie allmählich unterliegen. Es wäre dennoch ein Irrthum zu glauben, daß sie bloß entnationalisiert worden seien: sie mußten auch zum großen Theil aussterben, denn derjenige, dem allmählich ein fremdes

Wesen aufgezwungen wird, geht der Entsittung entgegen und kann es im Kampfe um's Dasein nicht mit Anderen aushalten, die ihr Wesen bewahren können. Es blieben somit nur noch die wenigen Reste in den Bergen, wo sie einsam und verhältnißmäßig abgeschlossen leben konnten. Aber auch diese können nicht mehr gedeihen. Wir wissen, daß die Tschitschen und Valbarsaner verkommene Menschen sind, und daß sie nur noch einen verhältnißmäßig kleinen Theil des ihnen angestammten rumänischen Wesens bewahren: der Kreis, der dieselbe Sprache versteht und denselben Sitten huldigt, ist eben zu klein.

Wenn dieser kleine Kreis aber rechtzeitig von einem anderen gleichartigen berührt wird: so lebt Alles auf; die Leute billigen und ermuntern sich gegenseitig, wirken alle zusammen und das schon matt gewordene eigenartige Wesen tritt mehr und immer mehr hervor. Dieses geschieht seit über tausend Jahren in den Karpathen, wo die Kreise rechtzeitig, also zu einer Zeit, wo sie noch mehr oder minder gleichartig waren, sich berühren konnten.

Der Balkan bildet jedoch nicht, wie die Karpathen, ein Dreieck, und so konnte sich auf der Balkanhalbinsel das einst wohl zahlreiche, aber zu allen Zeiten zerstreute romanische Element nur dort erhalten, wo es nicht zu lange in kleineren Bruchstücken isoliert bleiben mußte, also am Pindos, in Macedonien und überhaupt, wo der Boden nebst der verhältnißmäßigen Abgeschlossenheit auch das rechtzeitige sich Auffinden begünstigte. Diejenigen Kreise romanischer Elemente, die sich zu anhaltend nur mit Frembartigen berührten, wurden allmählich kleiner und mußten sich zuletzt gänzlich auflösen. Ja sogar bei den Macedo-Rumänen wird das Gefühl der nationalen Zusammengehörigkeit erst in unserer Zeit reger.

In den Karpathen konnten sich die zerstreuten Schwärme auch nur sehr spät gegenseitig auffinden und unterstützen; ihr

Gedeihen wurde jedoch sowohl vom Boden, wie auch von den ethnographischen Verhältnissen begünstigt. Die ersten Elemente, mit denen sie anhaltender in Berührung kamen, sind die im VI. Jahrhundert herangekommenen slavischen Stämme gewesen. Nach der Nomenclatur zu urtheilen, haben diese Slaven den ganzen heute von Rumänen bewohnten Boden besetzt. Die kleineren Flüsse der Karpathen und die von Rumänen bewohnten Ortschaften werden auch heute meistens mit Namen slavischen Ursprungs bezeichnet. Die Ortschaft, die auf den Ruinen der ehemaligen Hauptstadt Ulpia Trajana entstanden ist, heißt Gräbiste und die ehemalige Hauptstadt Siebenbürgens, die im topographischen Mittelpunkt liegende Karlsburg, wird noch heute Belgrad genannt. Eine rumänische Nomenclatur findet man nur im Gebirg und auch hier nur für die Bezeichnung von Höhen, Bächen und von einigen wenigen Ortschaften. Setzen wir noch hinzu, daß alle Überlieferungen diese Slaven als ein fleißiges, Ackerbau treibendes Volk hinstellen, so können wir nicht mehr daran zweifeln, daß sie diejenigen gewesen sind, die hier nach der römischen Herrschaft die ersten Grundlagen bauernder Ansiedlung gelegt haben, und daß sie bei ihrer Ankunft das Land gänzlich verwüstet fanden.*)

Wir hören, daß diese Slaven die Ufer der Donau, der Drau und überhaupt die fruchtbare Ebene bewohnten; wenn wir also auch an der Gáina, wo die Saaten nicht immer zur Reife gelangen, eine Ortschaft mit dem Namen Bistra finden, so müssen wir uns fragen, was ein Ackerbau treibendes Volk bestimmen konnte, auch hier Grundlagen für bauernde Ansiedlung zu legen? Sie wurden ebenso wie die Dacier und die Römer gegen die gedeckteren Theile des Bodens gedrängt. Zur Zeit des anonymen

---

*) Wird überhaupt nicht in Abrede gestellt. Eingehend wird die Frage bei Pić behandelt.

Notars sind diese Slaven ein längst verschwundenes Element; es werden auf dem einst von ihnen bewohnten Boden nur Rumänen erwähnt, und diese sogar als Urbewohner. Es darf nicht angenommen werden, daß die Slaven vertrieben oder gänzlich ausgerottet worden seien, denn ein Volk, welches an der Gäina, am Rătezatu oder in den nördlichen Schluchten angesiedelt war, konnte sicheren Schutz gegen jedweden Feind finden.

Wie wurden sie also von Rumänen ersetzt? So wie auch heute slavische und auch andere Elemente allmählich durch rumänische ersetzt werden. Allgemein bekannt ist „die Gier, mit der die Rumänen slavisches Blut aufsaugen", wie Kanitz sagt. Noch am Anfang des XVIII. Jahrhunderts war die ganze Gegend bei Arad, zwischen der Maros, dem Körös und dem Promontor,*) dann der mittlere Theil des (auch serbisch genannten) Banats von Serben bewohnt, und heute findet man daselbst nur noch einige slavische Gebräuche und Namen, speciell auch Familien-Namen, als Spuren dieser einst ziemlich großen serbischen Bevölkerung vor.

Und nicht bloß in Ungarn und im Banat, sondern auch in Serbien selbst werden die Serben von den Rumänen leicht überschichtet und entnationalisiert.

Die Reihe der einst ungarischen oder sächsischen Ortschaften, die heute beinahe nur von Rumänen bewohnt sind, ist groß, obgleich die Zahl der Sachsen und Magyaren, die romanisiert wurden, verschwindend klein ist. In unserer Zeit kommen diese

---

*) Rösler sagt (pag. 118): „Im Jahre 1690 zog der serbische Patriarch Arsenius III. mit 37,000 Familien, 1737 Arsenius IV. mit noch mehreren serbischen Familien nach Ungarn, wo sie im Süden des Landes Wohnsitze nahmen." Siehe über diese Serben: Hurmuzaki, „Documente ect." Vol. VI. pag. 690. — Andere Serben wanderten jedoch noch im XVII. Jahrhundert unter Brankovič ein und diese ließen sich an der Maros, am Promontor und am Körös nieder. Ein Theil dieser Serben wanderte jedoch wieder gegen die Donau zurück.

überschichtenden Elemente vom Gebirge herab, und dem aufmerksamen Beobachter wird es nicht entgehen, daß sie auch nur so überschichtend wirken können. Es sind besonders die weiter thalabwärts günstigeren Ernährungsverhältnisse, die dem Gebirgsbewohner die überschichtende Fähigkeit geben; denn mit derselben Arbeit, die dazu gehörte, um im Gebirg sich selbst zu ernähren, kann er nun die Existenz einer ganzen Familie sichern.

Zur Zeit der slavischen Ansiedlung konnte es auch nicht anders sein. Die Slaven wurden von der fruchtbaren Ebene in das Gebirg hineingedrängt und mußten nun all das Elend durchmachen, welches die romanischen Elemente schon durchgemacht hatten. Wollte man annehmen, daß sie auch die gedeckteren Gegenden der Karpathen und speciell auch die Poiana ganz öde fanden, so ist es gar nicht zu begreifen, wie bei der Ankunft der Johanniter und der Sachsen in Siebenbürgen keine Slaven vorgefunden wurden, und wie auch schon zur Zeit des anonymen Notars die Wlachen für eine Urbevölkerung des Landes gelten konnten.

Will man die Kreuzung romanischer Elemente mit slavischen ganz einfach leugnen, so hat die Frage der ursprünglichen Heimat der Rumänen überhaupt keine Bedeutung; gibt man aber zu, daß die Rumänen ein zwar romanisches, aber näher dem slavischen als dem germanischen Stamm stehendes Volk seien, so muß man auch zugeben, daß die Verschmelzung romanischer Elemente mit slavischen nur dort stattfinden konnte, wo einst Slaven waren und schon zur Zeit des anonymen Notars nur Rumänen vorgefunden wurden.

Dasjenige Volk, dessen entwickelte Fortsetzung die heutigen Rumänen sind, bestand vor dieser Verschmelzung nicht: es hat darin seinen Ursprung. Die ethnographische Bedeutung der

Rumänen liegt nicht darin, daß sie Nachkömmlinge der Römer seien, auch nicht darin, daß sie das längst verschwundene Volk der Dacier romanisiert haben, sondern einzig und allein darin, daß sie die Verbindung zwischen scharf getrennten Theilen der europäischen Völkerfamilie herstellen und so ein vermittelndes Glied in der Völkerkette ausmachen.

Und wäre das flache Land auch in den Karpathen, so wie es in dem Balkan und in Istrien war, anhaltend von Slaven bewohnt gewesen, so hätte dieses Glied nicht entstehen können: diejenigen Slaven, die sich mit den romanischen Elementen verschmolzen hatten, mußten Jahrhunderte lang isoliert leben, in anhaltender Berührung mit den Resten der ehemaligen römischen Welt. Dieses geschah in den Karpathen, wo das Land ringsherum Jahrhunderte lang öde war und öde bleiben mußte, nicht aber auf der Balkanhalbinsel, wo während der Zeit slavische Reiche gegründet wurden.

Nach Vollendung dieser Verschmelzung romanischer Elemente mit slavischen fängt die Geschichte des rumänischen Volks an. Sie ist möglichst kurz und einfach. Benjamin de Tubela, der im X. Jahrhundert im Balkan reiste, sagt, daß die Wlachen in den Gebirgen vollkommen unabhängig wohnten, da ihnen niemand beikommen könnte, und daß sie in die Ebene hinabstiegen, um die hier ansässigen Griechen zu plündern. Wir wissen noch dazu, daß andere Rumänen, die nicht in den Gebirgen wohnten, als Sklaven verschenkt und wohl auch verkauft wurden. Ungefähr dasselbe war das Schicksal der Rumänen auch in den Karpathen: im Gebirge verhältnißmäßige Freiheit und dagegen auf dem flachen Land harte Knechtschaft, denn der Boden, der sie so lange beschützt hatte, ließ sie nicht zusammenwirken und zur Bedeutung gelangen.

Aus der ältesten Zeit urkundlicher rumänischer Geschichte kennen wir drei verschiedene Gruppen, die sich einer verhältnißmäßigen Unabhängigkeit erfreuten: das Fogaraser und das Zewriner Banat und die Marmaroser Woiwodschaft. Eine Art Autonomie scheinen die Rumänen noch in den Gegenden zu Naszod, Kövár, Belényes, Halmágy, Hátszeg und in den „westlichen Bergen" gehabt zu haben. Über die Einrichtung dieser Autonomien und über ihr Verhältniß zum ungarischen Reich wissen wir überhaupt sehr wenig; es läßt sich nur behaupten, daß die Vorsteher vom ungarischen König abhingen, und daß die Rechtsgebräuche im Allgemeinen nicht die ungarischen, sondern die slavischen waren.*)

Eine eigentliche Eintheilung des Volkes nach Classen bestand nicht; nur die erblichen Vorsteher der Gemeinden, die sogenannten Kneaz=en, die man im Banat auch heute Chinez nennt, scheinen einen in früheren Zeiten auch von den ungarischen Königen anerkannten traditionellen Adel gebildet zu haben. Wenn aber sonst jemand aus der Reihe der Rumänen geadelt wurde, so wurde er eben zu einem ungarischen Edelmann, magyar nemes.

Die Stellung der Rumänen im ungarischen Staat scheint Anfangs keine ungünstige gewesen zu sein, denn König Andreas III. beruft sie (1291) als den Sachsen und Magyaren ebenbürtige Regnicolae in den Landtag. Seit dem XIV. Jahrhundert wird ihre Stellung immer ungünstiger. Die eigentliche Ursache davon ist ihre zu rasche Vermehrung. Von einer Unterwerfung der

---

*) Diese Frage wurde von Pič in der Abhandlung über die Abstammung der Rumänen sehr eingehend behandelt. (Seite 121 und weiter.) Lorenz Diefenbach sagt (II. Band. pag. 165) über Pič folgendes: „Der in Jungbunzlau wohnende Verfasser ist bereits als Slavist bekannt und geht in den vorliegenden fleißigen Untersuchungen großentheils von slavischen Quellen, Gesichtspunkten und Sympathien aus." Es läßt sich dennoch nicht in Abrede stellen, daß sich Pič ebenso viel um die zweite, als Rösler um die erste Periode der rumänischen Geschichte verdient gemacht hat.

Rumänen kann wohl die Rede nicht sein. Natürlich konnten die in mehreren kleinen und örtlich scharf geschiedenen Gruppen lebenden Rumänen dem anhaltenden Andrang der Magyaren nicht Widerstand leisten, und so mußten sie sich allmählich ergeben. Sie ergaben sich jedoch nicht auf Gnade und Ungnade: sie blieben **auf ihrem eigenen Boden**, also dort, wo man sie fand, verhältnißmäßig frei, hatten ihre eigene Organisation und ihr eigenes walachisches Recht, welches dem Boden anhaftete.

Weiter thalabwärts war jedoch das Land fortwährenden Einfällen ausgesetzt und die dauernde Ansiedlung unmöglich: hier konnte man keine Rumänen unterwerfen, da das Land überhaupt öde war. König Andreas II. beruft die Johanniter nach Siebenbürgen, gewiß nicht um das Land mit ihnen zu colonisieren, sondern um seine östlichen Grenzen zu schützen und die Colonisation später möglich zu machen. Es kommen bald darauf auch die Sachsen und besetzen andere öde Theile des Landes. Die Székler und die Magyaren mögen schon früher dagewesen sein; es ist jedoch zu bemerken, daß alle diese Elemente ödes Land zugetheilt bekamen und mit dem Land auch die Verpflichtung übernehmen mußten, es zu beschützen. Da nun auch weiter thalabwärts das Land beschützt ward und die Ernährungsverhältnisse sich immer günstiger gestalteten, wagten sich auch die Rumänen hinunter in das für sie fremd gewordene Land, wo ihnen nur übrig blieb, sich freiwillig als Hörige zu stellen.

Die Hörigkeitsverhältnisse scheinen Anfangs keine ungünstigen gewesen zu sein, denn die Zahl der hörigen Rumänen wächst rasch an; in dem Grade aber, wie die Rumänen sich vermehrten und zu unterthänig sich erwiesen, ging bei den herrschenden Nationen der Sinn für Gerechtigkeit verloren, und es werden auch die Hörigkeits=Verhältnisse immer schlechter, und endlich, nachdem König

Ladislaus (1377) alle nicht geadelten Rumänen, also auch die Knezen, ganz einfach für Hörige erklärt, so schlecht, daß sogar die hörigen Székler und Magyaren sie nicht mehr ertragen können. Im Frühjahr 1437 brach ein Bauernaufstand aus, den besonders rumänische Geschichtsschreiber in Beziehung zu den Aspirationen des rumänischen Volks bringen wollen*). Dieser Aufstand ging jedoch nicht von den Rumänen aus, wurde nicht von ihnen angeführt und wenn auch rumänische Hörige daran theilnahmen, kann er nicht als eine nationale Bewegung der Rumänen angesehen werden. Die Maßregel, die unter König Ladislaus nothwendig wurde, ist zwar ein Beweis, daß die Rumänen schon anfingen, sich auf nicht rumänischem Boden Rechte anzumaßen, die ihnen nicht zustanden; der Aufstand hatte jedoch nicht den Zweck, derartige Ansprüche der Rumänen geltend zu machen, wenn er auch Anlaß zur sogenannten Verbrüderung der drei Nationen gab.

Eine Ausartung dieses Aufstandes in eine nationale Bewegung der Rumänen befürchtend, schlossen die Székler, Magyaren und Sachsen noch in demselben Jahr ein Bündniß, welchem die Verpflichtung zu Grunde lag, die Concivitäts-Ansprüche der Rumänen gemeinschaflich zu bekämpfen und die seit jeher bestehenden Rechtsverhältnisse auch für die Zukunft aufrecht zu erhalten. Bald darauf wurden die Hörigkeits-Verhältnisse günstiger geregelt und die Rumänen beruhigten sich, ebenso wie die übrigen Hörigen, besonders da auch ihr Recht zur Freizügigkeit nicht mehr in Abrede gestellt wurde. Dieses Recht mußte ihnen jedoch früher oder später genommen werden.

Unter andern Ursachen waren es auch die Einfälle der Türken, die seine Aufhebung nothwendig machten. Der König und die Adeligen, die gegen die Türken zogen, stellten an die

---

*) Derselben Meinung huldigt auch Pić. (Seite 169—175).

Bauern die billige Anforderung, daß sie während der Zeit zu Hause bleiben, arbeiten und überhaupt für die Beschaffung der Kriegskosten sorgen sollten, und wenn sie dieses nicht freiwillig thaten, mußte man sie gesetzlich zwingen, soweit ein diesbezüglicher Zwang möglich war.

Der Klarheit wegen erinnere ich an den Held der Rumänen, Michael den Tapfern, der dieses Recht für die Walachei aufhob und wahrscheinlich dessen gesetzliche Aufhebung auch für Siebenbürgen in Anregung brachte.*) Es hat vielleicht keinen eifrigeren Bekämpfer der Türken im Orient gegeben, als er es gewesen ist, und eben dieser Eifer mußte ihn zu dieser strengen Maßregel treiben. Er klagt unaufhörlich darüber, daß er den Krieg nicht weiter führen könne, weil die ganze Bevölkerung sich in die Wälder geflüchtet habe, und er somit keine Steuer für die Bestreitung der Kriegskosten eintreiben könne. „Ich habe zwar ein Land, aber keine Leute darin!" Dies ist seine ewige Klage, und diese Klage muß allgemein gewesen sein, denn überall zog sich die Bevölkerung in das Gebirge zurück, wenn sie das Herannahen der Türken befürchtete, und so wurde das offene Land, der eigentlich fruchtbare Theil des Bodens, öder und immer öder

Miron Costin, der Ende des XVI. Jahrhunderts lebte, gibt an, daß die Rumänen auf der ungarischen Ebene bis gegen die Bácska ausgebreitet seien. Das mag zu seiner Zeit wahr gewesen sein: in dem Grade jedoch, in dem die Krieger sich unfähig erwiesen, das Land zu beschützen, zogen sich die Landbebauer von der Ebene zurück, und zur Zeit, als es den Habsburgern endlich gelang, überall die Ordnung und die Sicherheit herzustellen, war

---

*) Hurmuzaki, „Documente etc." III. Band. pag. 675. — In Ungarn wurde die Aufhebung der Freizügigkeit schon im Jahre 1514 durchgeführt; in Siebenbürgen, wo sie noch nicht gesetzlich aufgehoben wurde, bestand sie jedoch auch nicht mehr.

diese Ebene beinahe ebenso öde, wie sie vierhundert Jahre vorher
gewesen war.

Den Habsburgern ward es jedoch nicht schwer, das befreite
Land auch zu bevölkern, denn sie waren schon damals als eine
Macht bekannt, die nicht bloß hinlänglichen Schutz gewährt,
sondern auch für das Wohl ihrer Unterthanen sorgt, und so
strömten die Ansiedler aus allen umliegenden Ländern nach dem
fruchtbaren Boden des Banats und der ungarischen Ebene. Auch
für die Rumänen trat damit eine Wendung zum Besseren ein.
Es wanderten Moldauer und Walachen, sowohl aus der großen,
wie auch aus der kleinen Walachei, Macedo-Rumänen und zahl=
reiche zum gemeinen Adel gehörige Rumänen aus Siebenbürgen,
besonders aus der Hatszeger Gegend ein: der größte Theil der
siebenbürger Rumänen, die Leibeigenen, waren indessen glebae
adscripti und durften den Grund und Boden, auf dem sie geboren
waren, nicht verlassen.

Jetzt war dieses Verbot gewiß ein schreiendes Unrecht, welches
die Habsburger um so eher aufheben mußten, als es zugleich die
allgemeine Entwicklung hemmte. Dies geschieht für Ungarn unter
Maria Theresia; jedoch noch nicht für Siebenbürgen. Da erheben
sich zur Zeit Josef II. die Rumänen unter Horia und Closca
und verwüsten weit und breit das Land. Diese erste wirklich
nationale Bewegung der siebenbürger Rumänen wurde vielfältig
gedeutet:*) ich will nur hervorheben, daß sie in den westlichen
Bergen ihren Ursprung nahm, und daß der Aufstand an dem

---

*) H. Nic. Densuşanu stellte unlängst im Auftrage der rumänischen
Akademie die erste größere, diesen Aufstand betreffende Documenten-Sammlung
zusammen, die jedoch bisher noch nicht veröffentlicht wurde. Kurzgefaßte Aus=
züge der zu dieser Sammlung gehörigen Documente wurden in den „Analele
Academiei române, Seria II. Tom. II. (1881) veröffentlicht, und nach diesen
Auszügen zu urtheilen, wirft diese Sammlung nun endlich ein klares Licht
über die ganze Bewegung.

Tage, als den Leibeigenen auch in Siebenbürgen die Freizügigkeit gewährt wurde, sein Ende nahm.

Mehr als das Recht, sich frei auf dem Erdboden bewegen zu können, beanspruchten die Rumänen nicht; dieses Recht aber war die erste Bedingung ihrer ferneren Entwicklung, und in dem Grade, in dem sie sich entwickelten, wurden auch ihre Ansprüche größer und wuchsen immer mehr.

Religion.

Religiöses Bewußtsein.

Die Rumänen treten in der Geschichte nur als ein schon zum Christenthum bekehrtes Volk auf. E. von Hurmuzaki behauptet*), sie seien zur Zeit des Patriarchen Photius bekehrt und der orientalischen Kirche zugeführt worden. Andere rumänische Geschichtsschreiber und der Metropolit Schaguna**) glauben dagegen die Anfänge des Christenthums der Rumänen bis in die römische Zeit zurückführen zu sollen; die Belege, die sie dafür beibringen, werden jedoch vielfach für unzureichend erklärt. Wahrscheinlich ist es allerdings, daß zur Zeit der Römer auch Christen nach Dacien übersiedelten, und diese Wahrscheinlichkeit wird durch eine Stelle im Tertullianus vermehrt; allein daraus läßt sich kein sicherer Schluß für die religiöse Entwicklung der in den Karpathen verbliebenen romanischen Elemente ziehen. Hier soll die Frage nur besprochen werden, in sofern sie für das Verständniß des religiösen Lebens der Rumänen von Bedeutung ist.

Wie alle Völker haben auch die Rumänen ihr eigenthümliches religiöses Bewußtsein, welches theils auf angestammte Anlagen,

---
*) „Fragmente zur Geschichte der Rumänen." II. Band, pag. I.
**) „Istoria bisericei ortodocse resăritene universala." Sibiiŭ 1860.

theils auf geschichtliche Vorgänge zurückzuführen ist, und die Geschichtsforschung, soweit sie auf das religiöse Leben eingeht, kann keinen andern Zweck haben, als das Verständniß dieses Bewußtseins zu erleichtern. Bei dem Mangel urkundlicher Beweise halte ich somit die Meinung des Metropoliten Schaguna für maßgebend, denn Niemand wußte es besser als er, um was es sich handelte und was eigentlich aus der rumänischen Geschichte zu erklären sei, und Manches, was besonders fremde Geschichtsforscher für wahrscheinlich annahmen, mußte dem äußerst begabten Mann, der fünfundzwanzig Jahre lang an der Spitze der rumänischen Kirche stand, als etwas dem religiösen Bewußtsein des Volkes Widersprechendes, ganz und gar unmöglich erscheinen.

In der rumänischen Sprache gibt es kein Wort für den Begriff „Religion" und auch keines für „Confession". Der Rumäne wendet das Wort lege, zweifellos das lateinische lex, sowohl für „Gesetz", wie auch für „Religion" und „Confession" an. Das Wort credință, Glaube, wird in einem einzigen Fall für „Religion" angewendet: credinţa părinţilor nostri, der Glaube unserer Vorfahren, aber auch in diesem Falle sagt der Stockrumäne legea, das Gesetz unserer Vorfahren. Der christliche Glaube ist auf rumänische Weise ausgedrückt ein christliches Gesetz und die orientalische Confession ein orientalisches Gesetz oder auch ein rumänisches, legea romănească. Schon diese Verwirrung der Begriffe ist geeignet, uns zu der auch sonst mit der Geschichte der Rumänen in Einklang stehenden Annahme zu führen, daß es für die Rumänen eine Zeit gegeben haben muß, wo Religion und Gesetz auch wirklich identisch waren.

Betrachten wir nun näher die religiösen Anschauungen der Rumänen, so werden wir in dieser Annahme bestärkt. Einer der Grundzüge des rumänischen Charakters ist die Duldsamkeit. Es soll dahingestellt bleiben, ob diese Charakter=Eigenschaft eine angestammte sein kann oder nicht; ich hebe sie bloß hervor, damit sie dem aufmerksamen Leser als ein das religiöse Gefühl modificierendes persönliches Element vorschwebe. Zu Anfang des XIII. Jahrhunderts (1234) werden die Rumänen als Menschen erwähnt, die sich zwar zum Christenthum bekennen, jedoch Sitten und Gebräuche haben, die dem christlichen Wesen fremd sind. Sie gehören auch nicht zur römischen Kirche, empfangen die Sacramente nicht von dem für Kumanien bestellten katholischen Bischof, sondern von „Pseudo=Bischöfen", die den griechischen Ritus halten. Sie verleiten sogar Ungarn, Deutsche und andere Katholiken, die Sacramente von denselben Bischöfen zu empfangen und dadurch sich der katholischen Kirche zu entfremden. So wie sie hier dargestellt wurden, sind die Rumänen auch noch heutigen Tags. Sie haben auch heute Sitten und Gebräuche, die dem christlichen Wesen fremd sind und auch heute empfangen Christen nicht=rumänischer Confession Sacramente von rumänischen Geistlichen. Diese Bereitwilligkeit der Popen, Jedem, gehöre er zu ihrer Kirche oder nicht, die Sacramente zu ertheilen, gibt Anlaß zu einer stehenden Klage, und noch im Jahre 1692 bestätigt Georg Bánfy den neuen Metropoliten Theophil nur unter der Bedingung, daß er und die ihm unterstehenden Popen keinem Christen nichtrumänischer Confession die Sacramente ertheilen.

Die Sonne gilt bei den Rumänen für heilig, sântul soare, und der echte Rumäne steht gebeugt und mit entblößtem Haupt vor der aufgehenden Spenderin des Lichtes. Der Freitag ist ein Feiertag, sânta Vinere, und besonders Frauen arbeiten an diesem Tage nicht, da nichts, was an diesem Tage unternommen wird, mit gutem Glück gedeihen kann. Namentlich soll der Samen an diesem Tage nicht dem Boden anvertraut werden. Lang ist die Reihe anderer nicht-christlicher Feiertage, die von den Rumänen gehalten, und der christlichen, die auf eine unchristliche Weise gefeiert werden. Ich hebe San-Giorgiŭ und Sanziene hervor, die mit gewissen Geistern, Strîge, in Beziehung stehen und auch von nicht-rumänischen Bewohnern rumänischer Ortschaften gefeiert werden. Von den vielartigen nicht-christlichen Gebräuchen bei Hochzeiten, Geburten, Begräbnissen, Krankheiten und bei sonstigen Begebenheiten des Lebens absehend, will ich nur hinzufügen, daß manche Thiere bei den Rumänen für unantastbar gelten und jedes ihnen zugefügte Ungemach als eine Sünde, ja geradezu als Gottesläfterung angesehen wird. Heilig ist auch das schon fertig gebackene Weizenbrod. Bevor man es anschneidet, macht man ein Kreuz mit dem Messer darauf. Fällt ein Stück auf die Erde, so wird es eilig aufgehoben, sorgfältig gereinigt und geküßt; ist es staubig geworden, so wird es in's Feuer geworfen, theils weil es den Todten angehört, theils weil Brod fortzuwerfen oder gar darauf mit Füßen zu treten eine der größten Sünden ist. Diesen ganzen nicht-christlichen Theil seines Bewußtseins bringt nun der Rumäne mit seiner christlichen Gottheit in Verbindung und hält fest daran, daß auch dieser Theil zum christlichen Wesen gehöre, und daß Jeder, dem er abgeht, auch unchristlich gesinnt sei.

Un om, un creştin oder un romăn sind nach der unter rumänischen Bauern allgemein üblichen Anwendung Worte, die sich gegenseitig decken und wenn ein Rumäne sagt, er hätte mit einem Christen einen Streit gehabt, so kann er unter diesem Christen auch einen Türken verstehen. Besonders, wenn er von vielen Menschen spricht, nennt er sie immer creştini oder auch romăni. Sagt er schlechthin „Menschen", oameni, so soll man nur Rumänen und speciell Bauern verstehen. So hört man ihn oft erzählen, daß er Jemanden aus der Ferne für einen Menschen angesehen habe, daß zwei Menschen und ein Pope beisammen seien, oder daß ein Mensch und zwei Ungarn etwas unternommen hätten. Danach besteht also für den Rumänen die allgemeine Annahme, daß jeder Mensch ein Christ und ein Rumäne sei. Rumänen verschiedener Confession oder verschiedene Völker rumänischer Confession kann es nach der rumänischen Auffassung nicht geben. Wer seinen Todten begräbt und ihm kein Geldstück in die Hand gibt, ist für den Stockrumänen weder Rumäne, noch Christ. Nu-i de legea noastră, er ist nicht unseres Gesetzes, sagt der Rumäne.

Und unrein ist jeder, der nicht der Rumänen Gesetz hält, unrein ist Alles, was mit ihm in Beziehung steht, unrein jede Gemeinschaft mit ihm. Die rumänische Sprache hat für diese Unreinheit ein eigenes Wort, spurcat. Man stelle sich darunter das möglichst Unsaubere vor, überhaupt etwas, was jeden richtig fühlenden Menschen anwidert. Ist man kein Rumäne, so ist man schon nicht ganz in Ordnung mit der Reinheit seines Wesens; der Grad der Unreinheit hängt jedoch nicht vom nationalen Abstand ab: es wird auch darauf gesehen, wie man lebt, wie man sich ernährt, wie man sich überhaupt zu Hause benimmt. Wenn eine Maus in den Brunnen fällt, so wird der Brunnen dadurch spurcat, und spurcat ist auch Jeder, der dennoch keinen Anstand nimmt, davon zu trinken, auch wenn die Maus schon herausgenommen wurde. Der Brunnen soll erst mit Weihwasser gereinigt werden. Ist ein größeres Thier hineingefallen, so muß das ganze Wasser ausgeschöpft werden, und wenn der Fall noch immer bedenklich erscheint, so liest der Pope auch eine Messe darüber. Ist endlich ein Mensch darin ertrunken, so bestimmt nur der Pope, ob der Brunnen zugeschüttet werden soll oder nicht.

Ferner darf Niemand aus einem Krug trinken, ohne erst davon auf die Erde geschüttet zu haben, und es ist eine Beleidigung, einem Rumänen Wasser anzubieten, ohne darauf zu achten. In der Nacht endlich soll man kein Wasser schöpfen; ist man jedoch genöthigt, es zu thun, so bläst man dreimal darüber weg und schüttet davon ins lodernde Feuer, sonst würde man mit manchen bösen Geistern zu thun haben. Besonders rein muß alles gehalten werden, woraus man trinkt oder speist, und das unrein gewordene darf nicht mehr gebraucht werden. Die Möglichkeit einer Reinigung durch gründliches Waschen und dann Besprengen mit Weihwasser wird höchstens bei großen Fässern zugegeben: sonst muß Alles weggeworfen oder für die Fütterung der Thiere verwendet werden. Es gibt somit in einer jeden echt rumänischen Hauswirthschaft dreierlei Geschirr: unreines, reines für die Fleischtage und das reinste für die Fasttage. Menschen, denen diese Regeln einzuhalten nicht vorgeschrieben ist, sind spurcați. Für ebenso unrein gelten auch die gebildeten Rumänen, wenn sie diese Verhaltungsmaßregeln nicht beachten. S'au spurcat, „sie sind unrein geworden", sagt der Rumäne. Noch unreiner sind diejenigen, die sich vorwiegend mit Fleischspeisen ernähren, zumal wenn sie auch das Fleisch von Thieren essen, die bei den Rumänen für ungenießbar gelten, wie Frösche, Pferdefleisch und dergleichen. Unrein sind endlich die Menschen, die in ihren ehelichen Verhältnissen die Verwandtschaft nicht gehörig berücksichtigen.

Der Rumäne bringt nun alle Verhaltungsmaßregeln dieser Art mit der Religion in Verbindung und bestimmt darnach den nationalen Abstand der fremden Elemente, mit denen er in Berührung kommt. Die Unreinheit liegt nicht im Individuum selbst, sondern in seinem „Gesetz", welches die Reinheit nicht vorschreibt und dieses Gesetz ist unrein, lege spurcată, und macht auch das Volk zu einem unreinen, neam spurcat, welches gleichbedeutend mit unchristlich ist. Pagân, Heide, ist z. B. ein jeder, der Pferdefleisch ißt. Die Unreinheit zieht weder Haß noch Verachtung nach sich. Im Gegentheil hat der Rumäne sehr viel Interesse für fremde Sitten und Gebräuche, und will er die Ehrlichkeit eines Fremden betheuern, so sagt er: der ist ein Mensch, der sein eigenes Gesetz hält! ține la legea lui. — Aber der Rumäne wird dennoch dessen Kleid nicht tragen, dessen Stück Brod nicht theilen, aus dessen Geschirr nicht essen und jede häusliche Gemeinschaft mit ihm für eine große Versündigung ansehen. Nur Kinder bleiben unter allen Umständen rein, auch wenn sie die Frucht einer unreinen Ehe sind: ihre unreine Abstammung vergißt jedoch der Rumäne nicht bald.

Seit sechshundert Jahren haben die Rumänen sich manches Fremde assimiliert; aber es läßt sich kein einziger Fall nachweisen, daß sie sich irgendwie die Mühe gegeben hätten, die Assimilation zu beschleunigen. Im Gegentheil bestreitet der Rumäne noch heute das Rumänenthum von Menschen, deren Großvater kein Rumäne war und es gilt ihm als Rumäne nur derjenige, dem sich keine fremde Abstammung nachweisen läßt. Auch gab es nie einen rumänischen Apostel, einen rumänischen Heiligen, überhaupt einen Rumänen, der um die Verbreitung religiöser Überzeugungen sich auf irgend eine Weise verdient gemacht hätte; alles, was Proselyten machen heißt, ist auch heute ein Unternehmen, welches bei den Rumänen zu keinem Ruhm führen kann. Wenn jedoch ein rumänischer Geistlicher ein Sacrament irgend einem Fremden, sei er wer immer, verweigern sollte, so findet dies das Volk ebenso anstößig, als wenn das Sacrament einem Rumänen versagt worden wäre. Heute wie vor sechshundert Jahren darf der Pope einem Katholiken, einem Lutheraner oder einem Protestanten kein Sacrament verweigern, wenn er sich nur bereit erklärt, es nach dem rumänischen Ritus zu empfangen, und heute wie vor sechshundert

Jahren gibt es Christen nicht-rumänischer Confession, die keinen Anstand nehmen, sich an den Popen um eine Messe und überhaupt um eine kirchliche Function zu wenden. Und es gäbe Anlaß zu Ärgernissen, wenn der Pope einem kranken Juden die Heilungsmesse oder einem Verstorbenen das Begräbniß nach rumänischem Ritus versagte.

Die Kirche der Rumänen ist keine alleinseligmachende: sie steht Allen offen, und selig wird jeder, auch der Heide, der in der gehörigen Weise sich an sie wendet. Die dem rumänischen Popen ertheilte Weihe ist somit eine volle und allen Menschen gegenüber giltig anwendbare. Der Rumäne hält nur die Weihe seines Popen für eine vollkommene und verbindet deshalb damit die Verpflichtung der allgemeinen Anwendung. Er selbst wird nie ein Sacrament von einem nicht-rumänischen Geistlichen empfangen, weil es nur Wirkung hat, wenn er es nach seiner eigenen Art und Weise empfangen darf. Geht er bei seiner eigenen Kirche vorüber, so entblößt er sein Haupt und bekreuzigt sich: dasselbe thut er vor der katholischen, der protestantischen oder der reformierten Kirche, und der Function einer nicht-rumänischen Kirche wird der religiöse Rumäne mit derselben Andacht beiwohnen wie den Functionen seiner eigenen. Aber er wird diese seine Andacht nur in seiner eigenen Weise zum Ausdruck bringen. Wird ein Katholik oder ein Protestant begraben, so gehen die Katholiken oder die Protestanten selbst mit bedecktem Haupt dem Todten nach: der Rumäne ist nicht dazu zu bewegen. Auch macht er die Processionen der Katholiken und besonders ihre Wallfahrten mit. Steht er jedoch in der katholischen Kirche, so benimmt er sich nur so, wie in seiner eigenen.

Der tolerante Sinn, der dieser Auffassung zu Grunde liegt, läßt sich aus der duldsamen Natur des Rumänen allein nicht ableiten: er muß, wie überhaupt das religiöse Bewußtsein, ein geschichtliches Resultat sein. Völker, die wegen ihrer religiösen Anschauungen Verfolgungen ausgesetzt sind, und die überhaupt an Religionskämpfen theilnehmen, seien sie noch so duldsamer Natur, müssen allmählich intolerant werden; denn erstens wissen sie, um was es sich handelt, und zweitens ist es für sie auch wirklich wahr, daß Jeder, der ihre Meinung nicht theilt, ihr entschiedener Feind ist. Wer also nicht bloß in den Bibliotheken und Archiven, sondern auch unter den Rumänen sich zu Hause fühlt, der wird sich gar nicht wundern, wenn er nichts von einer Theilnahme der Rumänen an den Kämpfen der Christenheit erfahren kann; hätten sie an diesen Kämpfen theilgenommen, so könnten sie nicht so denken wie sie es jetzt gewohnt sind.

Ohne jedoch bei der historischen Frage länger zu verweilen will ich bloß darauf hinweisen, daß es Manches in den religiösen Anschauungen der Rumänen gibt, das nur Folge einer längst= verschwundenen theokratischen Organisation sein kann und nur dann zu begreifen ist, wenn Religion und Nationalität sich zu gleicher Zeit ausgebildet haben. Begriffsverwirrungen können in dieser Welt auch nicht so ganz zufällig sein, und wenn der Stock= rumäne auch heute nicht zu begreifen vermag, wie Jemand ein wahrer Christ und nicht zugleich ein Rumäne sein kann, so muß es eine Zeit gegeben haben, wo dieses eine Wahrheit gewesen ist, also eine Zeit, wo es für die Rumänen keine andern Christen gab, als sie selbst, und wo jeder dadurch, daß er ein Christ war, zugleich ein Rumäne wurde. Wären die Rumänen als schon ausgebildetes Volk bekehrt worden, oder wären sie auch nach ihrer Bekehrung anhaltend mit christlichen Elementen in Berührung geblieben, so hätten sie wohl, wie auch andere Völker es thaten, manche ihrer nationalen Sitten und Gebräuche bewahren und als zum christlichen

Wesen gehörend betrachten können. Die in ihren Consequenzen so reiche Idee von Spurcat hätte sich jedoch nicht ausbilden können, denn solche Ideen bilden sich nur bei theokratisch organisierten Völkern aus, bei denen die Religion das ganze Leben umfaßt und die nur mit Völkern in Berührung kommen, mit denen jede Gemeinschaft gesetzlich verboten ist. Spurcat, wirklich spurcat, waren die pagānii, Heiden, mit denen die romanischen Elemente Jahrhunderte lang zu thun hatten und als Christen keine wie immer geartete Gemeinschaft pflegen durften.

Die Stellung, welche die Popen in der rumänischen Gesellschaft inne hatten und auch noch heute haben, ist auch nur so zu erklären: sie ist keine rein kirchliche. Im Jahre 1234 heißt es, daß die Rumänen von mehreren Bischöfen die Sacramente empfangen. Ich glaube, daß die Annahme, diese seien ihre eigenen Bischöfe gewesen, keine zu gewagte ist. Wir werden aber gar nicht daran zweifeln, wenn wir aus derselben Urkunde erfahren, daß der für Kumanien bestellte katholische Bischof angewiesen wird, den einen dieser Bischöfe sich selbst als eine Art Vicar für die Rumänen unterzuordnen. Wir wissen nicht urkundlich, ob diese Unterordnung auch geschehen ist, können es aber als sicher annehmen; denn es ist in den späteren Zeiten nichts ungewöhnliches, daß die Rumänen in ihrer Kirche selbst fremde Oberhoheit anerkennen. Die Rumänen hatten Geistliche, die sich zum Protestantismus bekannten, und sogar Metropoliten, die als Protestanten die rumänische Kirche regieren konnten. Ferner war ein großer Theil der rumänischen Geistlichkeit für lange Zeit der Jurisdiction des protestantischen Superintendenten unterworfen, welcher auch die Synodal-Sitzungen leitete, und sogar zur Zeit, als Schaguna nach Siebenbürgen kam, hatte der Karlsburger katholische Bischof die Leitung der confessionellen Schulen der siebenbürger Rumänen. All' dieses kann sich nur ein

Volk gefallen lassen, welches gewohnt ist, die kirchliche Macht mit der weltlichen vereinigt zu sehen und überall von derselben Hand regiert zu werden.

So drängt sich jedem Kenner der rumänischen Zustände die Überzeugung auf, daß es eine Zeit gegeben haben muß, wo die rumänische Kirche ein **christlich-nationaler Bund** war.*)

Die Union.

Die Rumänen waren zu allen Zeiten bestrebt, die nationale Abgeschlossenheit ihrer Kirche zu bewahren und überhaupt jedwede kirchliche Gemeinschaft mit fremden Elementen zu vermeiden.**) Ohne auf ihre Beziehungen zur orientalischen Kirche näher einzugehen, will ich bloß hervorheben, daß die Idee der kirchlichen Einheit bei den orientalischen Völkern überhaupt nur sehr spät zum Durchbruch kam. Namentlich von einer Theilnahme der Rumänen am gemeinsamen Leben dieser Kirche erfahren wir nichts. Und der Umstand allein, daß sie den griechischen Ritus und die slavische Liturgie angenommen haben, darf uns nicht zur Annahme führen, daß ihr Christenthum orientalischen Ursprungs sei. Ritus und Liturgie haben sich überhaupt nur allmählich entwickelt, und es ist nur zu natürlich, daß die Rumänen dieselben in einer ausgebildeten Form von den ersten Buchkundigen, mit denen sie in Berührung kamen, cărturari, und nicht von den viel später gekommenen päpstlichen Sendlingen empfangen haben. Dann tritt

---

*) Es ist übrigens eine dem ganzen Orient eigenthümliche Erscheinung, daß Religion und Nationalität indentifiziert werden.

) Die auf die Geschichte der rumänischen Kirche in Siebenbürgen bezüglichen Daten, wo die Quellen nicht angegeben werden, entnehme ich dem II. Band der „Fragmente zur Geschichte der Rumänen**", des E. v. Hurmuzaki.

ja der Unterschied zwischen römischer und orientalischer Kirche erst Mitte des XI. Jahrhunderts auf, und die rumänischen Bischöfe, die an den darauf folgenden Streitigkeiten theilnahmen, sind unentschieden und schließen sich bald der einen, bald der anderen Kirche an.*) Sie stellen sich zuletzt entschieden auf die Seite der orientalischen Kirche, weil die Oberhoheit des Patriarchen von Constantinopel keine praktische Bedeutung und auch keine weiteren Folgen für ihre religiöse Entwicklung hatte.

Es wird auch noch behauptet, daß die Rumänen einst zum römischen Patriarchat gehörten und Herrn Timoteiu Cipariu, einem der gewissenhaftesten rumänischen Gelehrten, gelang es **) nachzuweisen, daß es auch im IV., V. und VI. Jahrhundert an der Donau, zu Silistria, Nicopoli und weiter in Moesien Bischöfe gab, die sich lateinisch unterfertigten und somit höchst wahrscheinlich zur römischen Kirche gehörten. Ich glaube jedoch diese Bischöfe nicht in Beziehung zu den Rumänen der Karpathen bringen zu sollen. Die romanischen Elemente, die in den Karpathen zurückgeblieben sind, konnten Jahrhunderte lang überhaupt keine Beziehungen mit den übrigen Christen unterhalten, und ihr entschiedener Sinn für kirchliche Abgeschlossenheit läßt sich auch nur so erklären. Erst später, als die katholische Propaganda ihre Thätigkeit in Siebenbürgen beginnt, erfahren wir, daß die Rumänen mehrere Bischöfe hatten. Es wurde bisher im Allgemeinen festgestellt, daß es einen Metropoliten zu Karlsburg gab und dann Bischöfe zu Fogaras, Szilvás, Väd, Halmágy, Großwardein und in der Marmaros. Diese Bisthümer gingen jedoch allmählich ein, indem sie der Metropolie einverleibt wurden. Zuletzt gilt auch

---

*) Hurmuzaki „Documente ic." Vol. III. pag. 111, 112, 120.
**) T. Cipariu, Inceputul crestinării Romănilor. Blaj. 1865. — Vergleiche G. Sinkai, Hronica Romănilor. Jași, 1853. pag. 57—122 (T. I.)

der Metropolit von Karlsburg für einen Bischof, der seine Weihe vom Exarchen der Walachei „Metropolitul Ungro-Vlahici și Exarch al Plaiurilor" empfängt.

E. von Hurmuzaki weist die Erfolglosigkeit der katholischen Propaganda, deren Thätigkeit er mit besonderer Aufmerksamkeit verfolgt, mit einiger Genugthuung nach. Besonders während einer Periode von etwa vierhundert Jahren, bis zur Zeit der Reformation, ist der römische Stuhl rastlos bemüht, die Rumänen in den Bereich seiner Macht zu ziehen und so mit der Verwirklichung der Idee der christlichen Einheit um einen neuen Schritt vorwärts zu kommen. Abgesehen von der stets regen Thätigkeit der päpstlichen Sendlinge selbst, wurden auch ungarische Könige eidlich angehalten, ihre weltliche Macht zu diesem Zweck mit der kirchlichen zu vereinigen. Die päpstliche Macht stammt jedoch aus einer Zeit, wo die europäische Gesellschaft im Zustande der Zersetzung sich befand und somit das Bedürfniß nach gesellschaftlicher Einheit ein allgemeines war: über Kreise, die dieses Bedürfniß nicht fühlten, konnte sie sich nicht mehr erstrecken. Zur Zeit, als die päpstlichen Sendlinge nach Siebenbürgen kamen, brauchten die Rumänen keinen Papst mehr, denn sie hatten schon ihre eigene sociale Organisation, und es hing auch nicht bloß von ihrer Entschließung allein ab, ob sie diese ihnen angewachsene Organisation behalten oder ganz einfach mit einer fremden ersetzen sollten. Bekehren lassen sich wohl Menschen, die an nichts mehr glauben, nicht aber Völker, welche eine schon ausgebildete Individualität haben. Man fühlte das in Rom und so wurde der Gedanke der Bekehrung aufgegeben; man erklärte sich bereit, die Rumänen bei ihrem Ritus, bei ihren unchristlichen Sitten und Gebräuchen zu lassen und bestand bloß auf der Anerkennung der päpstlichen Oberhoheit, selbstverständlich in der Hoffnung, sie allmählich für den Katholicismus zu erziehen. Nun konnte man wohl die Rumänen zwingen, die Oberhoheit des Papstes anzuerkennen; das Gefühl jedoch, daß sie alle zusammen ein und dasselbe, von allen übrigen verschiedene Volk ausmachen, konnten Zwang und Erziehung nur noch stärker ausbilden.

Dann wurde der Zwang auch nicht gehörig geübt. Wir haben hinlängliche Beweise, daß in den früheren Zeiten weder Sachsen noch Magyaren genug Sinn für confessionelle Unterschiede hatten, und wenn wir sehen, daß die Katholiken keinen Anstand nehmen, sich an die Popen um Leistung kirchlicher Functionen zu wenden, so könnte uns nur mangelnder Sinn für Gerechtigkeit zur Behauptung verleiten, daß zur Zeit der katholischen Propaganda die Rumänen auch wegen ihrer Religion verfolgt wurden. Denn die Ausschließung vom öffentlichen Leben ist doch keine ernste Verfolgung für ein Element, welches geringe Bedürfnisse hat und somit überhaupt keinen Anspruch auf die Theilnahme an demselben macht. Diejenigen Rumänen, die diesen Anspruch erhoben, thaten sich selbst den Zwang an und schieden freiwillig aus dem rumänischen Bund.

So kann man auch nicht sagen, daß die Propaganda ganz und gar erfolglos geblieben ist. Denn um was handelte es sich dabei vor Allem? Um die Anerkennung der päpstlichen Oberhoheit. Diese ist auch geschehen. Es gab nicht bloß einzelne Laien, sondern auch rumänische Bischöfe, die sich den Zwang anthaten und sich zum Katholicismus bekannten. So erfahren wir, daß zur Zeit der Corvine ein rumänischer Bischof sich vom berühmten Capistran bekehren ließ*), wie wir später zwei Metropoliten finden, die sich offen zum Protestantismus bekennen. Eines gelang jedoch nicht: die Rumänen wider ihre eigene Natur

---

*) J. L. Pič, „Über die Abstammung der Rumänen". pag. 220.

zu erziehen und die nationale Abgeschlossenheit der rumänischen Kirche, worauf es besonders ankam, anhaltend zu stören. Dieses geschah auch bis zum heutigen Tage nicht.

Der viel rücksichtsloseren calvinischen Propaganda, die später die katholische ersetzte, gelang es, eine große Reform in der rumänischen Kirche durchzuführen: sie ersetzte die slavische Liturgie durch eine rumänische und legte somit die ersten Grundlagen der rumänischen Literatur. Da waren die Metropoliten, welche sich dies gefallen ließen, gewiß nicht die Gefoppten; denn diese Reform war so sehr den rumänischen Anschauungen angepaßt, daß bald darnach die rumänische Liturgie auch in den rumänischen Fürstenthümern eingeführt wurde.

Mit dieser Einführung der rumänischen Liturgie fallen ja auch die Anfänge der nationalen Strömung bei den Rumänen zusammen. In den Fürstenthümern, wo man sich freier bewegen konnte, trat allmählich eine nationale Partei hervor und als diese mit Vasilie Lupu in der Moldau und mit Mateiu Vassaraba in der Walachei (1635—1654) zur Herrschaft gelangt, werden die Griechen und speciell auch die griechischen Mönche vertrieben, weil sie „die Sitten des Landes verderben".*) Man setzte zugleich die in Siebenbürgen begonnene Arbeit der Übersetzung fremder Bücher in's Rumänische eifrig fort, und die speciell nationale Strömung wurde immer mächtiger. Es wird Niemand behaupten wollen, daß diese Strömung eine Folge der Einführung der rumänischen Liturgie gewesen sei, denn nur eine schon vorhandene solche Strömung konnte deren friedliche Einführung möglich machen.

Die Magyaren und die Sachsen, in Folge der Religionskämpfe intoleranter geworden, fingen nun an, die Rumänen auch

---

*) Cesar Bolliac, Mănăstirile din Romănia. Bucureşti, 1862. — pag. 465—475.

wegen ihrer Religion zu verfolgen und riefen dadurch eine Strömung hervor, die die Rumänen zugänglicher für die katholische Propaganda machte. Ende des XVII. Jahrhunderts, als die katholische Propaganda ihre Thätigkeit in Siebenbürgen wieder aufnehmen konnte, begegnet sie nicht mehr dem ehemaligen intransigenten Sinn bei den Rumänen. Ferner wirkt sie auch unter dem Schutze des Wiener Hofes, dem es daran liegt, die kirchlichen Beziehungen der Rumänen mit den Russen wo möglich aufzulösen. Die Unzufriedenheit ist groß unter den Rumänen, und die Habsburger erwecken die Hoffnung, daß gerechte Ansprüche nun nicht mehr unberücksichtigt bleiben werden; es gährt somit alles, und die Zahl der Rumänen, die unter gewissen Bedingungen bereit wären, sich in religiösen Fragen einen Zwang anzuthun, ist nicht mehr so klein wie einst. Es bildet sich eine Partei mit den aufgeklärteren Männern des Volkes an der Spitze, welche das Princip zur Geltung bringt, daß die Rumänen noch immer Rumänen bleiben können, auch wenn sie die geistliche Oberhoheit des Papstes anerkennen. Diese Partei war selbstverständlich keine religiöse, sondern eine national-politische. Es waren die Männer, welche national-rumänische Aspirationen hatten, die ersten unter den Rumänen, die nach Höherem strebten, ohne jedoch aus dem rumänischen Bund austreten zu wollen, und diese haben es eingesehen, daß die Lage ihres Volks nur so verbessert werden könne, wenn sich dieses ganze Volk einer der gesetzlich anerkannten Kirchen und zwar der meist begünstigten und auch ihnen am nächsten stehenden, katholischen anschließe. Sie hatten jedoch ihre wohlerwogenen Bedingungen und bestand so hartnäckig auf der vollständigen Abgeschlossenheit der rumänischen Kirche, daß der Papst in einer eigenen Bulle das Princip feststellen mußte, daß keine Mitglieder der uniertrumänischen Kirche in die katholische aufgenommen werden dürfen.

Der Leiter der nationalen Partei war der damalige Metropolit Theophil, der den Anschluß an die römische Kirche eifrig vorbereitete. Vor Allem ließ er unter seine Geistlichkeit ein Büchlein vertheilen, worin nachgewiesen wurde, daß die Rumänen einst zur römischen Kirche gehörten und daß es sich nur darum handle, wieder zum Glauben der Vorfahren zurückzukehren. Dann war es den Rumänen, die meistens Leibeigene waren, nicht gestattet, Schulen zu besuchen; rumänischen Jünglingen, die sich zu Popen ausbilden wollten, wurde jedoch die große Gunst erwiesen, daß sie in die katholischen Seminare aufgenommen wurden. Man reducierte endlich den ganzen confessionellen Unterschied auf vier Punkte: 1. Das Primat des Papstes. 2. Die Zulässigkeit des ungesäuerten Brotes bei der Communion. 3. Das Vorhandensein eines Purgatoriums. 4. Der Ausgang des heiligen Geistes nicht bloß vom Vater, sondern auch vom Sohne. Eine praktische Bedeutung hatte sowohl für die rumänische Kirche, wie auch für den römischen Stuhl bloß der erste dieser Punkte, der damals als eine Anrufung des päpstlichen Schutzes, auch nicht ganz mit Unrecht, aufgefaßt wurde. Sonst wurde den Rumänen die freie Wahl zugesichert. Es ist allerdings eine sonderbare Erscheinung, wenn wir sehen, daß eine von Delegirten der vier recipierten Religionen zusammengesetzte Commission das Land bereist, um die Popen zu befragen, zu welcher der recipierten Kirchen sie eigentlich gehören wollen; aber diese Maßregel ist ein Beweis, daß man die Situation richtig auffaßte. Die Popen waren ja meistens Leibeigene, und in einer kaiserlichen Verordnung hieß es: „die griechischen oder rumänischen Popen, wenn sie den Katholiken sich anschließen, werden die Rechte der letzteren genießen; verbinden sie sich mit einer andern recipierten Religion, so kommen ihnen die Privilegien dieser zu Statten; bleiben sie aber in ihrem dermaligen Zustande, so unterliegen sie, wie bisher, der Abgabenpflicht (dabunt taxam)". Und dafür bürgte der Wiener Hof, der selbst katholisch war.

Eine vom Metropoliten Theophil (1697) nach Karlsburg berufene Synode beschloß zwar die Vereinigung mit der römischen Kirche; aber dieser Beschluß scheint bloß eine vorläufige Manifestation gewesen zu sein, denn E. v. Hurmuzaki theilt uns mit: „Vor der allgemeinen Annahme und Kundmachung der Übertritts-Erklärung eröffnete jedoch die vorsichtige rumänische Geistlichkeit dem Kaiser mittels eigenen Bittschreibens ihre genauer formulierten Anforderungen, die in drei Hauptpunkten gipfelten: 1. Verleihung aller Rechte und Privilegien an die griechisch-katholische Kirche, die sowohl dem römisch-katholischen als auch den drei recipierten nicht-katholischen Bekenntnissen im Lande zukommen. 2. Aufstellung eines eigenen Pfarrhauses in jedem Pfarrorte. 3. Abhängigmachung der Pfarrer bloß vom Verfügungsrechte des Bischofs und nicht von dem der Laien." Die Verhandlungen über diese wichtigen Fragen waren noch nicht abgeschossen, als (Juli 1697) Metropolit Theophil starb und Athanasius Anghel zu seinem Nachfolger gewählt wurde. Dieser, obwohl zweifellos ein Anhänger der Union, empfängt die Weihe, wie seine Vorgänger, vom Metropoliten der Walachei. Bei dieser Gelegenheit findet er in Bukarest den Patriarchen von Jerusalem, Dositeus, der es der Situation angemessen findet, dem neuen Metropoliten der siebenbürger Rumänen unter Anderem vorzuschreiben, daß „der kirchliche Gottesdienst im Allgemeinen, der Vortrag der Gesänge, wie auch die Vorlesung der Bibel und Ritualbücher bei den gottesdienstlichen Functionen hinwieder nur in der slovenischen oder griechischen, keineswegs aber in der rumänischen oder einer anderen Sprache erfolgen dürfe". Selbstverständlich fand Athanasius, daß die Ansprüche des römischen Stuhls weit bescheidener seien, und bald nach seiner Rückkehr berief er eine General=Synode, um den Übertritt feierlich zu erklären.

Diese General=Synode war die erste, öffentliche Versammlung, die von beinahe allen damals im Reich wohnenden Rumänen beschickt wurde. Es gab in der damaligen Diöcese von Karlsburg, die sich bis gegen Großwardein und auch über die Marmaros erstreckte, 55 Erzpriester und 1582 Popen, die unter einer Strafe von je 60 Gulden angehalten wurden, am bestimmten Tag in Karlsburg zu erscheinen. Dazu hatte noch jede Gemeinde drei ihrer Mitglieder als Zeugen zur General=Synode abzusenden. Seit Jahrhunderten geschah es Jahr für Jahr, daß diejenigen Rumänen, die größere Ansprüche hatten, freiwillig aus dem kirchlichen nationalen Bund der Rumänen austraten und so das Volk immer wieder seine besten Kräfte verlor: dem hatte nun eine einstimmige Annahme der Union mit der römischen Kirche abzuhelfen. Darum setzten Metropolit Athanasius und die übrigen aufgeklärteren Rumänen der Zeit alles daran, daß die Union einstimmig angenommen werde. Denn schloß sich das gahze Volk der römischen Kirche an, so konnten sie ihre Bedingungen stellen und die nationale Abgeschlossenheit der rumänischen Kirche auch nach der Annahme der Union in einer Weise sichern, daß kein Rumäne mehr gezwungen sei, sich auf Gnade und Ungnade zu ergeben. Dieses haben sie auch durchgeführt: seit der Union mit der römischen Kirche sind Rumänen, die ihre Nationalität verleugnen, eine Seltenheit. Es gibt wohl hie und da welche, die nicht mehr rumänisch sprechen, aber sie bekennen sich zu Rumänen und eifern für die rumänische Sache. *)

---

*) Es verdient hier hervorgehoben zu werden, daß unter den Tausenden von Personen, welche in Ungarn seit dem Jahre 1866 ihre Familien=Namen magyarisiert haben, kein einziger Rumäne sich findet, wenn auch viele von den

Die Einheit der rumänischen Kirche ging jedoch mit der Union verloren. Bei der General-Synode erhob sich zwar keine Stimme gegen die Union; aber bald darnach hieß es, daß die ganze Union Lug und Trug sei, und daß man die Rumänen zu wirklichen Katholiken machen wolle: einzelne Gemeinden fingen an, die unierten Popen zu vertreiben und binnen einigen Jahren fiel der conservativere Theil der siebenbürger Rumänen von der Union wieder ab. Die Unbesonnenheit des Grundadels, die Rücksichts= losigkeit der Behörden, die Eifersucht der Akatholiken, die serbischen und walachischen Agenten, die Intervention des russischen Hofes und die eigene Unzufriedenheit ließen nun die Rumänen nicht mehr zur Ruhe gelangen. Diese Unruhen, die von Zeit zu Zeit gefährliche Dimensionen annahmen und erst im 1784er Aufstand ihren Abschluß fanden, haben auch wesentlich zur Sicherung der nationalen Abgeschlossenheit der beiden rumänischen Kirchen bei= getragen, denn es hieß immer, daß die Rumänen von der Union abfielen, weil man der neubegründeten unierten Kirche zu wenig gewährt habe.

Das war übrigens auch nicht ganz unrichtig. Der Wiener Hof selbst meinte es aufrichtig mit der Verbesserung der Lage der Rumänen, die ebenso wie die übrigen Völker seine Unterthanen waren und deren treue Anhänglichkeit nicht minder als die Fried= fertigkeit der Magyaren und Sachsen zur Befestigung seiner Macht und zur Sicherung der Ordnung und der allgemeinen Entwicklung erforderlich war; er wäre somit bereit gewesen, alles, was nur recht und billig und im Interesse der friedlichen Entwicklung erforderlich war, den Rumänen zu gewähren. Aber er befand

---

Rumänen, die nicht mehr rumänisch sprechen, rumänische Namen haben und in neuerer Zeit sogar Vereine sich bildeten, die die Magyarisierung der Fa= milien-Namen planmäßig betreiben.

sich schlechten Gesetzen und trotzigen privilegierten Classen gegenüber, die am Bestehenden nicht rütteln ließen. So wurde den Rumänen manches Gute von Wien aus in Aussicht gestellt, was mit der Zeit in Erfüllung ging; aber gewähren oder auch nur bestimmt versprechen konnte man ihnen nur solches, was man durchzuführen im Stande war. Damit waren aber die meisten nicht zufrieden, da es meistens Zugeständnisse waren, deren Tragweite nur in einer ferneren Zukunft sich beurtheilen ließ. Unzufrieden mit der Versicherung, daß kein Rumäne mehr in die katholische Kirche aufgenommen werden dürfe, wählen die Rumänen zum Nachfolger des Athanasius einen gewissen Pataki, der seiner Nationalität nach zwar ein Rumäne, aber ein lateinischer Katholik ist.

Der Papst gibt seine Zustimmung, daß dieser Katholik zur griechisch-katholischen Confession übertreten und die Weihe nicht vom Graner katholischen Erzbischof, für dessen Suffragan er gilt, sondern vom Kreutzer griechisch-katholischen Bischof in Kroatien empfangen könne. Dann verlegt Bischof Pataki seine Residenz von Karlsburg, wo auch ein katholischer Bischof residierte, nach Fogaras. Papst Innocentius der XIII. canonisiert mit der Bulle „Rationi congruit" das nun neue griechisch-katholische Bisthum von Fogaras und der Wiener Hof beschenkt es mit zwei Fiscalgütern.

Es heißt jedoch noch immer, daß die Union nichts weiter als eine Vorbereitung zum wirklichen Katholicismus sei, und etwa dreißig Jahre nach der einstimmigen Annahme der Union waren beinahe nur noch die Popen bei der Union geblieben. Da tritt ein begabter Mann auf, der die Mission der uniert-rumänischen Kirche richtig auffaßt und auch muthig verfolgt, Innocentius Klein de Szád, der am 25. October 1730 die Weihe vom Munkácser griechisch-katholischen Bischof empfing und unter dem Namen

6*

Joan II. die Leitung der Kirche übernahm. Als Klein von der Synode in Vorschlag gebracht und vom Kaiser ernannt wurde, befand er sich noch im Seminarium zu Tyrnau; aber er war schon allgemein bekannt und besaß das Vertrauen des Volkes, so daß seine Ernennung allein manche Rumänen wieder zur Union zurückführte. Bischof Klein bringt die rumänische Auffassung in seiner Kirche zur Geltung und wird dadurch zu ihrem eigentlichen Begründer. Er faßte seine Stellung nicht als eine rein kirchliche auf, und sie war auch keine solche. Die Rumänen hatten ja die Union angenommen, besonders weil sie dadurch sich im öffentlichen Leben eine bessere Stellung zuzusichern hofften. Diese Hoffnung ging nicht in Erfüllung. Die Rumänen, seien sie uniert oder nicht, galten auch dreißig Jahre nach der Annahme der Union noch immer für nur geduldete Bewohner des Landes und die meisten waren dazu auch noch an die Scholle gebundene Leibeigene. Bischof Klein erinnerte also den Wiener Hof an die den Rumänen in Aussicht gestellte Gleichberechtigung, die allein den Bestand der uniert-rumänischen Kirche sichern könnte und auch die erste der von der rumänischen Geistlichkeit gestellten Bedingungen war.

Dieses war nun sehr richtig, aber schwer durchzuführen. Wir müssen uns schon wundern, wenn wir sehen, daß es dem Bischof Klein gelingt, sich einen Sitz im siebenbürger Landtag zu erringen und als Stellvertreter der rechtlosen Rumänen von den Ständen anerkannt zu werden. Aber man konnte nicht umhin: er war unermüdlich, hatte einen großen Anhang und trat muthig für eine Sache ein, die auch der Wiener Hof vertheidigt wissen wollte. Zuletzt, als Kaiserin Maria Theresia dem Landtag (1743) einen Artikel vorschlägt, worin die unirten Rumänen für wirkliche Söhne des Landes erklärt werden, getrauen sich die Stände nicht offen dagegen zu stimmen. Das Gesetz wird jedoch nur in einer Fassung votiert, die auch eine den Ständen zusagende Interpretation möglich macht. Der unglückliche Gedanke, Gesetze zu bringen, die man schon bei der Annahme entschlossen ist nicht zu beachten, tritt im ungarischen Staatsleben mit diesem Gesetz zum erstenmal auf. Dies ist aber auch die einzige Bedeutung desselben, denn die Stände, welche nicht den Muth hatten, dasselbe zu verwerfen, setzten alles daran, um dessen Einführung zu vereiteln.

Die Situation der Rumänen ist jedoch eine von der früheren gründlich verschiedene. Früher war ihre Ausschließung vom öffentlichen Leben eine gesetzliche; vom Jahre 1743 an ist sie eine Ungesetzlichkeit. Es ist nicht zufällig und auch nicht gleichgiltig für das ungarische Staatsleben, wenn heute der Rumäne bei jeder Ungerechtigkeit, die er erleiden muß, mit dem Gedanken sich tröstet, daß der Kaiser es nicht weiß. Das Vertrauen der Rumänen in die Gerechtigkeit des Kaisers ist so unbedingt, und so entschieden ihr Mißtrauen allen übrigen Machthabern gegenüber, daß Horia, als er mit einem Bittgesuch nach Wien abgesendet wurde, es den Rumänen schwören mußte, daß er nicht bloß das Bittgesuch dem Kaiser in die eigene Hand geben, sondern auch darauf bestehen würde, daß der Kaiser das Schriftstück vor ihm durchlese, „denn", sagten sie: „es geschieht uns viel Unrecht, weil der Kaiser unsere Bittgesuche nicht gelesen hat; er hat viel zu thun und Andere verschweigen ihm Alles." Den Gedanken, daß zuweilen dem Kaiser die Macht abgehe, die erforderlich ist, um den Gesetzen allgemeine Achtung zu verschaffen, diesen Gedanken kann der Rumäne nicht erfassen.

Und auch Bischof Klein scheint den Wiener Hof für allmächtig angesehen zu haben, denn er drang hartnäckig und bestand mit einer Art verzweifelten Entschlossenheit auf der Einführung des Gesetzes, so daß er auch für den Wiener Hof, der einen Krieg vor sich hatte, immer unbequemer wurde. Zuletzt mußte man in Wien nachgeben und ihn den drängenden Ständen opfern. Klein flüchtete nach Rom; aber der römische Stuhl trat für einen Mann, der mehr für die rumänische als für die katholische Sache eiferte, ebenso wenig ein. Sein Nachfolger, Petru Aaron, war ein andächtiger Mann, der eifrig bemüht war, für das Wohl seiner Kirche zu sorgen, aber zur Gegenpartei gehörte, die sich abwartend verhielt. Der Geist des in der Verbannung (1768) verstorbenen und als erster Märtyrer der nationalen Sache beweinten Klein schwebt jedoch über der uniert-rumänischen Kirche: seine Principien und seine Aspirationen werden allmählich zu einer theueren Tradition, welche die unierten Rumänen zusammenhält und einem bestimmten Zweck zuführt. So konnten auch die späteren Leiter der uniert-rumänischen Kirche nur die von Klein begonnene Arbeit fortsetzen.

Bischof Klein hatte die Residenz von Fogaras gegen den Mittelpunkt des von Rumänen bewohnten Bodens, nach Blasendorf, verlegt und dem dortigen Basiliten-Kloster eine Dotation für 11 Mönche zugesichert. Diese Mönche waren das erste rumänische Lehrer-Collegium. Er sorgte auch für einen tüchtigen Nachwuchs, indem er rumänische Jünglinge nach Rom schickte, um sie dort ausbilden zu lassen. Sein Nachfolger gründet die ersten rumänischen Schulen in Blasendorf, ein Seminar und eine Buchdruckerei. Er kauft auch ein neues Gut für seine Diöcese an und sichert seiner Geistlichkeit die sogenannte canonische Portion zu, nämlich für jede Pfarre eine Wiese und eine Bauern-Session Acker. Der Gedanke, den Rumänen durch Ausbildung zur politischen Bedeutung zu verhelfen, wird dann von den nachfolgenden Bischöfen[*] mit stets zunehmendem Eifer gepflegt. Die Zahl der rumänischen

---

[*] Sicmatismulu veneratului Cleru ala Archidiecesei Metropolitane greco-catolice a Alb'a-Juliei și Fagarasiului. 1876. — pag. 24—33.

Schulen wächst allmählich an; es wird in Blasendorf auch noch ein Gymnasium und ein Lehrer-Seminar gegründet; man sorgt für den Unterhalt armer Studierenden; es werden Stipendien für rumänische Jünglinge gegründet, die höhere Anstalten besuchen. Die Rumänen werden noch immer als nur geduldete Bewohner des Landes behandelt; aber der Pope ist kein Leibeigener mehr, und man getraut sich nicht, seine Kinder aus der Schule zu den Frohndiensten abzuführen. So entsteht allmählich inmitten des rumänischen Volks eine allen Strebsamen offene Classe von Menschen, die sich einer verhältnißmäßigen Unabhängigkeit erfreut, leichter ihr tägliches Brod erwirbt und für höhere Ansprüche empfänglich ist. Diese Classe hat nun auch das naturgemäße Bestreben, diese seine Empfänglichkeit dem ganzen Volk mitzutheilen.

Dann gibt es in Blasendorf einen kleinen Kreis von vollständig unabhängigen Männern, welche die Richtung der ganzen nationalen Thätigkeit angeben. Diese sind die Stützen der neuen Kirche und die Nachfolger der nationalen Partei, die sie gegründet hat, also schon überhaupt die eigentlichen Vertreter der nationalen Gesinnung. Nun leben sie noch dazu in Blasendorf in vollständiger Abgeschlossenheit und weichen jeder Berührung mit Fremden aus; doch hie und da stehen sie Menschen gegenüber, die, trotzdem sie selbst Rumänen, einen fremdartigen Geist aus fremden Lehranstalten mit in die rumänische Kirche hineinbringen wollen, und diesen Geist bekämpfend, werden sie zu Predigern der nationalen Intoleranz. Der dem Rumänen eigenthümliche Sinn für nationale Abgeschlossenheit wird in Blasendorf zu einer wissenschaftlich begründeten Theorie.

Dieser Geist feindseliger Abgeschlossenheit, der von Blasendorf aus seit mehr als hundert Jahren eifrig propagiert wird, hatte gewiß nicht zur Verwirklichung der Idee der christlichen Einheit beigetragen. Man wurde mit der Zeit in Blasendorf zwar treu katholisch; aber in dem Grade, als der Katholicismus Wurzel faßte, traten auch die nationalen Gesinnungen entschiedener hervor, denn man mußte es in Blasendorf fühlen, daß nur die Pflege nationaler Gesinnungen das Bestehen der unirt-rumänischen Kirche sichern könne. Es ist zweifellos besonders den Bemühungen des verbannten Klein zu verdanken, wenn schon im Jahre 1748 ein zweites griechisch-katholisches Bisthum bei Großwardein für die Rumänen gegründet wurde, welches bald darnach auch eine reiche Dotation erhielt.

Man ist seitdem unaufhörlich bemüht, feste Beziehungen zwischen diesen zwei rumänischen Bisthümern herzustellen und womöglich sämmtliche unirte Rumänen in ihnen zu vereinigen. Schon der zweite Bischof von Großwardein wird (1770) vom Blasendorfer geweiht, und seitdem empfing kein unirt-rumänischer Bischof die Weihe von einem Fremden. Auch hatte man in Großwardein bald darnach ein zweites Seminar und in Belényes ein zweites rumänisches Gymnasium gegründet. Ein ansehnlicher Theil der Rumänen blieb jedoch noch immer der vorwiegend ruthenischen Munkácser Diöcese einverleibt, und auch die Beziehungen beider rumänischen Bisthümer waren keine rechtlich begründeten: die vollständige nationale Abgeschlossenheit und mit ihr auch die Einheit der unirt-rumänischen Kirche wurde erst im Jahre 1850 durchgeführt.

Als Schaguna sich an die Spitze der griechisch-orthodoxen Rumänen Siebenbürgens stellte und auf die Wiedererrichtung der ehemaligen griechisch-orthodoxen Metropolie von Karlsburg bestand, ging der römische Stuhl bis zur äußersten Grenze mit der Nachgiebigkeit. Man gewährte den Rumänen alles: eine Metropolie mit der Residenz zu Blasendorf, zwei neue Bisthümer, zu Lugos und Szamos-Ujvár, die Vereinigung der vier Bisthümer zu einer einheitlichen rumänischen Metropolie und endlich eine der= artige Begrenzung dieser Bisthümer, daß sie nur Rumänen und alle in den ungarischen Ländern wohnenden unierten Rumänen einfassen sollten.

Die Kämpfe um die nationale Abgeschlossen= heit beider rumänischen Kirchen.

Da in der vom Metropoliten Athanasius einberufenen Synode keine Stimme gegen die Union mit der römischen Kirche sich erhoben hatte, so galten alle Rumänen, die später die Union verwarfen, für Abtrünnige und wurden als solche manchen Ver= folgungen ausgesetzt. Vor Allem blieben sie ohne Geistliche, ohne Leitung und ohne jede kirchliche Organisation; dazu hatten sie die Kirchen abzutreten und für den Unterhalt der unierten Popen zu sorgen.

Als eine Illustration dieser Zustände soll hier folgende Stelle aus einem im Jahre 1763 von den Rumänen des Bistritzer Kreises an den Ofner Bischof Dionysius Novakovics gerichteten Bittgesuch dienen: „Unierte Geistliche, von katholischen Soldaten geleitet, gehen auf Untersuchung in jedes rumänische Dorf, fangen sechs Gemeinde=Älteste auf und fragen sie: Wollt ihr bei der Union verharren? Diejenigen Befragten, die mit Nein antworten, werden in Bande geschlagen und in's Gefängniß geworfen, manche derselben mit grausamen Stockschlägen bedacht, hinwieder Andere, die man nicht einfangen konnte, mit einer Geldstrafe von 20—30 Gulden belegt; überdies erhebt die deutsche Militär=Mannschaft in den einzelnen Dörfern fühlbare Requisitionen und verzehrt die geringen Vorräthe des dürftigen Landmanns. Wir verkümmern an Leib und Seele, wir sterben ohne Beicht und Communion wie das liebe Vieh und gleichen einer Schafheerde ohne Hirten. Wenn Du, Hochwürdiger Herr, Dich unser nicht erbarmst, uns nicht Hülfe und Trost bringst, so kehren wir nicht mehr nach Hause zurück, wo uns Haft und Strafe erwartet, sondern ziehen von bannen in andere Länder, wo wir ruhig bei unserem Glauben bleiben dürfen; denn wir sind fest entschlossen, eher unterzugehen, als die Union anzunehmen. Wenn es daher möglich ist, schicke uns einen nicht=unirten Priester, damit wir nicht insgesammt zu Grunde gehen."

Es war nicht möglich; Bischof Dionysius, der damals auch die Stelle eines Bischofs der Nichtunirten in Siebenbürgen vertrat, getraute sich nicht, einen Priester in den Bistritzer Kreis zu schicken. Man entsandte nun um dieselbe Zeit eine Commission und diese hatte, trotz der waltenden Strenge, in Siebenbürgen 124.000 rumänische Familien gezählt, welche die Union entschieden verwarfen und sich griechisch=orthodoxe Geistliche erbaten. Der Wiener Hof konnte diese Familien, welche die weit überwiegende Majorität der siebenbürger Rumänen ausmachten, nicht ohne jede kirchliche Leitung lassen, und so wurde die Frage der Bestellung eines eigenen Bischofs für die nicht=unirten Rumänen Sieben= bürgens in Erwägung gezogen.

Als weitere Illustration der Sachlage soll folgender vom Kanzler Kaunitz am 9. October 1758 an Kaiserin Maria Theresia gerichteter Bericht dienen: „Euer Majestät haben mir ohnlängst das wieder hiebei folgende Conferenz=Protokoll über die Sieben= bürgische Religions=Angelegenheiten nebst einem Allergnädigsten Billet zuzusenden, und meine geringe Meinung abzufordern geruhet, was desfalls für eine Allerhöchste Entschließung zu fassen seye. Mein in dem Protokolle enthaltenes Votum habe ich nach meinem besten Wissen und Gewissen eingerichtet, und wußte dahero bem=

selben nichts zu- noch von-zusetzen; ich begreife aber gar wohl, daß Euer Majestät bei benen unterschiedenen Meinungen sehr bedenklich falle, die Frage zu entscheiden: Ob benen Graecis non unitis in Siebenbürgen ein eigener Episcopus exemtus unter benen von mir in Vorschlag gebrachten Modalitäten zu gestatten, oder ob es blosserdings bei der bisherigen Verfassung zu lassen seye? Ich bin auf das erstere verfallen, weilen mich in allen den Allerhöchsten Dienst betreffenden Berathschlagungen möglichst befleiße, benen halben und palliativ Maßnehmungen, so gemeiniglich weit mehr zu schaden als zu nutzen pflegen, auszuweichen, das Übel an der Wurzel anzugreifen, und die Sachen so anzusehen, wie sie seynd, und nicht wie sie seyn sollten. Wenn man sich mit der Hoffnung schmeicheln könnte, daß diejenige, so Euer Majestät weiseste und gerechteste Anordnungen wegen benen gegen die Graecos non unitos zu beobachtenden Maaß-Regeln zu vollziehen haben, sich recht benehmen, und ihrer Schuldigkeit ein behöriges Genügen leisten würden; so dürfte nicht so gar schwer fallen, andere sowohl dem Staat, als der herrschenden Religion ersprießliche Hülfsmittel ausfindig zu machen; allein diese Hoffnung muß nach der so vielfältigen Erfahrung für ganz vergeblich ansehen; und die Neigung zu Zwangs-Mitteln nebst dem Haß gegen alle Illyrier ist all zu tief eingewurzelt, als daß sich desfalls eine Abänderung zu versprechen sein sollte. Gleichwohlen wäre es bei den jetzigen Umständen mehr als jemalen zu gefährlich, eine nahe Gelegenheit zu Rebellionen, Emigrationen und anderen höchst schädlichen Folgen offen stehen zu lassen, und keine N. B. zureichende Hülfs-Mittel dagegen anzuwenden. Die auf etliche Millionen Seelen hinaus laufende Anzahl derer Graecorum non unitorum, so unter Euer Majestät Allerhöchsten Bothmäßigkeit stehen, sind meines wenigsten Ermessen als ein Schatz und wahres Kleinod des Durchlauchtigsten Erzhauses zu betrachten, von welchem künftighin noch größere Vortheile, als bishero vor den Staat gezogen werden könnten; wann sie nur im Geist- und Weltlichen gegen alle Bedrückungen, Ungerechtigkeiten und befugte Beschwerden mit rechtem Nachdruck geschützet, und so geführt werden, wie einer rauhen und kriegerischen Nation nach denen Reglen der Vorsicht begegnet werden soll. Soviel aber insbesondere die Siebenbürgische Wallachen anbetrifft, so scheinet meinem gehorsamsten Voto am meisten der Einwurf entgegen zu stehen, daß anburch die bisherige Union in gänzliche Zerrüttung verfallen dürfte. So wenig ich nun solches alsdann in Zweifel zu ziehen getraute, wann man einen eifrigen und abgeneigten Griechen zum episcopo exemto auswählete, und andere zu gebrauchende Vorsicht außer Acht lassen wollte; so sehr halte ich mich versichert, daß ein vernünftiger Episcopus exemtus, welcher zugleich durch sein Interesse von allen Fehltritten zurückgehalten wird, der Union zu schaden, und Gelegenheit zu Beschwerden, mithin zu seiner Abänderung zu geben, auf das sorgfältigste vermeiden würde, ja wohl gar zum größten Vortheil der Religion und des Staats zu vermögen sein dürfte, sich und seine ganze Gemeinde zur Union zu wenden, und diese auf die leichteste und geschwindeste Art für beständig festzustellen; wohin auch das ohnbenannte, und von Euer Majestät mir allergnädigst mitgetheilte Gutachten, so einen gewissen Dionisium zum Bischofen in Vorschlag gebracht hat, abgezielet zu haben scheinet. Ob nun der ernannte Dionisius die erforderlichen Eigenschaften besitze, wie derselbe recht zu gewinnen, und zu beobachten, oder was sonnsten zu Beförderung des Allerhöchsten Dienstes vorzukehren seye; bleibet Euer Majestät erleuchtestem Gutbefinden in tiefster Ehrerbietung anheimgestellet."

Dieser Vorschlag wurde zwar von der Kaiserin genehmigt, aber der Ofner Bischof Dionysius Novakovics wurde erst im Jahre 1763 als provisorischer Leiter der nicht-unierten Rumänen nach Siebenbürgen beordert, und auch hörten die Verfolgungen damit nicht auf. Es muß jedoch hervorgehoben werden, daß diese Verfolgungen nicht rein confessioneller Natur waren. Man schützte bloß den Glauben vor, um vor dem Wiener Hof die Verfolgung der Rumänen zu rechtfertigen. So verfolgte man auch die unierten Rumänen, trotz ihrer treukatholischen Gesinnung.

Nach dem Tode des Petru Aaron trat im Jahre 1764 die Synode zusammen, um die der Krone vorzuschlagenden Candidaten zu wählen. Grigorie Maior erhielt 90, der verbannte Bischof Klein 72, Silvester Kaliani 16 und der damalige Vicar Athanasius Rednik bloß 9 Stimmen. Die Krone ernennt jedoch den letzteren, gewiß nicht populären Mann zum Bischof, und diese Ernennung versetzt die Rumänen in einen förmlichen Aufruhr. Sie wollen den neuen Bischof nicht als solchen anerkennen; der Notar der Geistlichkeit weigert sich, die übliche Kundmachung vorzunehmen und die Erzpriester richten an den Papst Clemens VIII. ein Bittgesuch, damit er den neuen Bischof nicht präconisiere und sich bei der Kaiserin um die Rehabilitierung des verbannten Klein verwende. Die Bittsteller erhielten eine rügende Abfertigung. Zugleich fand sich die Kaiserin über Anlangen des Bischofs Athanasius bewogen, die Bestrafung und Unschädlichmachung der Rädelsführer der Widerstandspartei anzuordnen. Grigorie Maior wurde verhaftet, sobann nach Munkács verbannt, daselbst unter strenge Aufsicht gestellt und von allem Verkehr nach außen entfernt gehalten; Geronti Cotorea und Silvester Caliani erhielten getrennte Wohnsitze, mußten strengen Gehorsam leisten und auf jede Hoffnung amtlicher Vorrückung Verzicht thun; der Erzpriester und

Notar Avram, wie auch der Erzpriester von Blasendorf Joan Sacabate geriethen für so lange in gefängliche Haft, als sie nicht dem Bischof persönlich Abbitte geleistet.

Man wird nun glauben, daß Athanasius Rednik wegen seiner treu katholischen Gesinnungen bevorzugt wurde. Im Gegentheil berichtet uns E. von Hurmuzaki Folgendes über ihn: „Die allzustarke Vorliebe für ein opfervolles Mönchthum ererbte sich nun einmal nicht auf seine Nachfolger, wohl aber die von ihm bethätigte standhafte Festhaltung der Sonderstellung seiner Religionsgenossenschaft. Ein treuer Anhänger seiner Kirche, ein gewissenhafter Vollstrecker des griechischen Ritus, wie er immer war, mochte er sich mit der von oben geförderten Latinisierung der Einrichtungen und Gebräuche der unierten Kirche keineswegs befreunden. Zu dem Behufe entwickelte und begründete er in eingehender Weise die Rechte und eigentliche Stellung seiner Kirche mittels einer im Jahre 1771 unmittelbar an den Papst gerichteten Denkschrift, deren Tendenz in dem offenen Hauptsatz gipfelte, daß die Unierten, da sie weder das Trienter Concilium noch die sonstigen Canones der römischen Kirche angenommen hätten, folgerecht an dieselben auch nicht gebunden wären. Sein Clerus unterstützte ihn eifrig bei der Geltendmachung dieser Rechtsverwahrung. Eine zahlreich besuchte Diöcesan-Synode der unierten Geistlichkeit legte Einsprache gegen jede Vergewaltigung ihres religiösen Gewissens ein und erklärte unumwunden, daß der griechisch-katholische Clerus außer den vier dogmatischen Unterschiedspunkten weder vordem etwas aus der lateinischen Kirche angenommen habe, noch zur Stunde etwas anzunehmen gesonnen sei. Die Latinisierung der unierten Kirche wider ihren Willen erhielt sonach im Geiste der Bevölkerung Schranken angewiesen, die schon zur Zeit des Mitregenten Josefs II., umsomehr aber während seiner Alleinherrschaft als unübersteiglich gelten mußten. So hatten denn die Jesuiten und Ultramontanen sich wie vordem in dem Bischof Klein, so nunmehr in seinem Nachfolger Athanasius Rednik verrechnet ... Bischof Athanasius, an der eigenen und seines Clerus Erklärung nach wie vor unverbrüchlich festhaltend, duldete nicht die geringste Neuerung in römisch-lateinischen Sinne, sei es in den Gewändern oder in den Ceremonien oder in sonstigen Gebräuchen der unierten Kirche."

Seine kirchlichen Gesinnungen waren somit weder für die Rumänen, noch für den Wiener Hof ausschlaggebend. Der Wiener Hof hatte ihn wegen seiner Fügsamkeit in politischen Fragen bevorzugt; die Rumänen wollten dagegen einen Bischof haben, der gleich dem verbannten Klein sich als politischer Leiter an ihre Spitze stelle und muthig die Ansprüche des rumänischen Volkes zu vertreten bereit sei. So lange jedoch die äußeren Kriege dauerten, wäre solch ein Mann für den Wiener Hof unbequem gewesen, und so mußte auch Grigorie Maior, wie einst Bischof Klein, den Ständen geopfert werden.

Mit der Herstellung des Friedens ändert sich aber die Sachlage. Der verbannte Grigorie Maior nützte im Jahre 1771 klugerweise die Anwesenheit des Kaisers Josef II. in Munkács zur eigenen Befreiung, stellte sich demselben als ein von seinen Brüdern treulos verkaufter Josef vor und wußte sich, nachdem der Kaiser zur Untersuchung der Beschwerde die ungarische Hofkanzlei angewiesen hatte, so gründlich zu rechtfertigen, daß er für unschuldig erklärt und aus Anlaß der Errichtung einer rumänisch-ruthenischen Buchdruckerei in Wien zum Büchercensor daselbst ernannt wurde. Seine unläugbaren Verdienste bei Errichtung der Militärgrenze kamen hiezu in besondern Anbetracht. Über Ansuchen des unierten Clerus kamen ferner die drei, vom Bischof Rednik als bemakelt erklärten Ordenspriester Grigorie Maior, Geronti Cotorea und Silvester Caliani vollends zu Ehren und erhielten die Bewilligung, um den erledigten Bischofsitz als unbeanständete Bewerber einzutreten. Bei der unter Leitung der kaiserlichen Commissäre Graf Haller und Bólbi am 15. August 1772 zu Blasendorf abgehaltenen Wahlversammlung der Geistlichkeit entfiel die weit über die einfache Mehrheit hinausreichende, auf mehr als hundert sich belaufende Stimmenzahl auf Grigorie Maior... Maria Theresia, diesmal einig mit dem Clerus, gab den aus Siebenbürgen hinaufbringenden böswilligen Einflüsterungen kein Gehör, bestätigte vielmehr den kraft der meisten Stimmen auserkorenen Günstling der Unierten Grigorie Maior und willfahrte überdies dem Ansinnen, daß die Consecration in der Hofpfarrkirche unter den Augen des Kaiserpaares erfolgen möge. Am Ende der Feierlichkeit ertheilte Bischof Maior der Kaiserin seinen Segen, worauf ihn diese mit einem goldenen Brustkreuz und kostbarem Ringe beschenkte. Nicht lang darnach wurde ihm die hohe Würde eines kaiserlichen geheimen Rathes und der Titel „Excellenz" beschert, eine Auszeichnung, die vor ihm noch keinem rumänischen Bischof zugute gekommen. Zu gleicher Zeit sorgte man auch dafür, daß unter den nichtunierten Rumänen die geregelten Zustände hergestellt würden. Man thut ihnen keinen Zwang mehr an, man gibt ihnen Geistliche, man stört sie nicht mehr; trotzdem treten beim Erscheinen des populären Grigorie Maior in Siebenbürgen Tausende freiwillig zur Union über, denn der Mann, der nun die unierte Kirche leitete, vertrat die Sache des rumänischen Volkes.

Bald darnach (1783) ernennt Kaiser Josef II. den serbischen Archimandriten Gedeon Nikitics zum ständigen Bischof der griechisch-orthodoxen Rumänen Siebenbürgens mit dem Sitz zu Räsinar bei Hermannstadt. Dessen Nachfolger Gerasim Adamovics tritt schon als zweiter Vertreter der rumänischen Sache im siebenbürger Landtag auf und stellt die Beziehungen zwischen beiden rumänischen Kirchen her. „Seinen unermüdlichen Bewerbungen und Anstrengungen gelang es auf dem siebenbürgischen Landtag im Jahre 1791 die gesetzliche Bestimmung (Art. 60) zur Annahme zu bringen, dergemäß die griechisch-orientalische Religion nicht mehr als bloß tolerierte anzusehen wäre, sondern zur freien Cultusübung berechtigt zu sein hätte. Gleich verdienstvoll war seine Haltung in national-politischer Beziehung, indem er gemeinschaftlich mit dem unierten Bischof Joan Bob für den erweiterten Wirkungskreis seiner Nation mit Wort und That muthig einstand und in solchem Anbetracht auf demselben Landtag eine von ihm und seinem Streitgenossen Bob unterzeichnete umfangreiche, wohlbegründete und epochebildende Petition überreichte, welche auf volle Wiederherstellung der vorenthaltenen Rechte der Rumänen ausging."*)

Seitdem gipfelt jede politische Action der Rumänen in der Zusammenwirkung der beiden Bischöfe, welche sie als ihre natürlichen Führer betrachten und welche auch von Andern als solche anerkannt werden; was diese thun und sagen, ist im Namen des ganzen Volks giltig gesagt und gethan. Als eine Folge dieser politischen Stellung der Bischöfe gravitiert das ganze Volk immer derjenigen der beiden Kirchen zu, deren jeweiliger Leiter mit größerem Nachdruck die nationalen Interessen beförbert. Als Josef II. endlich einen ständigen griechisch-orthodoxen Bischof für Siebenbürgen ernannte, fiel seine Wahl auf einen serbischen Archimandriten, und zweifellos wäre es ihm auch unmöglich gewesen, unter den siebenbürger Rumänen selbst einen dazu tauglichen Mann zu finden, da die gebildeteren Männer des Volks zur griechisch-katholischen Kirche gehörten. Und ebenso traurig sah es in Ungarn

---

*) Das schon citierte „Supplex libellus etc."

und im Banat aus. Zur selben Zeit, als die Siebenbürger sich der römischen Kirche angeschlossen hatten, schlossen sich die Rumänen aus Ungarn und dem Banat der serbischen an, um die von Kaiser Leopold I. dieser Kirche zugesicherten Rechte und Privilegien mitgenießen zu können. Sie bekamen jedoch serbische Bischöfe, durchgehends serbische Erzpriester und wurden überhaupt von den Serben derart beherrscht, daß sie nicht zur Bedeutung gelangen konnten.

Schon im Jahre 1786 gewährt jedoch Josef II. auch den griechisch-orthodoxen Rumänen aus Siebenbürgen eine Staatshülfe für die Beförderung des Schulwesens. Außerdem standen die Blasendorfer Schulen allen Rumänen offen; ja, es wurden arme rumänische Studierende, auch wenn sie nicht griechisch-katholischer Confession waren, in das Blasendorfer Convict aufgenommen. So gibt es schon gegen Ende des XVIII. Jahrhunderts auch unter den griechisch-orthodoxen Rumänen eine kleine Schaar von aufgeklärteren Männern, denen man das Recht einräumen konnte, sich aus ihrer Mitte selbst den für die bischöfliche Würde tauglichen Geistlichen auszuwählen und der Krone vorzuschlagen.

Nach dem Tode des Bischofs Adamovics bleibt der bischöfliche Stuhl 14 Jahre lang unbesetzt; aber nach 14 Jahren werden die griechisch-orthodoxen Erzpriester Siebenbürgens angewiesen, eine Wahlversammlung abzuhalten; es wird ihnen jedoch zugleich vorgeschrieben, daß sie nur solche Glaubensgenossen wählen können, welche in Siebenbürgen geboren wurden. Nach einer Zwischenzeit von mehr als hundert Jahren erhielten somit auch die griechisch-orthodoxen Rumänen im neuernannten Basilic Moga wieder einen Bischof, den sie selbst aus ihrer Mitte gewählt hatten. Um diese Zeit (1816) verfügt ein kaiserliches Rescript, daß Jünglinge griechisch-orthodoxer Confession nach Wien geschickt und auf der Universität ausgebildet werden sollen. Aber dreißig Jahre nachher sah es noch immer sehr traurig in der griechisch-orthodoxen Kirche Siebenbürgens aus; die Folgen Jahrhunderte langer Verwahrlosung zu beseitigen, wurde erst Schaguna möglich.*)

Als er im August 1846 die provisorische Leitung der Diöcese übernahm, fand er sowohl das Volk, wie auch die Geistlichkeit in Verkommenheit. Dorfschulen gab es nur hie und da in größeren Ortschaften, wo der Cantor den Kindern wohlhabenderer Leute Unterricht im Lesen und Singen gab, um sie priesterfähig — bun de popă — zu machen, denn die Popen waren durchgehends gewöhnliche Bauern, die wohl lesen und singen, aber oft nicht auch schreiben konnten.**) Für ihre höhere Ausbildung hatte man dadurch gesorgt, daß man in Hermannstadt einen sechsmonatlichen Cursus einführte und diejenigen, welche diesen Cursus durchgemacht hatten, waren der aufgeklärtere Theil des Clerus. Der Bischof selbst hatte einen jährlichen Gehalt von etwa dreitausend Gulden, wenn er sie von den Popen eintreiben konnte, keine Stellung in der Gesellschaft und ein armseliges Haus als Residenz. Dazu lesen wir in der ersten Epistolie, die Schaguna an seinen Clerus richtete, folgende Worte: „Hört mein Flehen, der ich aus der Tiefe meiner Seele zu euch rufe: Wehe mir, wenn ich die gute Lehre nicht verkünde, denn die Pflicht zwingt mich dazu und das Amt wurde mir anvertraut ... Mit tief bekümmertem Herzen und unsäglicher Verwunderung gewann ich die Überzeugung, daß viele unserer Geistlichen die Angewöhnung haben, nach Beendigung der heiligen Messe, an Sonn- und Feiertagen, aus der

---

*) Die auf die Thätigkeit des Metropoliten Schaguna bezüglichen Daten entnehme ich der unlängst erschienenen vortrefflichen Biographie: Nic. Popea, „Archiepiscopul și Metropolitul Androiu Baron de Șaguna." — Sibiiu 1879.

**) Ich habe unter dem Titel „Budulea Taichii" eine novellistische Darstellung des Übergangs-Stadiums versucht. Deutsch von Mite Kremnitz, in den „Neuen rumänischen Skizzen." Leipzig. W. Friedrich 1881.

heiligen Kirche nicht nach Hause, sondern gerade in's Wirthshaus sich zu begeben, und dort mit den gemeinen Menschen verweilend zu trinken und Geistlichen nicht geziemende Redensarten zu führen." Dann schreibt er ihnen vor, wie sie sich zu kleiden und zu benehmen haben, wenn sie in die Stadt kommen und droht alle diejenigen gehörig bestrafen zu wollen, welche schmutzig an Kleidung und mit ungekämmten Haaren öffentlich sich zeigen würden.

So sah die Gesellschaft aus, in deren Mitte der vornehme Mann Schaguna die Bahn der Öffentlichkeit betritt; aber er schämte sich seiner Umgebung nicht, denn er fühlte das Bedürfniß, sie allmählich zu sich zu heben und seiner würdig zu gestalten. Schaguna war kein Siebenbürger und auch kein Daco-Rumäne. Er entstammte (geboren zu Miskolcz am 1. Jänner 1809) einer macedo-rumänischen Familie, welche im XVII. Jahrhundert aus Grabova auswandernd, sich erst in Galizien niederließ und später nach Ober-Ungarn übersiedelte. Sein Vater Naum war ein wohlhabender Kaufmann zu Miskolcz, wo Schaguna auch seine Studien bis zur VI. Gymnasial-Classe fortsetzte. Nach dem Tode seines Vaters kam Schaguna nach Pest, zu seinem Onkel Athanasius Grabovski, einem reichen Kaufmann, der mit den besten Kreisen seines Adoptiv-Vaterlandes in Beziehung stand. Hier, im Hause seines Onkels, erlernte Schaguna auch die rumänische Sprache, die er früher nicht kannte, und hier wurde er über den verwahrlosten Zustand seiner Nation, die er nie gesehen hatte, eingehend unterrichtet. Im Alter von 21 Jahren, nach Beendigung seiner Rechtsstudien (1829), faßte er den Entschluß, sein Leben seiner Kirche zu widmen, und Bischof Manuilović, ein Freund seines Onkels, nahm ihn zu sich nach Werschez. Nach Beendigung der theologischen Studien legte er dann, am 1. November 1833, im serbischen Kloster Hoppova das Ordensgelübde ab und nahm statt des Taufnamens Athanasius den Ordensnamen Andreas an. Er blieb jedoch nicht im Kloster, sondern kam nach Karlovitz, wo er als Secretär des serbischen Patriarchen Stratimirović, Notar des Consistoriums, Bibliothekar und Professor bald zur Bedeutung gelangt und Aller Aufmerksamkeit auf sich zieht. Im Alter von 37 Jahren wird er mit dem königlichen Rescript vom 27. Juli 1846 zum General-Vicar der siebenbürger Diöcese ernannt. Und als er an die Spitze der verwahrlosten Kirchengemeinschaft gestellt ward, entstand im rumänischen Volk eine plötzliche Strömung gegen die Union und ganze Gemeinden, die seit 150 Jahren uniert waren, fielen von der Union wieder ab, um sich um den Mann zu schaaren, dessen bloßes Erscheinen alle Herzen mit Hoffnung erfüllte und dessen erstes Wort in allen Herzen widerhallte. „Die Ehrenbezeugungen," sagte er den Rumänen, welche ihm bei seiner Ankunft (1848) aus Karlovitz einen festlichen Empfang bereitet hatten, „die Sie, wie es mir scheint, nicht bloß dem Amt, welches ich bekleide, sondern auch meiner Person darbringen, erfreuen mich sehr. Ich nehme sie unter einer Bedingung an: daß Sie, wie bisher, auch in der Zukunft, **stets treu dem österreichischen Kaiserhause bleiben werden**. Es gibt keinen Menschen in der Welt, der ein so gutes Herz hätte, wie unser gütiger Vater Ferdinand. So wahr Ihr hofft, daß Gott Euch und Eueren Kindern helfe, bleibt ihm mit ewig unerschütterlicher Treue zugethan. In dieser Zuversicht ertheile ich Euch meinen Segen." Und wäre Schaguna nicht schon der Leiter der Rumänen gewesen, so hätte ihn das Festhalten an dem Sinn dieser Worte dazu gemacht.

Zu Blasendorf, wo vom 3. bis 15. Mai 1848 bei 40.000 von beiden Consistorien einberufene Rumänen unter dem Vorsitz beider Bischöfe, Schaguna und Lemènyi, eine Versammlung abhielten, wurde Schaguna zum Leiter sowohl des ständigen Ausschusses, wie auch der an den Thron zu sendenden Huldigungs-Deputation gewählt, und als Leiter war er auch der einzige Rumäne, der von Ludwig Kossuth für vogelfrei erklärt wurde. Der griech.-kath. Bischof Leményi dagegen, dessen politische Gesinnungen den Rumänen nicht zusagten, trat bald darauf zurück; dessen Nachfolger aber, der spätere Metropolit Alexander Sterca Suluţ war so treu rumänisch gesinnt, daß er Schaguna wiederholt den Vorschlag machte, selbst Metropolit der besser gestellten unierten Kirche zu werden und keinen Anstand nahm, an ihn die Worte zu richten: „Deine Excellenz wissen es sehr gut, daß ich in der Politik nicht bewandert bin: handle also, wie Gott Dir's eingeben wird, und ich will Alles unterschreiben."

So trat nun Schaguna im Namen des ganzen Volkes auf, und es gelang ihm auch das scheinbar Unmögliche, weil er nur das allgemeine Wohl im Auge hatte und nur das natürlich Nothwendige wollte. Seiner maßvollen Leitung ist es zu verdanken, wenn die Rumänen von der ihnen nach jahrhundertlanger Unterdrückung gewährten Freiheit keinen Mißbrauch machten, und in ihrer raschen Entwicklung jede Überstürzung vermieden.

Heute gibt es in Siebenbürgen zwei Metropolien, eine griechisch-orthodoxe zu Hermannstadt und eine griechisch-katholische zu Blasendorf, welche zwei national abgeschlossene Kirchen bilden und sämmtliche Rumänen der ungarischen Krone umfassen. Was den Grad der hierarchischen Unabhängigkeit beider Kirchen anbelangt, so lesen wir in einem vom Metropoliten Suluţ im Jahre 1862 an den Bischof Freiherrn von Schaguna gerichteten Schreiben Folgendes: „Deine Excellenz sind in ganz Siebenbürgen, in der eigenen Diöcese ein so zu sagen unbeschränkter und unabhängiger Herr in Allem, was die kirchlichen Angelegenheiten anbetrifft, haben keines Andern Meinung einzuholen, — eines andern bischöflichen Collegen, noch eines Metropoliten oder Patriarchen, falls etwas zu thun oder zu unternehmen vorhätten. Ich befinde mich aber, wie Deine Excellenz es wohl wissen, unter schwierigeren Umständen. Ich habe bei der Verwaltung der Kirche und unserer Gläubigen in Siebenbürgen und aus der Metropolitan-Provinz als Collegen einige Bischöfe, unter denen die ehemalige Diöcese von Fogaras vertheilt wurde, ich habe einen apostolischen Nuntius, einen Patriarchen, ja sogar andere Brüder nicht gemeinsamer Abstammung, welche einflußreich sind, mich controlieren, jeden meiner Schritte mit wachsamem Auge verfolgen und sehr oft auch in Sachen, worin sie kein Recht haben, nicht bloß meinen Willen, sondern auch mein Gewissen gebunden halten."

Schaguna benützte diese seine unabhängige Stellung, um die nationale Abgeschlossenheit der griechisch-orthodoxen rumänischen Kirche durchzuführen. Nach zwanzigjährigem, rastlosem Bemühen gelang es ihm endlich, die sogenannte hierarchische Trennung von der serbischen Kirche zu vollenden und **alle Rumänen griechisch-orthodoxer Confession unter einem Metropoliten** zu vereinigen. Die rumänische Metropolie, mit Suffraganen zu Arad und Karansebes, ward im Jahre 1868 definitiv gegründet und von einem Kirchen-Congreß im Sinne der den Rumänen eigenthümlichen Anschauungen organisiert. Diese der serbischen von Karlovitz coordinierte rumänische Metropolie huldigt zwar den Dogmen der orientalischen Kirche; aber sie nahm die in der orientalischen Kirche nirgends gründlich durchgeführte synodale Verfassung an, kennt keine fremde Oberhoheit und ist somit hierarchisch vollständig unabhängig. Der jeweilige Metropolit wird vom Kirchen-Congreß gewählt und ebenso wie die von den Diöcesan-Synoden gewählten Bischöfe von der Krone bestätigt.

Die Bukowiner.

Schon zu Anfang des XVIII. Jahrhunderts hatte man in den leitenden Kreisen des Habsburger-Reichs die Gefahr vorausgesehen, welche für die friedliche Entwicklung der östlichen Länder aus dem Vordringen der Russen erwachsen mußte, und so war das Wiener Cabinet stets darauf bedacht, die Stellung des Reichs Rußland gegenüber für alle Eventualitäten zu stärken. Nachdem die Mühe, geregelte Zustände in Polen herzustellen, als eine erfolglose sich erwies, und auch das türkische Reich nicht mehr dem Andrang der Russen einen hinlänglichen Widerstand zu leisten im Stande war, ging man daran, die Grenzen des Reichs sowohl nach Norden, wie auch nach Osten, durch Einbeziehung strategisch wichtiger Punkte günstiger zu gestalten.

Die Einbeziehung der Bukowina war aber zugleich eine nothwendige Folge der Theilung Polens. Nach der Theilung Polens hatte Österreich zwei Provinzen, Siebenbürgen und Galizien, welche an einander grenzten, und dennoch unter sich nicht direct verkehren konnten. Die Communication zwischen diesen Ländern war nur auf zwei Straßen möglich: entweder das Szamos-Thal entlang nach Ungarn und dann durch die Marmaros und über den Borsaer Paß, oder über den Borgoer Paß durch die Moldau. Diese zweite Straße war nun nicht bloß die kürzere, sondern zugleich die bequemere, ja sogar die einzige, welche eine Zusammenwirkung der in beiden Provinzen concentrierten Truppen möglich machte.

Schon während der Verhandlungen wegen der Theilung Polens hatte also der Wiener Kriegsrath den Plan entworfen, den directen Verkehr zwischen Galizien und Siebenbürgen durch die Moldau herzustellen, und bald darnach wurden Stabs-Offiziere entsendet, um das Terrain zu studieren und zur Vertheidigung der projectierten Heerstraße eine hinlänglich starke Grenzlinie im nördlichen Theil der Moldau vorzuschlagen.*) Die von diesen Stabs-Offizieren in Vorschlag gebrachte Linie, welche vom Oitozer Paß aus den Sereth-Fluß entlang gegen Hotin führte, wurde zwar nicht angenommen, aber man hatte die Grenzlinie an der östlichen Karpathenkette, besonders in den Pässen, je nach der Bedeutung der Positionen, schon früher mehr oder minder vorgeschoben, und Freiherr von Thugut, der kaiserliche Internuntius, erhielt den Auftrag, die Verhandlungen wegen Abtretung der Bukowina bei der Pforte einzuleiten.**) Bald darauf wurde der Friede von Kutschuk-Kainardschi geschlossen und, nachdem die Russen die Moldau geräumt, zogen die kaiserlichen Truppen über die Grenze und occupierten unter General Barco den sogenannten Bukowiner District, als einen integrierenden Theil des polnischen Königreichs und zwar der ehemaligen Provinz Pokutien.

Der Widerstand, den diese Occupation hervorrief, war ein verhältnißmäßig kleiner. Der preußische Gesandte Zegelin und

---

*) A. L. Schlözer: Staats-Anzeigen. I. Band. Heft 1—4, 1782. — Abgedruckt bei Hurmuzaki, „Documente etc." Vol. VII. pag. 488.

**) E. Hurmuzaki, „Documente etc." Vol. VII. pag. 542, wo sämmtliche 120 auf die Abtretung der Bukowina sich beziehenden Documente angegeben werden.

der vom russischen Cabinet bestellte Fürst der Moldau Grigorie Ghica hatten sich zwar eifrig verwendet, um die Pforte zum hartnäckigen Widerstand zu verleiten, aber es gelang ihnen nicht die friedliche Lösung der Abtretungs-Frage zu vereiteln. Die Bukowina war für die Türken eine verlorene Position, welche sie eher einer freundlichen Macht freiwillig einzuräumen, als den Russen zulieb noch ferner zu vertheidigen geneigt waren. Die Pforte trat also in der am 7. Mai 1775 abgeschlossenen Convention soviel von der Moldau an Österreich ab, als zur Herstellung einer von Siebenbürgen aus nach Galizien führenden Straße erforderlich war, und ratificierte zugleich die in den Karpathen vorgenommenen Grenz-Verschiebungen. Fernere Schwierigkeiten entstanden bei der Demarcation der Grenz-Linie in der Moldau, besonders in der Hotiner Gegend; diese wurden jedoch, nicht zum geringen Theil durch Vermittlung des französischen Gesandten Chevalier de St. Priest, gleichfalls beseitigt, und die Grenzen in der am 2. Juli 1776 zu Palamutka abgeschlossenen Convention endgiltig festgestellt.

Der Widerstand der Moldauer scheint auch nicht energischer als der der Pforte gewesen zu sein. Die begüterte Classe der Moldau, die Bojaren, waren Anfangs um den ruhigen Besitz ihrer Güter besorgt und geneigt zum Widerstand; als ihnen aber der ruhige Besitz zugesichert war, leisteten sie keinen Widerstand mehr, ja manche von ihnen beeilten sich sogar, neue Güter in der Bukowina anzukaufen. Sie blieben jedoch mit Ausnahme einiger wenigen in der Moldau und weigerten sich, den Huldigungseid abzulegen, welcher ihnen dann auch erlassen wurde. Die Landbevölkeung leisteter gar keinen Widerstand. Am 12. October 1777 versammelten sich die „Geistlichen, die Bojaren, Mazils und Dvorniks" in Czernovitz und legten „mit allseitiger Zufriedenheit und in völliger Ruhe und Ordnung" den Huldigungseid ab. Der beste Beweis für das Vertrauen, welches die neue Regierung der Landbevölkerung eingeflößt hatte, ist jedoch die rasche Entwicklung der Provinz.

Bei der Occupation hatte man in der Bukowina 11 bis 12.000 Familien, also etwa 60.000 Seelen gezählt und schon bei der im Jahre 1785 erfolgten zweiten Zählung fand man über 29.000 Familien; der Zuzug aus den Nachbar-Ländern war so groß, daß man später die Einwanderung nach der Bukowina verbieten mußte. Die Eingewanderten waren meistens Ruthenen aus Galizien; aber es wanderten auch Rumänen aus Siebenbürgen, aus Ungarn und sogar aus der kleinen Walachei ein. Zu diesen gesellten sich dann Armenier und Griechen, Polen und Deutsche, welche letztere, so wie die Ungarn, selbständige Gemeinden gründeten. Die Juden allein verminderten sich während dieser Zeit in der Bukowina. „Der Allerhöchste Befehl, vermög welchem die Judenschaft statt der im Lande innegehabten, den Landmann drückenden Pachtungen und Afterpachtungen auf nützliche Gewerbe und auf den Ackerbau gewiesen worden, hat die auf den Nichtbefolgungsfall gesetzte Abschaffung veranlaßt."*) Von den 714 Familien, welche im Jahre 1782 in der Bukowina lebten, waren bis Ende 1785 nur noch 175 zurückgeblieben.

Während dieser ersten Periode erfreute sich die Bukowina einer besonderen Sorgfalt von Seiten der Regierung. Freiherr von Enzenberg, dem die Organisation der neuen Provinz anvertraut wurde, war nicht bloß ein Kenner moldauischer Zustände, sondern auch ein gediegener Verwalter, dem nichts entging, was zur raschen Entwicklung der Bukowina beitragen konnte. Es wurden Straßen angelegt und die Flüsse reguliert; Kaufleute und

---

*) Hurmuzaki, „Documente etc." Vol. VII. pag. 454.

Handwerker jeder Art wurden unter günstigen Bedingungen herangezogen; man machte im Gebirge Probesaaten und schuf die ersten Grundlagen für Bergwerke; man richtete die Gemeinde-Verwaltung besser ein und sorgte für eine bessere Jurisdiction; man war bestrebt, die kirchlichen Angelegenheiten günstiger zu gestalten, und schon im Jahre 1785 gab es in der Bukowina zwei deutsch-lateinische und vier rumänische Schulen. Man hatte eben mit keinen privilegierten Classen zu kämpfen und konnte somit frei schalten und walten.

Diese Periode war jedoch von kurzer Dauer. Kaiser Josef II. vereinigte die Bukowina mit Galizien, und wenn auch unter Kaiser Leopold II. sie wieder für eine eigene Provinz erklärt wurde, so ging doch ihre administrative Selbständigkeit verloren, besonders da Kaiser Franz I. sie zum zweitenmal mit Galizien vereinigte. Während dieser Zeit wanderte ein ansehnlicher Theil (bei 30,000 Seelen) der rumänischen Bevölkerung aus und wurde durch Ruthenen ersetzt.*) In der Reichsverfassung vom 4. März 1849 wurde dann die Bukowina zu einem Herzogthum erhoben und bekam am 29. September 1850 als eigenes Kronland eine Landesverfassung nebst einer Wahlordnung. Eine eigene Landesregierung wurde jedoch in der Bukowina erst im Jahre 1853 eingesetzt. Diese Selbständigkeit war nun auch nur von kurzer Dauer, denn schon im Jahre 1859 wurde die Bukowina, wenn auch bloß für eine kurze Zeit, zum drittenmal in administrativer Beziehung dem Kronlande Galizien untergeordnet.

Dieser fortwährende Wechsel in der Verwaltung hat die Entwicklung der sonst gesegneten Provinz in hohem Grade gehemmt.

---

*) T. V. Stefanelli behauptet dies in „Câte-va date statistice şi istorice din Bucovina", abgedruckt im periodischen Blatte „Convorbiri literare", Anul XIV. Nr. 12. S. 470. — Prof. Biedermann und Ficker (Volksstämme der öster.-ung. Monarchie) werden dort als Gewährsmänner genannt.

Wenn auch der nördlichste Theil des Karpathen-Gebietes, ist die Bukowina günstiger beschaffen als die Marmaros und der nördliche Theil Siebenbürgens. Das Land ist sowohl gegen Norden, wie auch gegen Süd-Osten offen und somit im Winter wohl dem rauhen Nordwind crivet ausgesetzt, aber im Sommer sind seine klimatischen Verhältnisse günstiger als im nördlichen Theil Siebenbürgens. Die sanften Hügel, die den größten Theil des Landes durchziehen, sind zwar für die Rebencultur nicht geeignet, aber der Boden der Bukowina ist im Allgemeinen ebenso fruchtbar, wie der am mittleren Flußgebiet der Aluta, gegen Fogaras und Hermannstadt, und der Mais gedeiht überall, ausgenommen in den rauhen Theilen des Gebirgs gegen Dorna.

Die Rumänen, welche man bei der Occupation in der Bukowina vorfand, waren nach den Berichten des Freiherrn von Enzenberg theils Hirten, theils solche Landbebauer, welche vorwiegend Viehzucht betrieben. Sie bewohnten besonders den gebirgigen Theil des Landes und verweilten nur im Sommer auf dem flachen Lande, welches fortwährenden Einfällen der Kosaken und Tataren ausgesetzt war. Wenn auch nicht vorgeschrittener als die siebenbürger Rumänen, hatten die Bukowiner eine ganze Geschichte hinter sich, und waren in social-politischer Beziehung besser gestellt als ihre Brüder jenseits der Berge. Vor Allem hatten sie eine begüterte Classe. Obgleich nämlich die meisten in der Bukowina begüterten Bojaren für die Moldau optierten, fanden sich doch unter den wenigen, welche in der Bukowina verblieben, Männer, um die sich das Volk schaaren konnte. Andere übersiedelten später nach der Bukowina, wie die Familie Hurmuzaki, welcher in der Geschichte des Landes eine so hervorragende Rolle zufiel. Doxake Hurmuzaki, der sich im Jahre 1804 in der Bukowina bleibend niederließ, entstammte der Familie Movilă, welche der Moldau mehrere

Fürsten und hohe Würdenträger gegeben hatte*); es war somit eine den Traditionen des Landes angemessene Erscheinung, wenn die Rumänen der Bukowina um ihn und noch mehr um seine Söhne sich schaarten. Außerdem hatten die Rumänen der Bukowina eine reiche Kirche, die gleichfalls schöne Traditionen hatte, und die 24 Klöster, die zur Zeit der Occupation in der Bukowina bestanden, waren ebenso viele Stätten zur Wahrung dieser Traditionen. Wer diese Klöster kennen lernte, konnte in ihnen noch immer die Spuren der ehemaligen Cultur der Moldau vorfinden.

Die Zeit, zu welcher die Moldau gegründet wurde, ist unbekannt. Nach den Überlieferungen der moldauischen Chronik zog zur Zeit König Ludwig's des Großen der Marmaroscher Woywode Bogdan Dragos an der Spitze der Rumänen über die Berge und gründete an den nördlichen Abhängen der Karpathen einen eigenen Staat. Anlaß zu dieser Auswanderung hätten religiöse Verfolgungen gegeben. Es läßt sich nicht feststellen, was an dieser Tradition richtig ist; aber unwahrscheinlich ist es nicht, daß die Moldau von Ungarn und Siebenbürgen aus organisiert wurde.

Über die ursprüngliche Kirchenangehörigkeit der Moldauer sind wir gleichfalls im Unklaren. Die Annahme, daß sie weder mit der römischen, noch mit der orientalischen Kirche nähere Beziehungen unterhielten, wird dadurch unterstützt, daß wir nicht wissen, zu welcher Metropolie sie gehörten. In der Chronik des Urreche**) heißt es, daß von Fürst Juga im Jahre 1399 zu Suceava eine Metropolie gegründet wurde und zwar mit Genehmigung des Metropoliten von Ohrida, der auch Geistliche und in altslavischer

---

*) Demetrius A. Sturdza, Vorrede zu „Fragmente zur Geschichte der Rumänen" von Eudoxius Freiherrn von Hurmuzaki; I. B.

**) M. Cogălniceanu, „Letopisițele țerii Moldovii." Jași. 1852. T. I. pag. 98—102—103.

Sprache abgefaßte Bücher zugeschickt hatte. Schon Fürst Alexander der Gute führt jedoch die vollständige Unabhängigkeit dieser Kirche durch, und eine im Jahre 1427 zu Constantinopel abgehaltene Synode der orientalischen Kirche erkennt diese Unabhängigkeit an, die auch später nie bestritten wurde und einer Lostrennung gleichkam. So finden wir in der Moldau mehrere Metropoliten, welche überhaupt nicht die Oberhoheit des Patriarchen von Constantinopel anerkennen, ja, im Gegentheil, mit dem römischen Stuhl Beziehungen anknüpfen, wenn es die politischen Interessen des Landes erheischen.*)

Derselbe Fürst, der die Unabhängigkeit der moldauischen Kirche durchgeführt hatte, gründete auch zwei neue Bisthümer, zu Roman und Rădăuți, und eine Hochschule zu Suceava, wo mehrere aus Constantinopel berufene Gelehrte die juridischen und theologischen Wissenschaften in lateinischer, griechischer und altslavischer Sprache vortrugen.

Diese von Alexander dem Guten begründete Epoche dauerte jedoch nicht lange, denn bald darauf beginnen nebst den Kämpfen, welche das Land mit Ungarn und Polen um seine Unabhängigkeit zu bestehen hatte, die Einfälle der Türken, Tataren und Kosaken. Während dieser Kämpfe wurden die meisten der in der Moldau so auffallend zahlreichen Klöster angelegt. Ihre Bestimmung war keine rein kirchliche; die meisten davon waren eine Art Festung, die in gedeckten Gegenden angelegt und mit starken Mauern umgeben wurden, so daß die Bevölkerung in kriegerischen Zeiten und noch mehr bei plötzlichen Einfällen der Nachbarn einen für gewöhnlich hinlänglichen Schutz in ihnen finden konnte. Auch die spärlichen Reste der ehemaligen Cultur wurden in diesen Klöstern bewahrt: hier sind die Kirchen, die Gräber der fürstlichen Familien,

---

*) Hurmuzaki, „Documente etc." Vol. III. pag. 111, 112, 120.

die Kirchengeräthschaften, die Bücher und überhaupt Alles, was die Mönche aus den ehemaligen besseren Zeiten gerettet haben und wodurch das Volk immer wieder an seine Vergangenheit erinnert wird.

Nachdem die Bukowina an Österreich abgetreten war, fiel diesen Klöstern eine andere Bestimmung zu. Schon Freiherr von Enzenberg hatte in die Verwaltung der Klostergüter Einsicht genommen und die Verwendung ihrer großen Einkünfte für Culturzwecke in Vorschlag gebracht. Kaiser Josef II. verfügte dann die Vereinigung aller Klostergüter zu einem von der Regierung zu verwaltenden Religionsfond, aus dessen Einkünften die Cultus- und Bildungs-Ausgaben der griechisch-orthodoxen Kirche der Bukowina gedeckt werden sollten. Dieser Fond bestand im Jahre 1864 aus einer Anzahl von liegenden Gütern, welche zusammen 467,952 Joch ausmachten, und aus einem Capital von über 11,700,000 fl. Seine jährlichen Einkünfte beliefen sich auf 693,239 fl. 56$^{1}/_{16}$ kr. *)

Zugleich mit der Vereinigung der Klostergüter zu einem Religionsfond wurden die Klöster bis auf drei Männer-Klöster aufgehoben, und der damalige Bischof von Rădăuți Dositeiŭ Herescul verlegte seine Residenz nach Czernowitz, und that somit den ersten Schritt zur Auflösung der Beziehungen seines Bisthums mit der Metropolie der Moldau.

Die nachfolgenden Bischöfe Daniel von Vlahovič, Isaia von Bălășescul und besonders Eugenius Hakman lösten diese Beziehungen gänzlich auf, und das Bukowinaer Bisthum wurde zuletzt zu einer unabhängigen, aber zugleich auch isolirten Kirche.

Als Schaguna in Siebenbürgen auftrat, schaarten sich auch die Rumänen der Bukowina um ihn, und einer der Wünsche,

---

*) Aron Pumnul, „Moșiile mănăstirești, din care s'a format măreţul, Fund religionariŭ." Cernăuți. 1865.

welchen die im Jahre 1861 an den Thron abgesandte Bukowinaer Deputation Ausdruck gegeben, war „die Errichtung einer rumänischen Metropolie über die griechisch-orientalische Kirche mit Einbeziehung der Bukowina unter dieselbe".*) Dieser Plan der Vereinigung aller Rumänen der Monarchie in eine nationale Metropolie scheiterte an der später erfolgten Zweitheilung des Reiches. Nachdem die griechisch-orthodoxen Rumänen Transleithaniens in der Hermannstädter Metropolie vereinigt wurden, wurde in der Bukowina eine Metropolie für sämmtliche griechisch-orthodoxen Gläubigen Cisleithaniens errichtet. Diese Metropolie ist eine der Hermannstädter rumänischen und der Karlovitzer serbischen coordinierte, und erkennt auch so wie diese keine fremde Oberhoheit an. Die synodale Verfassung wurde jedoch in der Bukowina noch nicht eingeführt und der jeweilige Metropolit wird von der Krone ernannt.

---

*) „Emancipationsruf der Bukowina." Wien. C. Gerold's Sohn. 1861.

Nationale Eigenthümlichkeiten.

Die nationalen Eigenthümlichkeiten der Rumänen sind in neuerer Zeit vielfach beobachtet und beschrieben worden; die Berichte, die darüber vorliegen, weichen jedoch so sehr von einander ab, daß sie auch denjenigen, der die Rumänen aus eigener Anschauung kennt, leicht verwirren können. Wenn auch die meisten der Beobachter Männer sind, die man nicht der Voreingenommenheit beschuldigen kann, so sind sie doch bei ihren Beobachtungen nicht systematisch vorgegangen. Außerdem entstehen oft Irrthümer dadurch, daß man Angaben, die bloß für einzelne Gegenden richtig sind, auf das ganze Volk anwendet.*)

Ferner ist anzunehmen, daß Alles, was die nationale Individualität ausmacht, sich nur fern von der großen Straße in seiner Ursprünglichkeit erhalten hat, in Gegenden, die selten bereist werden.**)

---

*) Herr Lorenz Diefenbach, der das ganze auf die Rumänen sich beziehende vorhandene Material gesichtet hat, stellt in der „Völkerkunde Ost-Europas" I. Band, Seite 266—292, auch die diesbezüglichen Angaben der verschiedenen Beobachter zusammen; ich weise einfach hin auf die ausgezeichnete Arbeit des Darmstädter Gelehrten.

**) Ein Beobachter, der auch solche, von der großen Straße abseits gelegene Gegenden bereist hat, ist Charles Bonner; aber sein Buch „Siebenbürgen, Land und Leute" (deutsch bei J. J. Weber, Leipzig, 1868) darf nur mit gehöriger Vorsicht gelesen werden.

Was aber besonders die Sitten und Gebräuche anbelangt, so sind nur solche als dem rumänischen Volk eigenthümlich anzusehen, welche, wenn auch nicht mit derselben Genauigkeit, von der Mehrzahl der Rumänen befolgt werden.

Den meisten socialen Conventionen liegt ein sittlich-religiöser Gedanke zu Grunde, und der gemeine Mann hält nur insofern an ihnen fest, als er glaubt, daß das Glück auf dieser Welt oder die Seligkeit des zukünftigen Lebens von ihrer genauen Einhaltung abhängt.

Ein anderer Theil ist jedoch rein sittlicher Natur.

Man denke sich den armen, ungebildeten Menschen mitten in die Welt hineingestellt und von anderen Menschen umgeben, die ihn genau beobachten. Er soll seinen Todten begraben, oder seine Tochter verheiraten: wie soll er dabei verfahren, ohne sich selbst und Anderen Anlaß zu Vorwürfen zu geben? Er frägt die alte Frau und diese belehrt ihn über die herkömmlichen Sitten des Dorfes.

Manche dieser Sitten erfordern jedoch einen großen Kostenaufwand. So soll z. B. eine richtige Hochzeit sieben Tage und sieben Nächte dauern, nicht mehr und nicht weniger. Das kann der reiche Mann wohl thun, und Mancher, der für reich gelten möchte, richtet sich dabei zu Grunde; aber der Ärmere unterbricht die Hochzeit am zweiten oder am dritten Tage und nimmt sie am siebenten wieder auf, um sie dann zu schließen, oder es bleibt auch dieser Schluß ganz aus.

Jedes rumänische Dorf ist in drei Classen eingetheilt: 1. fruntași, Vornehme, oder oameni de frunte, Leute, die an der Spitze stehen; 2. mijlocași, Mittlinge, oder oameni de măna adoua, Leute zweiter Hand, und 3. codași, Hintermänner.

Jeder Dorfbewohner wird nun nach persönlicher Fähigkeit, Vermögen und Herkunft, omul, starea și neamul, in eine dieser Classen eingereiht, und es ziemt sich für ihn, i se cuvine, nur dasjenige, was seiner Classe zukommt; die Emporkömmlinge sind die lächerliche Figur in den rumänischen Sprichwörtern.

Dem codaș wird Manches nachgesehen, und was ihm nachgesehen werden darf, das soll er auch nicht thun.

Dem mijlocaș wird Manches übel genommen, theils, weil es nur dem fruntaș zusteht, theils, weil es nur dem codaș nachgesehen werden kann. Er ist der treueste Bewahrer der Sitten und Gebräuche, und nimmt auch nie etwas von den Fremden an.

Die Stellung des fruntaș ist eine äußerst schwierige. Von seinem Einfluß wird sich nur derjenige einen Begriff machen können, der je etwas bei den Rumänen durchzuführen hatte. Er hat seinen Kreis von Anhängern, fini, oamenii de casă, die ihm blind vertrauen, für ihn bei jeder Gelegenheit einstehen und auch in ihren Familien-Angelegenheiten seine Autorität anerkennen. Aber er hat auch seine Gegner, und Aller Augen sind auf ihn gerichtet. Alles ist für diesen Mann vorgeschrieben: wie er sich kleiden, welchen bestimmten Gang er auf der Gasse einhalten, was er bei der einen oder bei der andern Gelegenheit zu sagen, zu thun oder zu unterlassen habe. Er hat das Recht und die Verpflichtung, die Leute und besonders die Jugend auf der Gasse anzuhalten und für ihre Vergehen zu rügen; aber wehe ihm, wenn er selbst nicht Alles genau einhält, denn nur dem Popen ist es' erlaubt, selbst nicht zu thun was er Anderen vorschreibt.*)

Wir finden die Sitten und die Gebräuche nur bei dieser Dorf-Aristokratie in ihrer vollen Ausbildung; aber auch nur sie

---

*) Das Sprichwort sagt: Fă ce zice popa, dar'nu ce face el, thue was der Pope sagt, jedoch nicht was er selbst thut.

führt fremde Sitten und Gebräuche ein. Es gehört zum vornehmen Wesen, zuweilen etwas Neues einzuführen, und wenn der Mann dadurch seinen Einfluß nicht verliert, was gewöhnlich zu geschehen pflegt, so findet er auch seine Nachahmer.

So wie das einzelne Dorf, werden nun auch die Dörfer eingetheilt. Es gibt sate de frunte, vornehme, und sate proaste, gemeine Dörfer; es gibt gemischte Dörfer, wo die Rumänen die fruntea, und solche, wo sie die coada ausmachen. So heißt es z. B.: „Wir haben zwei und die Ungarn fünf Vornehme bei uns", oder „Wir sind die Vornehmen im Dorfe", wenn die Andern arm und überhaupt ohne Einfluß sind.

Es gibt endlich ganze Gegenden, welche für vornehm gelten. In denselben ist meistens allgemeiner Reichthum zu finden, man kennt dort die Sitten gut und weiß sich mustergiltig zu benehmen. Bewohner solcher Gegenden werden überall gut aufgenommen und erfreuen sich einer besonderen Aufmerksamkeit; man schaart sich um sie, man überhäuft sie mit Fragen. So gilt z. B. die Gegend von Hermannstadt für besonders vornehm, und auch ein codaș dieser Gegend hat im Banat, in Ungarn oder in der Gegend von Klausenburg einen Ehrenplatz bei Tisch, stă in fruntea mesei. Alles, was er thut, macht Aufsehen; die Mundart, die er spricht, wird für die richtige erklärt; seine Tracht findet man schön, kurzum er ist ein Vorbild, eine Erscheinung, die man nicht bald vergißt. Die fruntași minder vornehmer Gegenden gewinnen sehr viel, wenn sie eine der vornehmsten Gegenden bereisen, von ihrer Reise erzählen, hie und da etwas nachahmen, und es gibt keine größere Ehre, als Freunde, oameniilui, in solchen Gegenden zu haben oder gar dort zu heiraten. Eine einzige Frau, welche aus einer vornehmen Gegend in eine andere heiratet, kann das ganze Dorf, in das sie zieht, binnen kurzer Zeit umgestalten: sie behält ihre

Tracht, ihre Mundart, ihre Sitten und Gebräuche; Aller Augen sind auf sie gerichtet; man rühmt allenthalben ihr Gebaren; man ahmt ihr ängstlich nach.

Bewohner armer Gegenden werden dagegen in den reicheren den codașii gleichgestellt, ja zuweilen noch schlimmer behandelt. Der Vornehme ist z. B. verpflichtet, mit den codașii seines Dorfes beim Tisch zu sitzen und sie zu unterhalten, wenn sie bei ihm in der Arbeit sind. Ist ein Mann zweiter Hand dabei, so soll der Wirth auch mitessen, sonst bloß die Speisen kosten und das volle Glas anbieten. Wenn jedoch die Arbeiter pădureni sind, darf der Vornehme aus dem Banat oder aus Ungarn nicht beim Tische platznehmen, sondern nur das Glas anbieten; sonst finden sich die codașii seines Dorfes verletzt, er verliert an allgemeiner Achtung und findet in seinem Dorfe keine Arbeiter mehr.

Es ist nun selbstverständlich, daß die Eigenthümlichkeiten nicht vornehmer Gegenden in den vornehmen verlacht werden, und es gibt bei den Rumänen eine ganze Literatur von Anecdoten, die sich darauf beziehen und aus denen man den Rang ersehen kann, welchen die öffentliche Meinung jeder abgeschlossenen Gegend einräumt.

Für die vornehmste gilt im Allgemeinen die südliche Gruppe und in dieser Gruppe die Gegend von Hermannstadt und Reußmarkt, dann die von Kronstadt und nur in dritter Reihe die von Fogaras.

Die nördliche Gruppe, welche nach Süden bis zum Kamm der Wasserscheide zwischen der Szamos und dem Körös sich ausbreitet,*) gilt für die wenigst vornehme. Ihre vornehmsten sind

---

*) Ganz grell treten die Abweichungen an Typus, Tracht und Mundart dicht an dem Kamm der Wasserscheide hervor und namentlich, wenn man die Bewohner von Szilágy-Fö-Keresztur, dem letzten Dorf am Flußgebiet der

in Siebenbürgen die Naszober, in der Marmaros die Oăşenii, Bewohner der Gegend von Avas und in der Bukowina die Gegend von Cămpulung, dann die von Rădăuţi und in dritter Reihe die von Suceava.

Die westliche Gruppe, also der Hauptstock der Rumänen, ist nach den Bodenverhältnissen in etwa zwanzig Untergruppen eingetheilt, und es muß hervorgehoben werden, daß jede dieser Gruppen bestimmt abgegrenzt ist, ihre eigene Tracht, ihre eigene Mundart und überhaupt ihre eigenen Eigenthümlichkeiten hat, so daß die Leute immer im Klaren darüber sind, zu welcher der Gruppen Jeder gehöre.

Es sollen hier nur die wichtigsten dieser Gruppen erwähnt werden.

Im Banat gelten für vornehm die Bewohner der Gegend von Bánát-Komlós und Torac, dann die Grenzer um Karansebes und in dritter Reihe die bei Oravicza. Die Gemeinen sind die Codrenii, Bewohner der waldigen Gegend.

In Ungarn gelten die Banater für nicht vornehm, aber auch die Banater verlachen die Rumänen aus Ungarn. Die Vornehmsten sind in Ungarn die Podgorenii, Bewohner des Promontors bei Arad, dann die Cămpienii, Bewohner der Ebene, besonders gegen Békés-Gyula und Csanád, und in dritter Reihe die Mureşenii, im Maros-Thal. Dann kommen die Vidicanii, um Belényes, die Luncanii, um Boros-Jenö und zuletzt die Pădurenii. Auf der anderen Seite, gegen Großwardein zu, sind die vornehmsten die Sălăgenii, auf der Wasserscheide zwischen der Szamos und dem Körös. Es bleiben noch die Bewohner des Zaránder Comitats, Zărăndanii, Crişenii;

Szamos, mit denen von Czigány, dem nächsten gegen den Körös zu, mit einander vergleicht.

diese gelten jedoch meistens für Siebenbürger und werden gewöhnlich mit den Mohen identificiert.

Die Siebenbürger gelten sowohl in Ungarn, wie auch im Banat für vornehm, ausgenommen jedoch die Bewohner der Gegend von Klausenburg und Thorda. Die Tărnăvenii an den Kokelflüssen sind dann vornehmer als die Hățeganii und diese vornehmer als die Cămpienii auf der „Ebene" oder die Mureșenii im Maros-Thal.

Den Kern der ganzen Gruppe bilden die Bewohner der westlichen Berge, die sogenannten Mohen, moți, motogani, mocani, welche die gedecktefte Gegend der Karpathen bewohnen und in der größten Abgeschlossenheit leben. Sie gelten sowohl in Siebenbürgen, wie auch in Ungarn und im Banat für die Vornehmsten.

Es bleibt noch ein Theil des rumänischen Volks, der hier noch erwähnt werden soll: derjenige, der noch immer das Hirtenleben betreibt, die sogenannten Bărsanii und Mocanii.

Das Burzenland heißt im Rumänischen Bărsa, țeara Bărsei, und die Fogaraser Gegend țeara Oltului. Beide Gegenden gehören nach der rumänischen Auffassung nicht zu Siebenbürgen, und der Rumäne der Fogaraser Gegend oder derjenige des Burzenlandes nennt sich nicht Ardelean und macht, wenn er nach Hermannstadt geht, eine Reise nach Siebenbürgen, in Ardeal. Man nennt nun die Bewohner der Fogaraser Gegend Olteni; aber bărsan bedeutet keinen Bewohner des Burzenlandes, sondern einen Rumänen, der seine eigenen Schafe im Sommer auf der Poiana und im Winter an der unteren Donau zur Weide treibt. Auch gibt es eine Art Schafe, welche oi bărsane, Burzenländer Schafe heißen.

Mocani sind die ausgewanderten Mohen.

In Ungarn, im Banat und in Siebenbürgen, ausgenommen das Flußgebiet der Aluta, versteht man heute unter „mocan" einen armen, ungebildeten rumänischen Gebirgsbewohner. Auch gibt es in Siebenbürgen eine Art Pferde, welche cai mocănesți, ung. mokány ló, und eine Art Sattel, die șea mocănească, mokány nyereg, genannt wird.

In der Moldau, in der Walachei, in der Dobrudscha und überhaupt im Orient bedeutet dagegen das Wort „mocan" im Allgemeinen einen siebenbürger Rumänen und speciell einen solchen, der seine eigenen Schafe zur Weide treibt, also dasselbe, was bărsan in Siebenbürgen.

Da die Gebirgsweiden gegen die westlichen Berge nicht ausgedehnt sind, mußten die Motzen schon sehr früh das Hirtenleben aufgeben und sich auf die Pferdezucht beschränken, welche nicht auf der Poiana betrieben wird und auch weniger Weide beansprucht. Diejenigen von den Motzen jedoch, welche das Hirtenleben nicht aufgeben wollten, zogen von bannen, und da sie weder in Ungarn, noch im Banat freie Weide fanden, suchten sie sich die fehlende Weide an der unteren Donau. Die Hirten der südlichen Gruppe, die bărsanii, denen das Burzenland und die weit ausgedehnte Poiana zur Verfügung stand, sind später herabgestiegen und wurden an der unteren Donau mit den dort schon bekannten Mocanen identificiert. Heute sind wohl alle Rumänen, welche an der unteren Donau Weide suchen, bei Kronstadt, Fogaras und Hermannstadt zu Hause; aber ein großer Theil von ihnen stammt zweifellos aus den westlichen Bergen her, und die Mocanen in der Moldau, in der Walachei, in der Dobrudscha und in Bulgarien sind ebenso wie ein großer Theil der rumänischen Bevölkerung des Reichs meistens ausgewanderte Motzen, welche lange Zeit auf dem flachen Land an den Karpathen als Hirten verweilt und später allmählich sich niedergelassen haben, bis auf die wenigen Reste, welche auch noch heute das Hirtenleben betreiben. Diejenigen von ihnen, welche ansässig geworden sind, haben sich, wenn auch nicht überall, mit anderen Rumänen vermischt; die Hirten aber leben auch noch heute in ihrer ursprünglichen Abgeschlossenheit und betrachten, wie die Moßen, jeden andern Rumänen als einen Fremden.

Die Mocanii oder, wie sie in Siebenbürgen genannt werden, die Bărsanii gelten überall, wo sie bekannt sind, für vornehm.

Dieser kurze Umriß soll nun Jedem, der die Rumänen aus eigener Anschauung kennen will, als eine Art Wegweiser dienen: das Volk kennt sich am besten, und in den Gegenden, welche ihm für vornehm gelten, sind die ursprünglichsten Rumänen zu suchen. So sind z. B. die Bewohner von B. Komlos und Torac meistens Colonisten aus der kleinen Walachei;*) so sind die Câmpienii in Ungarn Moldauer, Walachen, Siebenbürger und Crișenii, die im Laufe des XVIII. Jahrhunderts sich hier niedergelassen haben; so sind die Zărănbanii zwar sehr fleißig, aber arm, und gelten dennoch für reich und vornehm, weil sie die nächsten Verwandten der Moßen sind; so begegnen wir überall bei Rumänen Sitten, Gebräuchen und besonders Typen, welche man in ihrer vollen Ausbildung nur in den westlichen Bergen vorfindet.

---

*) Diese haben sich hier gegen Ende des XVIII. und zu Anfang des XIX. Jahrhunderts niedergelassen. Andere Colonisten wanderten schon früher aus der kleinen Walachei ein und ließen sich um Oravicza nieder. Diese nannten die bei ihrer Ankunft vorgefundenen Rumänen Frătuți, d. i. Brüderchen, und auch heute ist ein Theil der Banater Rumänen unter diesem Namen bekannt.

Eheschließung.

Die für die Ethnographie wichtigsten Sitten und Gebräuche sind zweifellos diejenigen, welche bei der **Eheschließung** beobachtet werden.

In den westlichen Bergen, țeara Moților, finden wir nun darauf bezüglich den herkömmlichen Mädchen-Markt, tărgul de fete, auf der Găina.*)

Jährlich einmal, am Fest der Apostel Petrus und Paulus, wird auf dem Kamm der Găina, 5000—6000 Fuß über der Meeresfläche, ein Markt abgehalten, auf dem die heiratsfähigen Mädchen, fetele mari oder schlechthin fetele, der ganzen Gegend sich versammeln, um von den Burschen, feciori, gefreit zu werden.

Die Vorbereitung für diesen Tag dauert bei den Mädchen jahrelang, da sie auch ihre Mitgift mitnehmen müssen. Es wird somit unaufhörlich gesponnen, gewoben, genäht und gestickt; die Mutter, die Tante, die Großmutter und andere Frauen der Freundschaft legen jede aus ihrer eigenen Mitgift bei; dann wird Alles in zierlich geschnitzten oder mit Blumen bemalten Truhen verpackt und auf die schönsten Pferde der Familie geladen. Auch wählt man den schöneren Theil des Viehstandes, Bienenstöcke und anderes aus, theils zur Mitgift des Mädchens, theils zur Schaustellung. Man versicherte mir scherzweise, daß die Moțen bei dieser Gelegenheit möglichst Vieles, zuweilen auch Fremdes, zur Schau tragen, um den Brautwerbern, pețitori, damit zu schmeicheln; aber es gilt als etwas Selbstverständliches, daß nur ein kleiner Theil davon zur Mitgift gehört.

---

*) Diese Sitte wurde schon oft beschrieben, aber besonders von magyarischen Beobachtern absichtlich entstellt; sie soll hier nur kurz dargestellt werden.

Oben auf der Gâina stellt sich dann jede Familie, die ein Mädchen zu vergeben hat, ihr eigenes Zelt auf, in dem die Mitgift ausgestellt wird und die Brautschauer von den Vornehmsten der Familie erwartet werden.

Die Burschen kommen auch von ihren Familien oder womöglich von vornehmen Gönnern begleitet, bringen das Beste, was sie haben, besonders einen schönen Gurt voll Silber und Gold mit, und nachdem sie sich eine Braut ausgewählt haben, findet die öffentliche Verlobung vor dem an der Gâina lebenden Einsiedler statt. Dann werden die schon im voraus bestimmten Brautgeschenke gekauft, und das Ganze schließt mit Musik, Tanz und Gesang. Als Zeichen der Verlobung werden nicht Ringe, sondern gestickte Sacktücher, credinţe, ausgetauscht, und die Verlobung heißt incredinţare, sich gegenseitig versichern, die Treue geloben.

Es kommt nun beinahe gar nicht vor, daß ein Mädchen auf diesem Markt mit ihrer Mitgift erschiene und nicht den ersehnten Bräutigam finden sollte, denn der ganze Markt ist eigentlich nichts weiter als ein allgemeines Stelldichein für solche Paare, deren Heirat schon beschlossen wurde, und geht das Mädchen auf den Markt, so weiß es schon, daß es dort erwartet wird. Diejenigen Mädchen, die keinen Bräutigam haben, nehmen gewöhnlich ihre Mitgift nicht mit, haben kein Zelt und kommen überhaupt mehr als Zuschauerinnen auf den Markt; finden sie dennoch einen Bräutigam, so sind sie eben besonders glücklich gewesen.

Einst muß es jedoch anders gewesen sein. Heute kann nach der Anschauung des Moßen nur eine auf dem Kamm der Gâina stattgefundene Verlobung Glück bringen; die Sitte also, die noch immer so streng beobachtet wird, muß einen vernünftigen Ursprung haben.

Vor Allem gilt dieser Markt nur den Moßen=Mädchen, und es dürfen auch nur Moßen um sie werben. Der Moße gibt seine

Tochter nicht einem Fremden zur Frau; er darf es nicht thun; er verliert dadurch an allgemeiner Achtung: und für ihn ist Jeder ein Fremder, der kein Motze ist.

Aber der Motze soll auch nur eine Motoganca heiraten, denn die Ehe mit anderen Frauen ist nicht bloß erniedrigend, sondern auch unrein. So heiraten die Mocanen aus der Walachei und aus der Moldau, nicht bloß die Hirten, sondern auch die meisten der ansässig Gewordenen nur Mocaninen, und wenn sie bei sich zu Hause keine solche finden, holen sie sich Frauen aus Siebenbürgen und speciell aus der Gegend, woher sie stammen.

Die Sitte des Mädchen-Marktes auf der Gäina erinnert uns somit an die Zeit, wo die Motzen weit herum in der Welt für ihre Heerden Weide suchten. Damals, wo sie so zerstreut in der Welt lebten, war bei einer so wichtigen Begebenheit des Lebens, wie die Wahl der Frau ist, eine allgemeine Versammlung nicht bloß vernünftig, sondern auch nothwendig.

Die Paare, welche sich am Feste der Apostel Petrus und Paulus auf der Gäina verlobten, dürfen nicht früher als im Frühjahr getraut werden. Peter und Paul ist aber bei den Rumänen ebenso wie der Georgi-Tag ein allgemein üblicher Termin für alle Contracte.*) Nach Peter und Paul ziehen die Schafe über die Stoppelfelder zur Winterweide, und zu Sankt Georg kehren sie zurück zur Sommerweide auf die Poiana. Während der Zeit von Peter und Paul bis St. Georg war somit der Bräutigam nicht

---

*) Der Markt dauert zwei Tage, und überall bei den Rumänen werden zwei Tage zu Ehren von Petrus und Paulus gefeiert. Was aber den Georgi-Tag anbelangt, so werden an diesem Tage die Knechte und die Hirten gedungen und die Lämmer von den Mutter-Schafen getrennt, se întearcă mieii şi se bagă oile in lapte. — Siehe auch: Wilh. Schmidt, „Das Jahr und seine Tage in Meinung und Brauch der Romänen in Siebenbürgen." Hermannstadt, 1866. 8°.

zu Hause, und er kann seine Braut nur im Frühjahr, nach seiner Rückkehr, zum Altar führen.

Heute gibt der ansäffige Rumäne einem Hirten, cioban, seine Tochter nicht, und die meisten Hirten wurden in der Moldau, der Walachei und der Dobrudscha dadurch anfässig, daß sie sonst keine Frau gefunden hätten. Aber der Mocan, der über den Sommer im nördlichen Gebirge und im Winter in der Dobrudscha seine Heerden zur Weide treibt, findet bei Kronstadt, Fogaras und Hermannstadt immer eine Frau. Er nimmt sie jedoch auf seine Wanderungen nicht mit, sondern läßt sie sammt den Kindern zu Hause; wohin er oft nur nach Jahren und auch dann nur für kurze Zeit zurückkehrt.

Die Macedo-Rumänen in Theffalien und Epiros, welche auch, wie die Mocanen, ein Hirtenleben führen, ziehen dagegen sammt ihren Familien zur Sommerweide, so daß ihre Dörfer über den Sommer beinahe ganz öde bleiben.

So muß es einst, wo die Weiden näher lagen, auch bei den Mozen gewesen sein, denn nur auf diese Weise läßt sich eine zweite Sitte der westlichen Berge, der sogenannte Kußmarkt (ungarisch csókvásár) von Halmágy erklären.

Dieser Markt heißt bei den Mozen nicht tèrg, wie der von der Găina, sondern buuciu de la Hălmaj. Búcsúzni heißt nun im Ungarischen „sich verabschieden", und búcsú oder búlcsú „Wallfahrt".

Sämmtliche junge Frauen, neveste, welche am Fest der Apostel Petrus und Paulus auf der Găina sich verlobten, kommen im vollen Brautschmuck am Charsamstag nach Halmágy geritten und küssen hier jeden allgemein geachteten Menschen, den sie auf der Gasse begegnen, pflichtgemäß. Es gäbe Anlaß zu Ärgernissen, wenn Einer sich nicht küssen ließe oder der Küssenden kein

Geschenk gäbe, sei's auch nur einen Kreuzer, damit die Sitte gewahrt werde.

Diese Geschenke heißen nun nicht dăruri, sondern cinste. Cinste bedeutet aber im Rumänischen Ehre, Achtung, also in diesem Falle — „Ehrengabe". Überhaupt wendet der Rumäne die Worte dar und dărui, Geschenk und schenken, nur auf die Gaben Gottes an; jede andere, menschliche, Gabe heißt cinste (oder pomană). Wird er bewirthet, so heißt es: mi-a inchinat paharul și m'a cinstit, er hat mir das Glas zugetrunken und mich geehrt. Will er jedoch einem Anderen etwas anbieten, so sagt er — haid să ne cinstim, ehren wir uns gegenseitig, denn der Rumäne nimmt nur von solchen Menschen etwas an, die er achtet, nicht aber von verachteten oder sogar von solchen, welche ihm für unrein gelten. Darum gibt es für ihn auch keine tiefere Beleibigung als die von ihm angebotene Gabe nicht anzunehmen: das wird er nie und nimmermehr vergessen. Nun gilt aber bei den Rumänen die Braut, mireasa, für so vornehm, daß ihr jeder auszuweichen verpflichtet ist und daß auch der Kaiser sie immer nur zur rechten Seite setzt, sei sie auch die Braut eines Schweinehirten. Der Kuß also, den man von der jungen Frau auf dem Markt von Halmágy bekommt, ist das höchste Zeichen der Achtung, jedoch der gegenseitigen: gibt man kein Geschenk dabei, so gilt man — im besten Fall — für einen Lümmel, der sich nicht zu benehmen weiß; läßt man sich aber nicht küssen, so hat man nicht bloß die Fran, sondern auch sämmtliche Moțen tief verletzt, — und sie merken sich so etwas sehr gut.

Diese anscheinend sinnlose Sitte kann ihren vernünftigen Ursprung nur darin haben, daß einst die jungen Frauen an der Seite ihrer Männer von bannen zogen und gewöhnlich auf dem Markt von Halmágy, der um die Zeit der Abreise stattfand, den auch sonst bei Bräuten üblichen Abschied von ihren Bekannten nahmen, und von diesen Ehrengaben bekamen.

Es wäre jedoch voreilig behaupten zu wollen, daß diese Sitten bei den Motzen ihren Ursprung nahmen; aller Wahrscheinlichkeit nach sind es uralte Sitten, welche von den Motzen nur umgebildet und dem eigenen Leben angepaßt worden sind. Es hat auch kein Theil des rumänischen Volks dieselben so streng bewahrt wie die Motzen.

Überall gilt bei den Rumänen die Ehe mit Fremden als etwas Verächtliches. Der Rumäne, der eine fremde Frau heiratet, hört nach der Ansicht der meisten Rumänen auf, ein Rumäne zu sein und ladet alle Consequenzen der Unreinheit auf sich. Von einem Popen, der keine Rumänin zur Frau hat, kann beinahe gar nicht die Rede sein, denn es ließe sich keine Gemeinde finden, die ihn duldete.*) Ein gebildeter Rumäne, der eine Fremde zur Frau hat, verliert das Vertrauen des Volks, und kann auch mit den Familien anderer gebildeten Rumänen nur schwer die Beziehungen unterhalten. Kurzum, die Heirat mit einer Fremden ist ein Vergehen, welches nur sehr schwer entschuldigt wird, und zwar nur dann, wenn die Frau auffallend schön**) ist, wenn sie eine große Mitgift hat, oder wenn sie in auffallender Weise den rumänischen Sitten huldigt und damit dem Volke schmeichelt.

Noch strenger werden die Frauen gerügt, wenn sie einen Fremden heiraten; es ist als wäre das eheliche Verhältniß ein ungesetzliches, und es wird eine solche Heirat nur in den Fällen mit Nachsicht behandelt, in welchen man auch über ein Concubinat den Schleier der Nachsicht ziehen würde. Mit einer solchen Frau wird jedoch gewöhnlich jede Beziehung abgebrochen.

*) Eine Ausnahme bildet in dieser Beziehung die Bukowina und das Banat.
**) Nichts ehrt die Schwiegereltern, socri, mehr als die Schönheit der Braut.

Das Mädchen soll im Dorfe ihrer Eltern bleiben und an einen Mann verheiratet werden, der ein om din oameni, Mensch von Menschen ist, also an einen, der Verwandte und Freunde hat. Die größte Ehre gilt dem Vater, der sich einen Schwiegersohn in's Haus nimmt, ginere in casă, und die größte Ehre wird dem erwiesen, dem man die eigene Tochter zur Schwiegertochter in's Haus, noră in casă, zu geben bereit ist.

Und je weiter der Bräutigam herkommt, desto größer ist die der Familie erwiesene Ehre; aber je weiter fort sich die Tochter verheiratet, desto mehr verliert der Vater an Achtung. Şi-a dat fata din sat, er hat seine Tochter aus dem Dorf gegeben; dieses läßt sich kein Rumäne leicht sagen. Und ist der Bräutigam reich, ist er ein schöner Mann, gehört er zu einer angesehenen Familie; das alles ändert die Sache nicht; unzählige Volkslieder beklagen das Schicksal der Frau, die aus ihrem Dorfe weg verheiratet wurde.

In Gegenden, wo die Rumänen gemischt mit anderen Völkern orientalischer Confession leben, mußten sie in Beziehung auf gemischte Ehen nachsichtiger werden. So sind in der Bukowina die Ehen mit Russen und im Banat mit Serben, wenn auch noch immer anstößig, ziemlich häufig. Nimmt man es aber auch nicht überall so genau wie bei den Motzen mit der Sitte, so gelten gemischte Ehen bei allen Rumänen doch für mehr oder minder schwere Vergehen.

Findet einer unter den Rumäninnen seines Dorfes keine Frau, so soll er sich in seiner Gegend eine suchen, und in Siebenbürgen ist der Jahrmarkt gewöhnlich auch ein Stelldichein für Heiratslustige. Eigentliche Mädchen-Märkte gibt es jedoch, soviel ich weiß, in ganz Siebenbürgen nur noch zu Tövis, im Flußgebiet der Maros, und zu Recca, an der Aluta. Aber auch hier nehmen die Mädchen ihre Mitgift nicht mit und findet die Verlobung an Ort und Stelle nicht statt.

Im Banat und weiter gegen den Orient wurde die Sitte des Mädchen-Marktes nach den deutschen Kirchweihfesten umgebildet.

Am Tage des Kirchen-Patrons, hramul bisericii, wird in größeren Ortschaften ein Fest abgehalten, ruga, an welchem die Bewohner der Umgebung theilnehmen. Jung verheiratete Frauen tragen bei dieser Gelegenheit ihre Brautkleider; verlobte Paare werden hier den Bekannten vorgestellt, und die meisten „Bekanntschaften" werden auf der ruga geschlossen. Es werden auch hier, gewöhnlich in der Nähe der Kirche, Zelte aufgeschlagen, und man trägt möglichst Vieles zur Schau. Die Mädchen nehmen jedoch ihre Mitgift nicht mit und es finden keine Verlobungen statt. Nach Beendigung der Messe beginnt der Tanz, wobei die Sitte herrscht, daß der geachtetste der gegenwärtigen Geistlichen, also der Erzpriester, wenn einer dabei ist, den Reigen eröffnet und daß nicht jedes gegenwärtige Mädchen an diesem Tanz theilnehmen darf.

In den meisten Ortschaften des Banats tragen die heiratsfähigen Mädchen einen mit Perlen und Geldstücken besetzten diademartigen Kopfschmuck, aller Wahrscheinlichkeit nach die ungarische párta, denn das heiratsfähige Mädchen heißt bei den Ungarn pártás leány. Man erzählte mir nun in Mosnita und Sčciani bei Temesvar, daß die Mädchen, welche dieses Diadem nicht tragen, an keinem öffentlichen Tanze theilnehmen dürfen. Sie müssen erst ihre im Banat für gewöhnlich reiche Mitgift fertig bringen, und nur dann bekommen sie auf einer ruga den Kopfschmuck. Auf der ruga werden somit die Mädchen in die Welt geführt; hier dürfen sie zuerst öffentlich tanzen, und wenn sie auch die Mitgift nicht bei sich haben, tragen sie doch das symbolische Zeichen, das die Mitgift darstellt und die Heiratsfähigkeit bedeutet.

In Ungarn und, so viel ich weiß, auch im nordwestlichen Theil von Siebenbürgen hat man bloß die auf dem Mädchen=Markt üblichen Gebräuche bewahrt.

Es arbeiten die Mädchen jahrelang an ihrer Mitgift, aber es heißt immer: Mein Gott! wir sind noch nicht vorbereitet. Auch tragen die heiratsfähigen Mädchen kein bestimmtes Zeichen; man müßte höchstens den größeren, bei kleinen Mädchen für gewöhnlich fehlenden Halsschmuck dafür nehmen. Die Brautschau findet vollständig wie auf der Gäina statt: die Mitgift wird im elterlichen Hause ausgestellt; es wird möglichst Vieles zur Schau getragen; der Bursche borgt sich für diese Gelegenheit Gold oder wenigstens Silber; vor der Verlobung wird der Tag festgestellt, an dem die beiden Familien auf einen Markt fahren sollen, um die ängstlich besprochenen Brautgeschenke zu kaufen und die Verlobten den Bekannten vorzustellen. Es darf ferner bei einer ordentlichen Hochzeit das Zelt nicht fehlen und nachdem die Braut zur Frau wurde, fängt der Kußtanz an, se joacă mireasa, und werden die Ehrengaben vertheilt, se impart cinstele, se strigă plăcintele, es werden die Kuchen ausgerufen.

Jeder, der zu einer Hochzeit eingeladen wird, muß bestimmt erklären, ob er die Einladung annimmt oder nicht. Nimmt er sie an, so hat er eine Ehrengabe mitzubringen, einen Kuchen und eine Flasche Wein und dazu ein Stück Leinwand, oder ein Paar gestickte Hembärmel, oder ein Handtuch, oder ein Sacktuch, überhaupt etwas, was nicht verzehrt wird. Alle diese Gaben werden an den Beistand der Braut, cumětru mare, nunul, verabreicht, der den Ehrenplatz hat, die ganze Hochzeit leitet, immer sitzen muß und nur im Nothfalle vom Beistande des Bräutigams vertreten wird. Während des großen Tisches, masa mare, nimmt das Brautpaar an seinen beiden Seiten Platz und wenn das Mahl zu Ende ist, werden sie entlassen, wobei die Braut immer über den Tisch steigen und einen Kübel voll Wasser umwerfen muß.

Nun werden die Ehrengaben ausgerufen, und zwar in einer möglichst lustigen Weise, indem zwei und bei reicheren Hochzeiten auch mehrere Männer, welche die Spaßvögel der Gesellschaft abgeben, die Gaben nach einander dem Beistand präsentieren, den Geber nennen und eine lustige Geschichte über die Entstehung der Gabe erzählen, wobei der zweite nur immer die vom ersten gesprochenen Worte nachsagt und auch seine Gesten nachahmt.

Der Beistand wählt das Beste von den Kuchen für die Braut und vertheilt das Übrige an die Gäste zum Mitnehmen.

Während dieser Zeit ist die Jugend beim Tanz, an dem gesetztere Personen nicht theilnehmen; aber nachdem die Kuchen vertheilt wurden, steht der Beistand auf, ladet die Braut zum Tanze, küßt sie und gibt ihr ein Geschenk. Damit fängt der Kußtanz an: jeder der Gegenwärtigen hat mit der Braut zu tanzen, sie zu küssen und ihr ein Geschenk zu geben. Es macht Aufsehen, wenn Einer die Braut oft küßt, denn für jeden Kuß gebührt eine Gabe und es wird darum eifrig licitiert.

Der rituelle Theil der Hochzeit schließt mit der Vertheilung der Ehrengaben. Die Beistände und die nächsten Verwandten bekommen Gaben aus der Mitgift der Braut; sonst werden gewöhnlich die Gaben der Gäste eingetauscht. Sie werden auch diesmal ausgerufen, wobei die Ausrufer für jede Gabe eine Gebrauchsanwendung bei der Hand haben.

Frauen, die nicht im elterlichen Hause bleiben, müssen während der nächsten Wochen, solche, die im Fasching heiraten, während der Osterfeiertage zurückgeführt werden, bei welcher Gelegenheit eine Art Nach-Hochzeit stattfindet und die junge Frau diejenigen küßt, welche an ihrer Hochzeit theilgenommen hatten, jedoch ohne Gaben zu empfangen. Auch tragen die jungen Frauen während des ersten Jahres der Ehe bei festlichen Gelegenheiten und auf Märkten die Brautkleidung, die sie nur allmählich ablegen.

Dies sind im Allgemeinen die Sitten, welche von den Rumänen bei der Eheschließung allenthalben beobachtet werden, wenn auch nicht überall mit derselben Genauigkeit wie bei den Moßen.

* *
*

Typus, Charakter und Anlagen weichen bei den Rumänen zwar nach den verschiedenen Gegenden mehr oder minder von einander ab; aber es gibt bestimmte Züge, die allen Rumänen eigenthümlich sind und durch welche sie sich in auffallender Weise von anderen Völkern unterscheiden.

Besonders scharf ausgeprägt ist vor Allem der Moßen-Typus. In Abrudbánya, Zalatna, Roșia, Offenbánya und hie und da in Buciumi findet man meistens stark gebaute Leute mit runden und vollen Gesichtern, kurzgeschorenen schwarzen Haaren, dunklen Augen und gelblich-brauner Gesichtsfarbe. Sie tragen enge Hosen, große Stiefeln, zuweilen auffallend breiten Ledergurt, eine kurze Jacke von dunklem Tuch und sprechen das a meistens langgebehnt aus, indem sie z. B. statt lapte, Milch, laapte sagen. Diese sind meistens in den Bergwerken beschäftigt und zum Theil auch nicht ganz romanisierte Deutsche, Magyaren und Slaven, im Übrigen gewöhnliche Leute, die Niemandem auffallen.

Die eigentlichen Moßen, welche thalaufwärts, pe ape in sus, wohnen, sind Leute von hoher und schlanker Gestalt, mit einem auffallend dicken Hals, länglichem Gesicht, lichten Haaren,

blauen Augen und einer Gesichtsfarbe, die gelblich=weiß ist. —
Ist der Moße nicht von hoher Gestalt, so ist er noch immer
schlank; Leute mit starkem Knochenbau findet man unter den
Moßen nicht.

Ebenso selten sind in den westlichen Bergen die Männer mit
runden Gesichtern und starken Gesichtsknochen.

Das Profil des Moßen ist scharf geschnitten: hohe, zuweilen
stark hervortretende Stirn, lange, spiße und hie· und da leise
gebogene Nase, feingeschnittene Lippen und ein spißes, zuweilen
getheiltes Kinn.

Am ganzen Gesicht sind gewöhnlich die Nasenflügel am
stärksten entwickelt. Es fiel mir noch auf, daß bei ihnen die untere
Lippe oft von der oberen verdeckt wird, und daß der Abstand vom
Mund bis zum Kinn zuweilen auffallend groß ist.

Sind die Augen des Moßen nicht blau, so sind sie grünlich=
blau, grünlich=grau, meistens länglich geschlißt, klein und lebhaft,
licht und nur höchst selten dunkel.

Den Haarwuchs des Moßen kann man nicht schlechthin blond
nennen; wenn er auch licht, zuweilen sogar sehr licht ist, ist es
doch ein ganz eigenthümliches röthlich=gelbes Blond, wie etwa
die verschiedenen Abstufungen des Tabaks, vom lichten Sultan an
bis hinunter zur dunklen Havanna=, höchst selten bis zur Virginia=
Cigarre. Außerdem sind die Haare des Moßen rauh und je
dunkler, desto feiner.

Auffallend ist der grelle Unterschied zwischen der Farbe der
Kopfhaare und derjenigen der Augenbrauen und des Schnurrbarts.
Der Moße ist gewöhnlich s p ä n, d. h. ein Mann, dem kein Kinn=
und Backenbart wächst; er bekommt meistens nur auf dem Kinn
einige verkümmerte Haare. Seine Augenbrauen sind dagegen voll
und in der Regel dunkler, der Schnurrbart aber zuweilen sehr

stark und viel lichter als die Kopfhaare, dabei rauh, vollständig wie eine Weizenähre. *)

„Der Moțe ist an seinen Haaren zu erkennen," sagte man mir, als ich meine erste Reise in die westlichen Berge unternahm. Sie trugen einst ihre langen Haare in drei Zöpfe, moț **), getheilt, nämlich einen großen in der Mitte und zwei kleinere an den Seiten, welche entweder frei hingen oder an den großen gebunden wurden. Heute gibt es nur wenige Moțen, gewöhnlich die Alten, welche diese Zöpfe noch tragen; aber es werden oft die Haare der kleinen Knaben in dieser Weise geflochten. Diejenigen Moțen, welche die Zöpfe nicht mehr tragen, schneiden sich die Haare sehr kurz ab; aber um die Stirn, an den Ohren und am Nacken bleibt ein Streif von längeren Haaren, wie bei der Tonsur der Mönche. Die Haare im Nacken sind gewöhnlich ganz lang und hängen über die Schultern. Die civilisiertesten der Moțen tragen endlich, wie die halbcivilisierten Juden in Galizien, je einen Büschel von längeren Haaren an den Ohren.

Der Moțe hat seine eigene Haltung und seinen eigenen Gang; er hält beim Gehen die Schulter in wagrechter Stellung und den Kopf zurück, so daß man seinen dicken und zuweilen auffallend langen Hals sieht, neigt den Oberkörper nach vorne, tritt voll auf und bewegt die hängenden Arme nicht. Wegen dieser

---

*) Mustecioara lui
   Spicul grâului,

heißt es in der von W. Alexandri veröffentlichten Ballade Miorița. Der Unterschied zwischen der Farbe der Kopfhaare und der des Schnurrbartes ist übrigens nicht allein den Rumänen eigenthümlich; es muß jedoch hervorgehoben werden, daß er bei den nächsten Nachbarn der Rumänen, den Magyaren und den Serben, nur selten zu finden und auch nie auffallend ist.

**) Manche wollen auch die Benennung moți davon ableiten. Dieses scheint mir jedoch voreilig zu sein, denn die „Frisur" der Moțen war früher allenthalben, bis in die Walachei verbreitet. Auch nennt man um die westlichen Berge den Zopf nicht moț, sondern chică.

Gangart, die theils vom vielen Bergsteigen, theils von der absatz=
losen Beschuhung (Sandalen) herrühren mag, den meisten rumäni=
schen Gebirgsbewohnern eigenthümlich ist und sehr stark an den
trampelnden Gang des Bären erinnert, werden die Motzen und auch
die Rumänen im Allgemeinen von den Ungarn auch Bären,
medve, genannt. *)

Der Motze, der seinem mit Kübeln und Reifen beladenen
Pferde ruhig und gelassen nachgeht, ist nicht bloß in Siebenbürgen,
sondern auch im Banat und auf der ungarischen Ebene eine
stehende Figur, **) also eine Erscheinung, die man bei Debreczen,
Szegedin, Arad und Temesvar, besonders auf Jahrmärkten, ebenso
gut wie in Abrudbánya beobachten kann. Und sie sehen sich alle
so gleich, daß aus einigen Exemplaren das Bild der ganzen Gruppe
zusammenzustellen wäre.

Der Typus der Motzen ist nun im Allgemeinen der rumänische
Gebirgstypus. Besonders stark ist er um den Rätezatu und an den
Quellen der Körös=Flüsse vertreten. Ich fand z. B. auf einem Markt
zu Grädiszte, am Eisernen Thor, keinen Mann mit dunklen Haaren,
dagegen sehr viele, die auffallend starke Augenbrauen und bei
sonst spärlichem Bartwuchs langen Schnurrbart hatten. Bei den
Zäränbanii tritt der Motzen=Typus nur zerstreut auf bis gegen
Gura=Honțului, Zimbru und Dulcele. Häufiger ist er bei den
Vibicanii, jedoch nur thalaufwärts, bis gegen Meziești bei Belényes.

---

*) Wenn einer, wie die Magyaren, mit der Ferse auftritt, so heißt das
(in Ungarn) calcă nemeșește, er tritt wie ein aufgeblasener Edel=
mann auf.

**) Der Motze ladet seine Waare auf Pferde, da der Transport auf
Wagen zu umständlich wäre, und zieht nach Ungarn, „wo der schöne Weizen
wächst", um Kübel und Reifen gegen Weizen auszutauschen. Während seiner
Abwesenheit, die Monate lang dauert, führt die Frau die Wirthschaft und
arbeitet emsig an den Kübeln, um bis zur Rückkehr des Mannes einen neuen
Transport fertig zu stellen.

Am stärksten ist er bei den Selägenii vertreten, bis zum Kamm der Wasserscheide, wo man beinahe nur Männer von schlankem Wuchs, mit länglichen Gesichtern, lichten Haaren und spärlichem Bartwuchs findet.

Weiter gegen die Ebene zu wird dieser Typus immer seltener. Im Banat fand ich ihn nur auf der Strecke zwischen Karansebes und Grädişte, und wenn er auch in der Walachei und besonders in der Moldau häufig ist, erinnere ich mich nicht, ihm in der Bukowina begegnet zu sein. Ziemlich häufig soll er bei Naszob und Bistriţ angetroffen werden, und um Gyergyo Ditro, bei Tekerö=Patak, Topliţa, Corbu Bólbore herrscht er beinahe ausschließlich.

Schon an der Maros tritt ein zweiter Typus auf, der an den Kockel=Flüssen vorherrschend wird, jedoch nur weiter gegen die Aluta zu ganz scharf ausgeprägt ist.

Es sind Männer von hoher und schlanker Gestalt, äußerst gelenkig, mit stark entwickeltem Brustkorb, runden und vollen, jedoch kleinen Gesichtern, stärker hervortretenden, jedoch auch nur selten ganz dunklen Augen, rabenschwarzen, oft krausen Haaren, lang= gezogenen Augenbrauen, dichtem und kurzem Schnurrbart, vollem Bartwuchs und weißer, nur selten von rothem Hauch übergossener Gesichtsfarbe. Ihr Profil ist nicht so scharf geschnitten wie das der Moţen: eine breite und runde, jedoch minder hohe Stirn, kurze Nase, volle Lippen und kleines, rundes Kinn. Die Gesichts= knochen, besonders der untere Kiefer, sind noch weniger als bei den Moţen entwickelt.

Der Gang und überhaupt die Haltung dieses Menschenschlags ist besonders anmuthig; es sind auch die besten Tänzer des rumä= nischen Volkes. Sie treten zwar ebenso wie die Moţen mit dem ganzen Fuß auf; aber der Kopf steht frei über den breiten Schultern, die Hände hängen nicht schlaff hinunter und der aufrechtgehaltene

Oberkörper befindet sich beim Gehen in einer rhythmischen Bewegung.

Dieser Menschenschlag tritt nirgends in größeren Massen auf; man findet ihn jedoch zerstreut um Hermannstadt, am Flußgebiet der Aluta, unter den Bärsanen, im niederen Theil des Banates, um Arad auf der ungarischen Ebene, bei den Däzenii in der Marmaros und bei Câmpulung in der Bukowina.

Der allgemeine Rumänen-Typus für den östlichen Theil Siebenbürgens bis gegen die Maros und auch für das Banat ist ein Mann von schlanker Gestalt und Mittelgröße, gelenkig, mit länglichem Gesicht, scharf geschnittenem Profil, kleinen Augen, lichtbraunen Haaren, noch lichterem Schnurrbart und nur selten ganz vollem Bartwuchs. Zarter Knochenbau, scharfes Profil, kleine Augen und lichterer Ton der Barthaare sind den meisten Rumänen eigenthümlich.

Schon am unteren Flußgebiet der Maros, thalabwärts von Zam, tritt jedoch ein dritter, wenn auch nicht scharf ausgeprägter Typus auf: Männer von untersetzter Gestalt, mit mehr oder minder breiten Gesichtern, hervortretenden Gesichtsknochen, dunklen Haaren und starkem Bartwuchs.

Im Banat findet man diesen Typus beinahe nur an der Maros bis gegen Lippa; in Ungarn ist er dagegen sehr häufig, bis in die Marmaros, wo er zuweilen sehr scharf ausgeprägt erscheint. Besonders hervorzuheben ist jedoch, daß, wenn auch dieser Menschenschlag gewöhnlich unter der Mittelgröße bleibt, auf der ungarischen Ebene die Männer mit breiten Gesichtern durchgehends von hoher, bei den Luncanii aber und in der Marmaros auch noch von schlanker Gestalt sind.

In Siebenbürgen tritt derselbe am Flußgebiet der Szamos auf und in der Bukowina ist er der vorherrschende.

Natürlich wird man diesen Typus auch in der Bukowina nur höchst selten in seiner Ursprünglichkeit vorfinden; er ist überall in die anderen zwei Typen übergegangen. Man wird also Rumänen finden, die starke Backenknochen haben, aber dabei länglich geschlitzte Augen, eine schlanke Gestalt oder spärlichen Bartwuchs, überhaupt Etwas, was entweder den Mozen oder den Oltenii eigenthümlich ist. Wenn auch häufiger, so doch noch immer selten, ist auch der Olteanen-Typus: man findet auch um Hermannstadt und an der Aluta gewöhnlich längliche Gesichter und mehr oder minder lichte Haare. — Auch die Mocanen haben meistens den Mozen-Typus. Sie sind jedoch stärker gebaut, mit vollen, abgerundeten Formen und äußerst elastisch. Der echte Mocane geht nicht; er prallt vom Boden ab.

Was nun die Frauen anbelangt, so kann hier nur im Allgemeinen hervorgehoben werden, daß ihr Typus in den verschiedenen Gegenden nicht immer mit dem der Männer übereinstimmt. So haben die Mozinnen durchgehends breite Gesichter, eine dunklere Gesichtsfarbe als die Mozen und nur selten ganz lichte Haare. Um Hermannstadt haben dagegen besonders Frauen mit schwarzen Haaren oft längliche Gesichter.

Im Allgemeinen haben die Rumäninnen Gesichter, die eher rund, als länglich zu nennen sind; ihr Profil ist zwar scharf geschnitten, aber nicht so streng wie das der Männer; ihr Knochenbau ist besonders zart, auch in den Gegenden, wo die Männer breite Gesichter haben.

Über die Schönheit der rumänischen Frau wurde viel geschrieben; es wurden jedoch sehr oft Schönheiten gerühmt, die nicht rumänisch genannt werden können. So liest man oft über schöne Frauen mit rabenschwarzen Haaren, feurigen Augen und südlich-brauner Gesichtsfarbe. Es gibt nun bei den Rumänen auch solche Frauen, aber nur dort, wo fremde Typen häufig sind. Hat die rumänische Frau schwarze Haare, so sind ihre Augen nur selten ganz dunkel; ihre Gesichtsfarbe ist aber immer weiß, ja weißer als die der blonden Frauen. Man findet diesen Typus im niederen Theil des Banates, auf der ungarischen Ebene, in der Marmaros, bei Câmpulung in der Bukowina, um Naszod und im Flußgebiet der Aluta; aber auch hier haben die Frauen meistens lichte, nur selten ganz braune Haare.

Noch seltener sind die Frauen mit üppigen Formen, die auch zuweilen als charakteristisches Attribut rumänischer Schönheiten gerühmt werden. Eine zierliche Gestalt, kleine Hände, kleine Füße, schmale Lippen, volle Schultern, wenig entwickelter Busen sind beinahe allen rumänischen Frauen eigenthümlich.

Schöne Frauen findet man besonders bei Arad, Temesvár, Karansebes, Câmpulung, Naszod, Kronstadt und die schönsten bei Hermannstadt, wo die Frauen der Mocanen zu Hause sitzen, spinnen, weben, sticken und ihre Schönheit pflegen.*)

Dieses sind, — so in einigen großen Zügen, — die körperlichen Eigenthümlichkeiten der Rumänen.

Ihre Muskelkraft ist im Allgemeinen keine besonders große; aber ihre Geschicklichkeit läßt sich nicht in Abrede stellen, und ihre zähe Ausdauer wird von den Nachbarvölkern bewundert. Die Motzen werden jedoch auch wegen ihrer großen Muskelkraft gerühmt.

Die Krankheiten scheinen die Rumänen besser als ihre Nach= barn vertragen zu können. Während der Cholerazeit sind in den

---

*) Işi poartă grijă de frumusete, — ist eine galante Redensart, womit man die Frage „und was macht die Frau?" zu beantworten pflegt. Die rumänische Frau, ausgenommen die Motzin, arbeitet nur selten auf dem Felde: sie soll zu Hause sitzen und ihre Frauenarbeit haben. — Die Pflege der Schönheit ist bei den rumänischen Frauen eine Pflicht. — Im Banat und in manchen Theilen Ungarns müssen sich die Frauen auch schminken.

13 rumänischen Kreisen an 37 % der Erkrankten gestorben, wogegen in Siebenbürgen an 40 % und in Ungarn über 50 %.

Die Zahl der an natürlichen Gebrechen Leidenden ist jedoch bei den Rumänen größer als bei ihren Nachbarn. Man zählte deren im Jahre 1870 in Ungarn 49,198, in Siebenbürgen 14,267, in den rumänischen Kreisen aber 10,915 und nämlich 2225 Blinde, 3730 Taubstumme, 1595 Irrsinnige und 3365 Cretins. Auffallend ist die Zahl dieser Letzteren, die an 0·25% der ganzen Bevölkerung ausmachen. In Siebenbürgen machen die Cretins (4611) nicht ganz 0·22% der Gesammtbevölkerung aus, und in Ungarn sind sie noch seltener (12,003). Die meisten Cretins sind am Rätezatu und auf der südlichen Linie zu finden, und zwar im Fogaraser Kreis 0·54%, im Hermannstädter Stuhl 0·43%, im Hunyader Comitat 0·42% und im Zaranber Comitat 0·42% der Bevölkerung. Außerdem tritt um den Rätezatu und um die westlichen Berge, bei den Zäränbanii und Bibicanii, jedoch nicht bei den Moken, häufig der Kropf auf. Wie auch bei anderen Völkern, gibt das männliche Geschlecht ein weit größeres Contingent für diese Gebrechen als das weibliche.

Mißgeburten sind bei den Rumänen selten, entstellte Gesichter noch seltener.

Männer, die unter dem Militärmaß bleiben, sind nur bei den Zäränbanii, den Päburenii in Ungarn und weiter gegen die Marmaros, überhaupt, wo sie mit Ruthenen gemischt sind, häufiger, sonst weniger oft vorkommend.

Trotz dieser Mannigfaltigkeit an körperlichen Eigenschaften wird sich nur selten ein Rumäne finden, an dessen Gesicht auch der minder scharfsinnige Beobachter nicht den Rumänen entdeckt. Es ist in allen rumänischen Gesichtern, seien sie noch so verschieden, immer etwas, was den Grundton des gemeinsamen Charakters wiedergibt.

Der Gesichtsausdruck des Moßen ist ernst, jedoch nicht roh und auch nicht stolz, sondern von einer so unerbittlichen Strenge, daß besonders in Ungarn der Spruch üblich ist: „Man weicht ihm wie einem Moßen aus", feri ca din calea moţului. Und allenthalben, wo die Moßen bekannt sind, sagt man den unartigen Kindern: „Nehmt euch in Acht; es kommt der Moße!" Dieser Moße ist aber der geduldigste und friedfertigste Mensch; er lächelt zwar nur höchst selten, aber auch unsanfte Worte beantwortet er nur mit einem ernsten Blick, denn, wenn er auch sehr schnell spricht, ist er sprichwörtlich kurz in seiner Rede, scurt la vorbă. Ein Moße, der, sei es im Wirthshaus oder auf der Gasse, sich in Händel einläßt, ist eine große Seltenheit; ich selbst habe nie einen gesehen. Man erzählte mir aber, daß der Moße bei solchen Gelegenheiten seinen Rock auszieht, die Mütze bei Seite legt und die stereotypen Worte spricht: „Nun wäre es gut aufzuhören." Dann flucht er, und auf dieses erste und letzte Fluchwort folgt unausbleiblich der sehr ernst gemeinte erste Schlag. So wird der Moße auch in den Anecdoten dargestellt. Lustige Moßen sind noch seltener. Es heißt, der Moße trinke bloß einmal im Jahre und dann „bei sich zu Hause" und nicht mit dem Glas, sondern mit dem Eimer.

Der Olteanu ist dagegen stets heiter und gesprächig; sein freundliches Gesicht und sein zuvorkommendes Benehmen sind allgemein bekannt; und wenn der Moße mit den Worten „Stürze mich nicht in Gefahr", nu mö băga in primejdie, thätliche Beleidigungen beantwortet, ist der Olteanu immer um seine gute Laune besorgt und erträgt Manches, nur um sie nicht zu verlieren.

Die Rumänen sind nun bald wie die Moßen, bald wie die Oltenii, die meisten jedoch ruhig und ernst, gesetzte Menschen, oamenii aşezaţi, wie sie selbst sagen.

Was allen Rumänen eigenthümlich ist, das ist außer der Bestimmtheit, die Beharrlichkeit, welche dem rumänischen Charakter zu Grunde liegt und an allen rumänischen Gesichtern mehr oder minder klar zum Ausdruck kommt.

Es sind das keine hohlen Gesichter, wo Alles schlaff und trübe durcheinander liegt; es tritt in ihnen irgend ein Zug immer entschieden hervor, und ohne eine bestimmte Ahnung von der Bedeutung dieses Zuges zu haben, wird man auf ihn aufmerksam. Bald ist es das Auge, bald der Mund, bald das Spiel der nie erschlaffenden Gesichtsmuskeln, bald ein bestimmter dieser Muskeln, der stets einen hohen Grad von Tonicität beibehält, bald ist es Dieses und bald Jenes, was uns an das Bewußtsein erinnert, welches hinter der lebenden Maske stets wach bleibt.

Der Mann ist wie er ist, und beim ersten Blick fühlen wir, daß er entschieden so ist und auch so bleibt; ist er heiter angelegt, so ist er von einer unverwüstlichen Heiterkeit; ist er ernst, so thut er auch das scheinbar Unbesonnene mit wohl überlegter Absicht; ist er gutmüthig, so bleibt er es unter allen möglichen Umständen; ist er bösartig, so „beißt er sich selbst die Zunge ab", sagt das Sprichwort. Die Rumänen sind zwar ein Mischvolk, aber es ist sehr lange her, daß die Vermischung stattfand, und die Eigenschaften, die heute der einzelne Rumäne hat, sind keine individuellen und keine zufälligen: sie wurden Jahrhunderte lang sorgsam gepflegt, durch Generationen vererbt und sammt den ihnen entsprechenden Gesichtszügen als natürliche Gebote auf ihn übertragen. Ausdauer, Geduld, Hartnäckigkeit, Standhaftigkeit, Unversöhnlichkeit und überhaupt Alles, was eine Form des Beharrlichen ist, gilt bei den Rumänen für eine Tugend und soll bei jedem Rumänen vorausgesetzt werden.

Von den unzähligen Redensarten, die sich darauf beziehen, will ich bloß eine anführen: N'au intrat zilele in sac, die Tage sind nicht in den Sack gefahren, d. i. sie hören mit dem heutigen nicht auf, sagt der Rumäne, wenn ihm etwas mißlingt. Mit der Zeit muß, nach seiner Auffassung, Alles gelingen; aber „cu una cu doue nu merge", mit einem oder mit zwei Versuchen bringt man nichts Ordentliches zu Stande.

Die wichtigste Frage bei der Beurtheilung eines Charakters ist aber zweifellos die, wann der Mann seine Geduld verliert, denn mit der Geduld geht auch die Besonnenheit und mit dieser der ganze berechenbare Charakter verloren. Die Fälle, in welchen der Rumäne die Geduld verliert, sind nun höchst selten, und darum gilt er bei seinen Nachbarn für das Vorbild der Besonnenheit. Buna chibzuialä, die gute Erwägung, und bunul cumpĕt, das gute Maß, das Maßvolle (nicht die Mäßigkeit), gelten auch bei den Rumänen für die höchsten Tugenden und sind die ersten Attribute der sogenannten Vornehmen.

Der Grundzug seines Charakters soll jedoch auch auf seine Intelligenz übertragen werden; er ist begriffstützig und verhält sich abwehrend gegen jede neue Idee, die man ihm beibringen will.

Schon Kaiser Josef II. wußte es, daß man triftige Gründe braucht, um den Rumänen zu überreden, und auch heute ist die Aufgabe keine leichtere. Er ist zwar sehr gefügig, wenn es sich um Dinge handelt, denen er keine Bedeutung beilegt, oder um Fragen, denen gegenüber er kein Recht der Entscheidung beansprucht. So handelt er bei wichtigen Begebenheiten nach herkömmlichen Sitten, ohne je darnach zu fragen, ob diese Handlungsweise auch die richtige sei; so befolgt er in Fragen, welche seine Stellung in der Gesellschaft betreffen, immer den Rath des Fruntaș, des Popen und überhaupt eines Aufgeklärten, dem er vertraut, und holt sich auch in sonstigen wichtigen Angelegenheiten den Rath Anderer ein; so ist er allen öffentlichen Beamten gegenüber, auch wenn sie im Unrecht sein sollten, unbedingt unterthänig, so lange es auch Andere sind. Aber in Sachen, die ihn nahe angehen, ist er der starrsinnigste Mensch, auch wenn man sein Bestes will. Er sagt zwar auf Alles „ja", aber wenn man zuletzt frägt, ob er auch so handeln wolle, wie man ihm räth, antwortet er: Ja, ich will mir's überlegen, am să mě mai gǎndesc. Nun überlegt er sich die Sache gewöhnlich so lange, daß er oft gar nicht zum Schluß kommt. Die bessere Einsicht, die der Rumäne immer zu spät bekommt, mintea romănului ce a de pe urmă, ist sprichwörtlich geworden.*)

Selbstverständlich muß Alles, was einem Menschen nur schwer beigebracht wird, auch fest haften; derjenige, der so mühevoll einen Entschluß faßt, gibt sich nicht bald die Mühe, ihn zu ändern; so ist der Rumäne der zuverlässigste Mensch, wenn man nur weiß, worin ihm zu trauen sei. Dieses weiß man aber oft nicht, denn Aufrichtigkeit ist, nach der rumänischen Anschauung, keine Tugend, und es gibt in der rumänischen Sprache auch kein Wort dafür.**)

---

*) Der Sachse, der als echter Bauer auch besonders vorsichtig ist, sagt immer: Gäbe mir Gott die Einsicht, welche der Rumäne immer zu spät bekommt. — Der Magyare hat diese Eigenschaft nicht und schätzt sie auch nicht. Darum werden Anekdoten über menschliche Vorsicht immer nur über die Czikler Szekler erzählt. Der andere Nachbar der Rumänen, der Serbe, ist auch ziemlich wankelmüthig und läßt sich leicht überreden, wenn er auch nicht so hastig wie der Magyare ist.

**) Om deschis la inimă, ein Mensch von offenem Herzen, ist mehr als „aufrichtig": es bedeutet einen opferwilligen Menschen. Überhaupt gilt die Aufrichtigkeit bei den Rumänen nicht für eine Pflicht, und wer die Wahrheit sagt und dadurch zu Schaden kommt, wird verlacht. Bei den nächsten Nachbarn der Rumänen, den Magyaren, ist aber Aufrichtigkeit eine Pflicht, und der Magyare wird von den Rumänen wegen seiner Aufrichtigkeit verlacht. Die anderen Nachbarn der Rumänen, die Serben und noch mehr die Russen, sind dagegen, wie auch schon Josef II. (E. Hurmuzaki: Documente etc. VII. Bd., pag. 443) es hervorhebt, „mehr zur Falschheit angelegte Leute", und der Rumäne sagt, sie hätten buntes Eingeweide, „oameni pestriți la mațe".

Die Rumänen von Jean Clarici.   10

Lügen soll man nicht; die Heuchelei, fățărnicia, ist eine der schlechtesten Eigenschaften, aber die Wahrheit ist man auch nicht verpflichtet zu sagen, ja man soll sie verschweigen, wenn sie einem in irgend einer Weise schädlich werden kann. Kurzum, man soll immer nur mit Überlegung reden, chibzuit la vorbă, und dasjenige sagen, was den augenblicklichen Verhältnissen entspricht, keine schlimmen Folgen haben und zu nichts verbinden kann. Aufrichtigkeit ist also bei Rumänen immer mit Vertrauen verbunden: dem er traut, der kann sich auf ihn verlassen. Darum wird aber auch das Wort „treu" im Rumänischen mit credincios, „gläubig", „vertrauend", wiedergegeben, und om cu credința oder om credincios, bedeutet einen Menschen, der treu, aufrichtig und voll Vertrauen ist. Die Treue des Rumänen wird oft gerühmt; aber sie ist selten, da sie nicht leicht erworben wird. Kaiser Josef II. sagt: „Überhaupt fordert diese Nation, daß man ihre Beschwerden anhöre und mit einigen gründlichen Vorstellungen die Ältesten unter ihnen, auf welche sie alles Vertrauen setzen, überzeuge: alsdann kann man Alles mit ihnen richten." So ist es auch heute: der Rumäne traut seinem Fruntaș, hie und da seinem Popen; anderen Menschen gegenüber ist er aber verschlossen. Gelingt es jedoch sein Herz zu gewinnen, so ist sein Vertrauen unverwüstlich.

Auf den Stolz des Rumänen soll man nicht bauen. Es gibt zwar in der rumänischen Sprache ein Wort, mândru, welches mit „stolz" übersetzt wird; aber der rumänische Bauer verbindet mit diesem Worte einen viel dürftigeren Begriff, als das deutsche Wort ausdrückt: es soll die berechtigte Eitelkeit des wirklich schönen Menschen bedeuten. In Ungarn, im Banat und, soviel ich weiß, auch in Siebenbürgen bedeutet das Wort nur „schön", und im Volkslied wird die Geliebte immer mândra und mândruța genannt. Auch das Wort „Würde" ließe sich im Rumänischen nur mit aşezat şi chibzuit, gesetzt und besonnen, wiedergeben. Die Würde des Rumänen besteht darin, daß er stets mit Bedachtsamkeit handelt und spricht. Er läßt sich unter Umständen Alles gefallen; man verlangt das von ihm, und thut er es, so wird er dafür gelobt.

Damit hört jedoch nicht Alles auf; will er für einen ordentlichen Menschen gelten, so soll er die ihm zugefügte Beleidigung stets gegenwärtig halten und seinen Groll bei jeder Gelegenheit öffentlich bekunden; er ist das der Gesellschaft schuldig, und von einer Versöhnung oder von einem hinterlistigen Vorgehen kann somit unter ordentlichen Rumänen die Rede nicht sein. Der Ausdruck ţine minte, er hat es stets gegenwärtig, bedeutet im Gegensatz zu işi aduce a minte, er bringt es sich zum Bewußtsein, ungefähr dasselbe wie „fixe Idee": er wird nur in diesem Falle gebraucht und enthält den Gedanken der unbedingten Rache.

Der Rumäne ist zwar nicht muthig, und nach der rumänischen Anschauung soll man auch nicht muthig sein, denn Muth setzt bei männlicher Kraft auch einen gewissen Mangel an Besonnenheit voraus; er hält sich aber tapfer, wenn er in einer wirklichen Schwierigkeit sich befindet oder triftige Gründe hat sich auszusetzen. Viteaz bedeutet im Rumänischen nicht dasselbe, was vitéz, heldenmüthig, im Ungarischen: heldenmüthig im ernsten und edlen Sinn heißt im Rumänischen viteaz la strîmtorare, muthig in der Bedrängniß, wo kein anderer Weg übrig bleibt. Frica e cea mai bună pază, die Furcht ist die beste Wache, sagt das Sprichwort.*) Vorsichtig soll der Mann sein, vor Allem

---

*) Dasselbe Sprichwort findet man auch bei anderen Völkern; die Frage ist jedoch immer, wie ein Volk ein gewisses Sprichwort gebraucht, ob

vorsichtig und dann standhaft; Vorsicht und Standhaftigkeit sind die zwei scharfen Züge, die an allen rumänischen Gesichtern ausgeprägt sind.

Dieses sind — so im Allgemeinen — die Grundzüge des rumänischen Charakters, die Tugenden, die man bei jedem Rumänen voraussetzen soll. Es ist nun natürlich, daß sie je nach den Individuen bald zu schwach sind, bald in Laster ausarten; das Zweite ist jedoch häufiger als das Erste. Man wird z. B. nur selten Rumänen finden, die wegen nichts und wieder nichts sich in Gefahr stürzen, aber oft solche, welche die Vorsicht bis zur Feigheit treiben und nur in der dringendsten Lebensgefahr sich männlich zeigen; so artet der standhafte Sinn des Rumänen oft in Verstocktheit aus, aber er schlägt nur höchst selten in Wankelmüthigkeit um.

Der Rumäne gilt im Allgemeinen für einen gutmüthigen Menschen; er ist auch friedfertig und zuvorkommend, er ist der gehorsamste Staatsbürger, und sein Sinn für Ordnung und Disciplin wurde oft bewundert.

Cu o vorbă buna şi pe dracul imblânzeşti, mit einem guten Worte besänftigst Du auch den Teufel, sagt das Sprichwort. Der Rumäne weiß es, daß nichts in dieser Welt ungerächt bleibt, so hütet er sich wohl, anderen Menschen Böses zuzufügen. Ein anderes Sprichwort sagt jedoch:

"Să fii bun şi blând la toate,
Dar' numai pe cât se poate."

Sei gut und sanft in Allem, aber nur soweit es geschehen darf. Am să te ţiu minte, ich will dich in Erinnerung behalten, sagt der Rumäne demjenigen, der ihn beleidigt, und diesem soll er kein gutes Wort mehr sagen, keine Gefälligkeit ernstlich oder nur scherz- oder spottweise. Der Rumäne meint es nun mit diesem sehr ernst.

erweisen und nach Möglichkeit Schaden zufügen, jedoch nur einen Schaden, aus dem er selbst keinen Nutzen zieht. Er darf seine Ochsen nicht stehlen, aber wohl den Dieben in die Hände führen, seine Bäume abhauen, in seinem Hab und Gut Feuer anlegen oder ihn, zwar nicht hinterlistig, aber bei einer vorsichtig gewählten Gelegenheit erschlagen. Das ist nach der rumänischen Auffassung kein Verbrechen, sondern recht und billig, die That des Mannes, der seine Pflicht erfüllt. Andern Menschen gegenüber soll der Rumäne zuvorkommend sein; er soll ihnen alle diejenigen kleinen Dienste erweisen, die nur Mühe und Zeitaufwand kosten, so weit ihm selbst kein Schaden daraus erwächst und soweit seine Mittel es gestatten, ii dă mână. Er ist äußerst gastfreundlich, aber nur den Rumänen gegenüber; Fremden ist sein Haus verschlossen, und man treibt das in manchen Gegenden soweit, daß man dem Fremden sogar ein Glas Wasser versagt.*) Eines kann man aber bei jedem Rumänen voraussetzen: er ist für jeden Menschen, sei er ein Rumäne oder ein Fremder, ein Freund in der Noth, sofern er sich nicht zu exponieren braucht, und nur seine persönlichen Feinde dürfen nicht auf seinen Beistand rechnen. Wenn aber Einer in's Wasser fällt, da kann er lange um Hülfe rufen, bis sich ein Rumäne findet, der ihm nachspringt, und wenn sich ein solcher findet, so wird er von den Rumänen nicht gelobt, sondern für thöricht erklärt. Der Rumäne, dem es anbefohlen wird, geht blindlings in's Feuer, ohne darnach zu fragen, ob er darin zu Grunde geht oder nicht; aber wenn in einem rumänischen Dorf ein Haus brennt, so läßt man es ruhig abbrennen, und Jeder, der sich im brennenden Hause befindet, soll den Muth haben, mit Gottes Hilfe

---

*) Steht in Beziehung zu den Ansichten der Rumänen über Reinheit und Unreinheit. Die Mocanen sollen dagegen jedem Menschen gegenüber gastfreundlich sein; wahrscheinlich werden sie aber die Gefäße, aus denen der Fremde trinkt, zu den unreinen zählen.

sich zu retten. Gelingt es ihm nicht, so war es ihm so bestimmt gewesen, i-a fost data, und seinem Schicksal kann doch keiner entgehen.

>Fă-me, mamă, cu noroc,
>Şi-apoi mă aruncă'n foc.

Mache (gebäre) mich, Mutter, als einen Glücklichen und werfe mich dann in's Feuer, — sagt das Sprichwort, — d. h. ich würde doch nicht verbrennen, wenn ich ein Glückskind bin.

Leichtsinnig und indolent soll der Rumäne sein, wie Mancher behauptet. Der Rumäne legt aber den meisten Dingen nicht denselben Werth bei, wie andere Menschen es thun und muß darum diesen bald leichtsinnig, bald indolent erscheinen. Wahr ist, daß der Rumäne nur lebt, um des Lebens sich freuen zu können und so Kummer und Plage nach Möglichkeit meidet und in Folge seiner geringen Bedürfnisse auch leichter als Andere meiden kann. Hat er vier Ochsen, und gehen drei davon zu Grunde, so freut er sich des übriggebliebenen vierten; geht aber auch dieser vierte zu Grunde, so sagt er ruhigen Muthes: Un bou nu-l face pe om, ein Ochse macht den Menschen nicht, d. h. zu dem, was er ist.

Es wäre allerdings der Mühe werth, festzustellen, wie weit er in dieser Richtung geht; die Frage betrifft jedoch nicht den Charakter des Rumänen, sondern die eigenthümliche Weltanschauung, die sich auch in seinem Gesicht wiederspiegelt.

* * *

Sprache und Volkspoesie sind bei den Rumänen frisch und urwüchsig, wie Alles, was durch sich selbst entsteht und sich aus sich selbst entwickelt. Selbstverständlich meine ich nicht die geschriebene Sprache, an der Manches schief und unvernünftig ist, und auch nicht die rumänische Literatur, die sich noch im Werden befindet.

Die rumänische Sprache, limba romănă oder romănească, wird zur Gruppe der romanischen Sprachen gezählt. Ihr innerer Bau ist entschieden romanisch; ihre Lautregeln weichen jedoch stärker von denen der übrigen romanischen Sprachen ab, und ihr Wortschatz ist stark mit fremden, besonders slavischen Elementen gemischt.

Dialecte gibt es im Rumänischen nicht, und wären auch solche einst gewesen, so haben sie allmählich verschwinden müssen, da ungefähr seit dem ersten Erscheinen der Türken in Europa die Rumänen fortwährend hin und her gewandert sind. Dazu ist das Sprachorgan der Rumänen überall gesund und ihre Stimme durchgehends dieselbe, eine weiche Tenor-, selten Bariton- und nur höchst selten Baßstimme, ohne vollen Metallklang. Endlich sprechen sie, mit Ausnahme der Mozen, nicht allzu schnell, so daß man jeden Laut rein hört und besonders die Mitlaute, welche ein Wort schließen, voll ausklingen.

Es gibt jedoch keine abgegrenzte Gegend, ja im niederen Theil des Banates und auf der ungarischen Ebene sogar keine Ortschaft, die nicht ihre kleine Eigenthümlichkeit in der Aussprache der Mitlaute hätte.

Nach diesen Eigenthümlichkeiten, die an bestimmte Regeln gebunden sind, kann man bei den Rumänen drei verschiedene Mundarten — im rumänischen Sinn — unterscheiden: eine südliche, eine westliche und eine nördliche.

Man nennt die südliche auch die „archaische": sie ist die wohlklingendste der drei Mundarten und wurde seit jeher zur Grundlage der literarischen Ausbildung genommen. Ihre Lautregeln bei der Aussprache der Mitlaute sind ungefähr dieselben wie die der italienischen Sprache. — Archaisch spricht man heute an der Aluta, um Hermannstadt und bei den Mocanen, vorwiegend archaisch an den Kockel-Flüssen, um Hátszeg und im Banat, ausgenommen Banat-Komlos, wo man beinahe ganz archaisch spricht.

Die Mosen haben eine Mundart, in welcher die Mitlaute auch noch schärfer als in der archaischen klingen, und die nur in drei Punkten von dieser abweicht. Vor e und i wird bei den Moßen das f als eine Art hie und das v als eine Art dschi ausgesprochen: hiier (hiiär) statt fer (fär, Eisen) und djierme (dschärme) statt verme (wärme, Wurm). Beide Laute sind so scharfe Zischlaute, daß kein Rumäne das „Fire-ar fi vița de vie pe hoanca de la Vidra" des Moßen auszusprechen im Stande ist.*)

Außerdem sprechen die Moßen das n zwischen i und e als r aus: bire statt bine (gut).**)

Diese Lautänderungen sind nun eine Eigenthümlichkeit der nördlichen Gruppe, wenn auch an der Szamos, in der Marmaros und in der Bukowina das hie und das dschi nicht annähernd so scharf wie bei den Moßen ausgesprochen wird.

Eine andere Eigenthümlichkeit der nördlichen Mundart ist die Aussprache des c vor e und i als ein scharfes ș, sch, also statt cină (tschine, Abendmal) șină (schine) und statt ceară (tschcäre, Wachs) șiară (schiare) zu sagen. Diese Lautänderung kommt, soviel ich mich erinnern kann, selten an der Szamos vor; ich fand sie jedoch auch in einigen Ortschaften der ungarischen Ebene.

---

*) „Wäre nur die Weinrebe auf dem Bergabhang von Bibra." Der Satz gilt für eine sprachliche Probe, die nur der Moße bestehen kann. „Hoancă" bedeutet Bergabhang; das Wort wird nur bei den Moßen gebraucht.

**) Eine Lautänderung, die in der Bukowina selten, doch häufig in der Moldau vorkommt; sie gehört zu den Eigenthümlichkeiten der Mundart, welche die Rumänen in Istrien sprechen. S. Joan Maiorescu, „Itinerar in Istria și Vocabular istriano-român". Din manuscripte postume. Jași. 1874.

In der westlichen Mundart wird, vor e und i, das b zuweilen, das d durchgehends und das gh immer als dj (das ungarische gy), das n immer als nj (ungarisch ny), das t immer als tj (ungarisch ty) und das p hie und da als ptji und tji ausgesprochen. Alle diese Lautänderungen sind auch in der nördlichen Mundart üblich und sogar allgemeiner als auf der ungarischen Ebene.*) Sie sind seltener an den Kockel=Flüssen und im Banat, ganz selten an der Aluta und bei den Motzen fehlen sie gänzlich.

Was den Wortschatz anbelangt, ist er durchgehends derselbe bei allen Rumänen.**)

Die allgemeinen Begriffe Welt (lume), Gott (zeu, Dumnezeu), Religion (lege), Mensch (om), Thier (victate), Pflanze (ierburi) und die zu ihrer Sphäre gehörenden primitiveren Unterbegriffe werden bei allen Rumänen mit denselben beinahe ausschließlich romanischen Worten benannt.

Romanisch sind auch die Worte für die Benennung der Minerale und der primitiven Begriffe, die sich auf Haus, Familie und Hirtenleben beziehen.

Begriffe jedoch, die das Bauernleben betreffen und überhaupt ein vorgeschritteneres Stadium der socialen Entwicklung voraussetzen, werden mit nichtromanischen und zwar vorwiegend slavischen Worten benannt.

Diese nichtrumänischen Worte sind entweder solche, die seit jeher in der rumänischen Sprache vorhanden waren und von allen Rumänen gebraucht werden, oder solche, die erst später übernommen wurden, nicht zahlreich vertreten und nicht bei allen Rumänen dieselben sind.

---

*) Besonders in Bessarabien.
**) Die Motzen allein haben eine größere Anzahl von Wörtern, die von anderen Rumänen nicht gebraucht werden.

Die Rumänen haben sich nur selten für neue Begriffe oder für die ihnen früher unbekannten Sachen eigene Worte gebildet, sondern sie haben das Wort desjenigen Volks übernommen, durch dessen Vermittlung ihnen die Sache oder der Begriff übertragen wurde. So haben sie z. B. für „Vorhang" gegen Westen das von den Magyaren übernommene Wort „firhong" und gegen Süden das türkische „perdea".

Sehr viele dieser von verschiedenen Völkern angenommenen Worte werden nun allgemein, so daß die Rumänen oft für denselben Begriff mehrere Worte haben, ein romanisches und ein fremdes oder mehrere fremde zugleich. In solchen Fällen bedeutet jedes der Worte nur immer einen Theil des Begriffs oder eine Ableitung vom ursprünglichen Begriff. So hat nun der Rumäne für „Arbeit" die Worte: lucru, muncă, robotă und clacă; lucru ist die angenehme Arbeit, muncă die mühevolle, robotă die zwangsweise und clacă die unentgeltlich geleistete. Gegen Süden, wo das Wort robotă nicht gebraucht wird, ersetzt man es mit clacă.

Ebenso hat man für „reich" die allgemein üblichen Worte avut, cu stare und bogat: avut für „vermögend", cu stare besonders für „viehreich" und bogat für „stockreich" und für die Abstractionen. Gegen Norden hat man auch noch das Wort chiabur für „Bauernwohlstand".

Dasselbe gilt nun für alle Theile menschlichen Denkens; immer wieder finden wir im Rumänischen verschiedene Worte, die ursprünglich dieselbe Bedeutung hatten und heute für verschiedene Auffassungen desselben Begriffs gebraucht werden.

Ein Beispiel soll zuletzt noch angeführt werden. Man hat im Rumänischen für „Meister" drei Worte: măiestru, meșter und maistor, also dasselbe Wort aus der lateinischen, dann aus der magyarischen und zuletzt aus der deutschen Sprache übernommen. Măiestru, zweifellos das älteste der drei Worte, bezieht sich auf Kunst und hat im Allgemeinen eine edle Bedeutung, meșter ist der geschickte Gewerbemann, gewöhnlich der Werkführer und maistor oder meșteșugar der ganz gemeine Schuster. Făcut cu maiestrie bedeutet „kunstgerecht", meșteșugit aber „gekünstelt".

So nun, wie in diesem Falle, werden die älteren Worte in allen Fällen immer auf den edleren Theil des Begriffs angewendet, und je älter das Wort ist, desto schwungvoller klingt es, desto größer ist seine intuitive Wirkung und desto fester haftet es in der rumänischen Sprache.

Worte dagegen, die erst in neuerer Zeit übernommen wurden und nicht allgemein gebraucht werden, haben durchgehends einen concreten und sehr oft auch nicht ganz genau bestimmten Sinn; sie werden darum auch mit einigem Zagen gebraucht und mit Vorliebe beseitigt, sobald sich andere, den Lautbedürfnissen des Rumänen mehr entsprechende Worte finden. So wird z. B. das angeführte Wort perdea das für den Rumänen zu dumpfe „firhong" verdrängen und allgemein werden. Derartige Worte sind unbedingt zu den Fremdwörtern zu zählen.

Der Wortschatz der rumänischen Sprache wurde in neuerer Zeit von A. von Cihac gesammelt und in zwei Bänden veröffentlicht, der erste für die romanischen, der zweite aber für die nichtromanischen (slavischen, magyarischen, türkischen, neugriechischen und albanesischen) Elemente.*) Die werthvolle Arbeit des Herrn von Cihac bezieht sich jedoch auf die Schriftsprache der Rumänen, und hat somit für diesen Aufsatz nur eine Bedeutung, soweit das

---

*) „Dictionaire d'etimologie Daco-Roumaine." Elémėnts slaves, magyars, turcs, greco-moderne et albanais. Par A. de Cihac. Frankfurt am Main. Ludolphe St. Goar, 1879. 8°. — Elémėnts latins. Daselbst, 1870. — Der erste Theil.

gesprochene Rumänisch mit dem geschriebenen übereinstimmt. Es wird nämlich angegeben, wo jedes der gesammelten Worte gelesen wurde, nicht aber ob und wo es gesprochen wird. Die im ersten Band enthaltenen Worte sind nun, mit Ausnahme einiger sehr wenigen, allgemein gebraucht; die Worte jedoch, die im zweiten Band enthalten sind, können nicht zur Hälfte als rumänische angesehen werden; es sind Worte, die nur selten und nur in manchen Gegenden gebraucht werden, dann Worte, die überhaupt nicht mehr im Gebrauch sind und endlich Worte, welche das Volk selbst nie gebraucht hat und deren Bedeutung nur den Schriftkundigen einer bestimmten Zeit, oder einer bestimmten Gegend geläufig war.

Es gab bisher nur äußerst wenige rumänische Schriftkundige, die während ihrer Ausbildung an fremden Lehranstalten nicht den Sinn für die Eigenthümlichkeiten ihrer Muttersprache verloren haben. Wollten sie schreiben, so fanden sie oft das richtige Wort im Rumänischen nicht und nahmen ein fremdes in ihre eigene Sprache auf, weil sie sich nicht mehr daran erinnerten, daß dort, wo es dem Rumänen an einem Worte fehlt, er seine Redewendung hat, welche den Zauber des rumänischen Styls ausmacht und den Gedanken mit einer wunderbaren Klarheit wiedergibt, wie: iau a minte, ich nehme es in's Bewußtsein, statt percipio, — imi aduc a minte, ich bringe es mir zum Bewußtsein, statt meminiscor, — fără de veste, ohne eine Kunde davon erhalten zu haben, statt „überraschend", — om cu dare de mănă, ein Mensch mit gabefähiger Hand, statt „wohlhabend", — ce-i, cum şi pentru-ce, was, wie und warum, statt „Sachverhalt", — und unzählige Redewendungen, die nicht bloß den Gedanken, sondern auch seine logische Gliederung anschaulich machen.

Die sprachlichen Ansprüche, die an den Rumänen gestellt werden, sind aber auch ungewöhnlich groß. Jeder Mann von guter Art, om de bună cuviinţă, weiß die Worte anzupassen, ştie să potrivească vorbele und ist daran zu erkennen, daß er ruhig spricht, die Worte richtig anbringt und nur höchst selten Gesten macht. Diejenigen, welche beim Reden mit den Händen herumfuchteln und eine lebhafte Mimik zur Schau tragen, werden verlacht; es heißt, sie kennen die gute Art nicht. Ştie se potrivească vorbele bedeutet jedoch noch mehr als dieß, nämlich die Gewandtheit in der Anführung von Citaten. Der Vornehme darf bei festlichen und überhaupt bei ernsten Gelegenheiten nicht anders als in pilde, andeutungsweise, sprechen; ja nicht einmal der ganz gemeine Mann sagt bei solchen Gelegenheiten ohne Umschweif dasjenige, was er meint, sondern gebraucht Redensarten und führt Beispiele an, die einem die Sache begreiflich machen, il face se priceapă lucrul, ohne sie gerade zu nennen, fără-ca să-i zică pe nume. Sagt Einer etwas, so ziemt es sich, daß er auch das Wie und Warum der Sache mittheile. З. B. „er steht": wie? der Rumäne setzt immer hinzu: wie auf Feuer und Kohlen, wie der Zigeuner auf dem Eise, wie ein in die Mauer geschlagener Nagel, wie ein in die Erde gerammter Pfahl, wie ein auf dem Pfahl gespickter Rabe oder wie der Kukuk im Walde. Dann folgt ein „denn" und darauf ein Sprichwort oder ein Wort, welches an eine analoge und allgemein bekannte kleine Geschichte erinnert.

Diese Redensarten, die Sprichwörter und die an eine Geschichte erinnernden Wörter (wie se ţine de cătră pădure, fuge măncând pămênt, caută peşti pe brazdă u. a. dgl.) nennt der Rumäne vorbe; versteht einer das Wort nicht, so fragt er: cum vine vorba asta, wie kommt dieses Wort, wie paßt es zu den übrigen oder unde bate vorba asta, wo schlägt (zielt) dieses Wort hinein? Darauf wird die povestea vorbei, des Wortes Geschichte erzählt.*) Es gehört somit zur guten Art, die Frage auch dann zu stellen, wenn man die Geschichte kennt.

Diese vorbe sind der primitivste Theil der rumänischen Volkspoesie; sie werden bei allen Rumänen gebraucht, und jeder, der auf allgemeine Achtung Anspruch macht, muß sie kennen, sein diesbezügliches Wissen stets gegenwärtig haben und richtig anwenden. Es sind dies die „geflügelten Worte" des Rumänen.

Eine eigene Art der vorbe sind die vorbele șagalnice oder de șagă, scherzhafte Worte, zu welchen ich auch die Räthsel, ghicituri, cimilituri, rechne.

Bei den Rumänen wird noch immer die Anforderung gestellt, daß der Scherz sich reime oder zum mindesten in rhythmisch klingenden Worten abgefaßt werde, in welchem Fall mit einem Reim darauf zu antworten ist; sonst heißt es, daß der Scherz nicht passe, nu se potriveste, b. h. ungereimt sei.

Noch weniger ziemt es sich, anders als in Reimen einem Mädchen oder einer Frau den Hof zu machen. Diese Reime, eine Art Schnaderhüpfel, werden im Allgemeinen vorbe dulci, beim Tanz aber chiote und descânteee genannt.

Der Rumäne soll sich beim Tanz ruhig und artig verhalten und solche Reime hersagen, die seiner Tänzerin schmeicheln, sie neckisch berühren und überhaupt die Gesellschaft unterhalten. Es sind meistens allgemein verbreitete Paar-Reime, die nur nach dem Tacte der Musik mit lauter Stimme hergesagt, aber nie gesungen werden; sie beziehen sich immer auf eine bestimmte Person, die jedoch gewöhnlich nicht genannt wird, und müssen somit gut auf dieselbe passen. Oft sagt auch der Eine den einen Vers und

---

*) In Rumänien werden diese kleinen Geschichten snoave genannt; in Siebenbürgen ist jedoch der Ausdruck unbekannt.

der Andere gibt den Reim dazu, oder sie werden im Chor gesprochen.*)

Alle diese Reime sind, wie das Lied der Rumänen, die Doina, in vierfüßigen Trocheen abgefaßt, das Versmaß, welches mit dem Grundtacte der rumänischen Musik übereinstimmt.

Die Doina, auch cântec, ist ein lyrisches Gedicht, welches immer gesungen wird und nur höchst selten einen lustigen Inhalt hat.

Die Doina, wie überhaupt die rumänische Volkspoesie, erfordert, daß die einleitenden Worte, also bei der Doina das erste Vers-Paar, den Grundgedanken des Gedichtes enthalten. Das Lied wird somit gewöhnlich mit den Worten „Frunză verde...", grünes Blatt, eingeleitet, worauf eine Pflanze genannt wird, die in symbolischer Beziehung zum Gegenstand desselben steht, z. B. Frunză verde — trandafir, Rose, — lemn uscat, trockener Baum, — mărăcini, Distel u. s. w. Oder es wird ein Vogel genannt, der ebenfalls eine symbolische Bedeutung hat, wie der Kukuk, der immer die Scheidung, die Einsamkeit bedeutet, oder die Turteltaube, das Symbol der Liebe

---

*) Es gibt darauf bezügliche Sammlungen: I. Im Deutschen: Dr. J. Urban Jarnik, „Sprachliches aus rumänischen Volksmärchen". Wien, 1877.

II. Im Rumänischen: 1. J. C. Hințescu, „Proverbele Românilor". Über 3000 durchgehends genau gesammelte Sprichwörter. Sibiu. Closius, 1877. — 2. Anton Pann: a) „Povestea vorbei". III Bände. București, 1852—1853. 8°. — b) „Fabule și istorioare". II Bände. București, 1841. c) „Șezătoarea la țară". II Bände. București. 1852. Alle diese lyrisch. — 3. „Românul Glumeț". I. Theil. București, 1874. II. Theil fehlt. — 4. „Snoave." (P. Ispirescu?) București. II. Ed. 1879. — 5. „Cornicea satelor." București, 1875. — 6. P. Ispirescu, „Pilde și Ghicitori." București, 1880. — 7. G. Baronzi, „Limba română și tradițiunile ei." Galați. II. Ed. 1872. Von Seite 40 bis Seite 71. — 8. B. Alexandri, „Poesii populare ale Românilor". București, 1867, S. 392. G. Dem. Theodorescu „Cercetări asupra proverbelor române." București, 1877.

und der Sehnsucht. Geschieht weder das Eine, noch das Andere, so müssen die ersten zwei Verse den Grundgedanken des Liebes enthalten, z. B.

> Jelui-m'aşi şi n'am cui,
> Jelui-m'aşi codrului . . .

(Ich möchte klagen und habe nicht wem, Ich möchte dem Walde klagen.)

Oder:

> Duce m'aşi cu luna'n nor,
> Dar' nu pot d'al mândrei dor . . .

(Ich möchte mit dem Mond in die Wolken ziehen, aber die Sehnsucht der Liebe hält mich zurück.

Oder:

> Mărita m'aşi mărita,
> Dacă badea m'ar lua . . .

(Wohl möchte ich heiraten, wenn mein Geliebter mich nähme . . .)

Oder:

> Zise mândra cătră mine:
> Mě mărit, te las pe tine . . .

(Meine Geliebte sagte mir: ich heirate und verlasse Dich.)

Die Doina ist bei allen Rumänen dieselbe, und im Banat werden ungefähr dieselben Lieder wie in der Bukowina gesungen. So habe ich auf der ungarischen Ebene das Lied vom Dniester, Nistrule, rîu blestemat, Dniester, du verfluchter Fluß, gehört, worin das Schicksal der von den Tataren abgeführten Frauen besungen wird.

An die Doina reiht sich die Ballade, bei den Rumänen, soviel ich weiß, nur cântec, das Lied, genannt; aber es wird immer zugesetzt, weſſen Lied, alſo cântecul lui Gruia, cântecul lui Horia, cântecul lui Jancu u. ſ. w. Es werden in dieſen Liedern die Thaten von rumäniſchen Helden oder berühmten Haiducken beſungen; andere ſind legendariſchen Inhalts und nur wenige fremden, nämlich ſerbiſchen Urſprungs. Auch bei dieſen wird der Inhalt in den erſten Verſen angegeben. So wird z. B. das Klagelied des Jancu mit den Verſen eingeleitet:

> Pe drumul d'Aradului
> Paşte murgul Jancului
> Cu căpăstrul in picioare
> Şi cu şeaua pe subt foale . . .

(Auf der Araber Landſtraße weidet der Rappen des Jancu, mit den Zügeln in den Füßen und dem Sattel unter den Bauch.)

Der Bau der Ballade iſt jedoch ganz verſchieden von dem der Doina: es iſt ein epiſches Gedicht, worin Fragen, Dialoge und Beſchreibungen nie fehlen dürfen. Auch ſind die Verſe zuweilen kürzer oder länger wie bei der Doina.

Die Balladen werden gewöhnlich nicht geſungen, ſondern ganz einfach hergeſagt. Werden ſie geſungen, ſo wird der Singende immer von einer Violine oder von einer Hirtenflöte, fluier, begleitet. Balladen zu ſingen gehört nicht zur guten Art: ſie ſind eine Apanage der Bettler, beſonders der Blinden, orbeţi, welche dieſelben auf Märkten ſingen, wobei die Blindenführer, vodeţi, die Violine dazu ſpielen.*)

---

*) Darauf bezügliche Sammlungen: I. Im Deutſchen: 1. W. v. Kotzebue, „Rumäniſche Volkspoeſie". Berlin, 1857. 16°. 178 Seiten, überſetzt nach B. Alexandri, mit Ausnahme einiger Seiten. — 2. Rumäniſche Dichtungen, deutſch von Carmen Sylva, herausgegeben von Mite Kremnitz. Leipzig, 1881, 8° (Friedrich). — 3. K. Schuller, a) „Rumäniſche Gedichte und Sprichwörter" ꝛc. Hermannſtadt, 1852. 8°. b) „Rumäniſche Volkslieder".

Ganz in epischer Weise wie die Ballade, wird auch das Märchen, povestea, bei den Rumänen vorgetragen.

Die Form ist zwar eine prosaische, aber es gibt in jedem Märchen stereotype Stellen, die überall mit denselben gereimten oder zum mindesten rhythmisch lautenden Worten erzählt werden, und Jeder, der das Märchen hersagen will, muß diese Stellen kennen.

Außerdem hat das Märchen eine bestimmte Gliederung, die genau eingehalten werden muß.

Die Einleitung beginnt immer mit den Worten: A fost, ce-a fost; dacă n'ar fi fost, nici nu s'ar povesti: (es war, was gewesen war; wäre es nicht gewesen, würde es nicht erzählt.) Darauf folgen einige stereotype lustige Verse, das allgemein übliche „Es war einmal" und der Sachverhalt, welcher mit der klaren Darstellung der vom Märchenhelden zu lösenden Aufgabe schließt. Dieser Theil des Märchens wird immer in einem erzählenden, scherzenden Ton vorgetragen.

Hermannstadt, 1869. 8°. Beide letzteren beziehen sich auf Siebenbürgen; andere Arbeiten desselben Autors betreffen mehr die Walachei.
II. Im Rumänischen: 1. B. Alexandri, a) „Poesiile populare ale Romănilor". Bucureşti, 1867. b) Opere complecte. Bucureşti, 1875. I. Band „Doine şi Lăcrimioare." — 2. M. Pompiliu, „Balade populare romăne". Jaşi, 1870. 8°. Kleine Broschüre, aber sehr genau, aus Ungarn und aus Siebenbürgen gesammelt. — 3. Simeon Florian Marian, „Poesii populare Romăne". Cernăuţi, 1873. Bisher zwei kleine Bände erschienen. I. Ballade. II. Doine şi Hore. Sehr gut, besonders aus der Bukowina gesammelt. — 4. T. T. Buraba, „O călătorie in Dobrodja". Jaşi, 1880. Werthvolle Studien über die Mocanen. — 5. Dr. At. M. Marianescu, Balade II. B. Viena, 1867. Besonders aus dem Banat, doch nicht ganz genau gesammelt. — 6. Anton Pann, Spitalul Amorului. VI Bände, 16°/₀ ziemlich frei bearbeitet. — Außerdem finden wir Doinen und Balladen zerstreut in den drei rumänischen periodischen Blättern: „Convorbiri literare", Jaşi, XIV Jahrgänge. Redacteur J. Negruzzi. — „Familia", Pest (Großwardein), XVIII Jahrgänge. Redacteur Josef Vulcan, und „Albina Carpaţilor", Hermannstadt, Redacteur J. Popescu. IV Jahrgänge; erscheint nicht mehr.

Der zweite Theil ist das eigentliche Märchen, er wird mit epischer Lebhaftigkeit vorgetragen. Die Aufgabe, die der Held zu lösen hat, ist schwer. Es müssen zum mindesten drei verschiedene Schwierigkeiten von ihm beseitigt werden; daher kommt die Redensart cu una, cu doue nu merge, mit einem, mit zweien geht es nicht. Tritt auch noch eine vierte Schwierigkeit auf, so muß der Erzähler schon deren sechse kennen, und zwar müssen die drei letzteren Schwierigkeiten größer als die ersten sein. Es können noch sieben, neun und zwölf, aber nie mehr als zwölf Schwierigkeiten in einem Märchen vorkommen. — Je drei Schwierigkeiten machen dann einen Cyclus aus, der mit einem stereotypen Spruch und mit den Worten schließt: „Doch manches hatte noch der — Held — auszustehen und das Märchen ist noch nicht zu Ende."

Der Schluß ist immer knapp; aber der Erzähler macht einen meistens stereotypen Apolog dazu, der mit den Worten „ich war auch dabei" eingeleitet wird. Schließt das Märchen mit einer Hochzeit, so beschreibt er die Gäste, die dabei waren, die Speisen, die aufgetischt wurden, und überhaupt Alles, was er an Herrlichkeiten dort gesehen hat. „Endlich, — sagt er zuletzt, — als ich nach Hause kam, brachte ich einen Topf voll Suppe mit, und als ich beim Hans, den Kahlen, den Ihr alle kennt, vorüber kam, sprangen seine Hunde auf mich zu, und wie ich mich so wehrte, goß ich ihm die heiße Suppe über den Kopf u. s. w."

Diesen Anforderungen kann nun nicht jeder entsprechen, und so gibt es bei den Rumänen povestitori, Erzähler von Ruf, und nur diese können ein Märchen richtig erzählen.

Der Inhalt des Märchens, basmul, ist dem gemeinsamen Märchenschatz der europäischen Völker entnommen; er macht jedoch einen Theil des Volksbewußtseins aus, da er im Allgemeinen für wahr angesehen wird.

Verschieden von diesen sind die lustigen Märchen über **Pepelea** oder **Păcală**, den schalkhaften Kauz der Rumänen, über **Joanea Mamei**, Mütterchens Hans, und **Petrea Prostul**, Peter den Dummen, der immer Glück hat. Diese sind nichts weiter als märchenhafte Anecdoten, die über eine und dieselbe volksthümliche Figur erzählt werden. Man fängt gewöhnlich mit den Worten an: „Es gieng einst Păcălă" und sagt Alles, was man über Păcălă weiß. Oft schiebt man dem armen Pepelea Sachen in die Schuhe, die auf ihn gar nicht passen. Natürlich wird ein Erzähler von Ruf dieses nie thun, da er immer weiß, was zusammengehört.*)

Außer diesen allgemeinen Arten volksthümlicher Poesie gibt es noch eine lange Reihe von Gelegenheits-Gedichten, welche mit den Traditionen des rumänischen Volks zusammenhängen. Es sollen hier nur die wichtigsten Arten aufgezählt werden.

1. **Colinde**, Lieder halbreligiösen Inhaltes, die am Weihnachtsabend gesungen werden. Die **Colindătorii**, zum mindesten vier an Zahl, ziehen im Dorfe herum, bleiben hie und da bei einem Fenster stehen und leiten die Colinde mit den Worten ein:

> Florile s'dalbe;
> Bună seara lui Crăciun!

Weiß sind die Blumen; guten Weihnachtsabend!

Werden sie eingeladen in's Haus und Angesichts des Tisches, **poftiți in casă, la fața de masă**, zu treten, so

---

*) Märchen-Sammlungen. I. Im Deutschen: 1. Arthur und Albert Schott, „Walachische Märchen". Stuttgart und Tübingen, 1845. Besonders aus dem Banat. — Die Sammlung ist nicht empfehlenswerth, da diese Märchen keine rein rumänischen Versionen sind. — 2. J. K. Schuller, „Über eine merkwürdige Volkssage der Rumänen". Hermannstadt 1857.

II. Im Rumänischen: 1. P. Ispirescu, „Legende sau basmele Romănilor". Bucuresți. I. Band, 1872. II. Band, Nr. 1—2, 1872, 1874. — 2. J stellen sie sich gewöhnlich mit den Worten vor: „Wir sind unserer Zwei; der Dritte blieb mit dem Sack in der Vorhalle, und der Vierte steht an der Schwelle und schützt uns gegen die Hunde." Die zwei Letzteren, cel cu sacul und cel ce-i apără de câni, dürfen, soviel ich weiß, nie fehlen.

Die Colinde, die weiter gesungen werden, sind mythologischen Inhalts und stehen gewöhnlich in gar keiner Beziehung zum Weihnachtsabend. Zum Schluß werden sämmtliche Mitglieder der Familie mit Reimen bedacht, die theils Lobsprüche, theils Neckereien enthalten, und beim Abschied bekommen die Colindătorii einen Schluck Wein, eine geschlingelte Wurst, un cârnat incorlibat, und Blutwürste von der dickeren Sorte, cartaboși de cei mai groși. Es gehört so zur guten Art der Jugend, am Weihnachtsabend bei geachteten Familien die Colinda zu singen.*)

2. Die Turca oder Brezaia geht zu gleicher Zeit mit den Colindătorii herum, jedoch mit Musik, gewöhnlich einem Dudelsack, und tanzt die Gassen entlang. Einer der Burschen nimmt einen langen Mantel, eine Art Domino, um, der oben in einer Maske, immer einem Thierkopfe, endet: dieses ist die eigentliche Turca, die nach der Musik tanzt und mit dem Schnabel den Tact schlägt. Die Tänze, die von den mit der Turca herumgehenden Burschen aufgeführt und die Lieder, die

---

C. Fundescu, „Basme, Poesii, Păcălituri și Ghicitori". Ed. III. București, 1875. — 3. Th. M. Arsenie, „Basme și istorii populare". Ed. II. București, 1874. — Dann zerstreut in den Convorbiri, VI. bis XII. Jahrgang. — K. Stamati, Povestea Povestilor, Iași, 1843, ist frei bearbeitet. — C. Negruzzi, Scrierile lui. I Band, S. 81.

*) Colinda-Sammlungen: 1. J. Karl Schuller, „Colinda". Hermannstadt, 1860. 2. Dr. At. M. Marianescu, „Colinde". II. Ed. București, 1861. I. Ed. besser, wenn auch lyrillisch. Pesth, 1859. 3. T. T. Burada, in der oben citierten Arbeit über die Dobrudja. 4. P. Băncilă, „Colindele Crăciunului și ale Paștilor etc." Hermannstadt. 5. G. Dem. Teodorescu, „Noțiuni despre Col. Românilor". București, 1879.

von ihnen gesungen werden, sind ganz eigenthümlich und besonders die Letzteren immer lustig und zuweilen voll von anstößigen Redensarten.

Die Turca geht Tag und Nacht, so lange die Feiertage dauern, herum, und jagt, wie die Redensart lautet, den Mädchen nach und treibt die Frauen zusammen, gonesţe fetele şi adună nevestele.*)

3. Cântece de Irozi. Diese sind der traditionelle Text für die rumänischen Fastnachtsspiele, also Chöre und Dialoge für den Irod (Herodes) und die drei Könige, die zu ihm geführt werden, dann für die Marionetten-Vorstellung, womit das Ganze schließt und worin Rahila (Rachel) mit ihrem Kind, ein Hirt, ein Handelsjude, der Pope und der Teufel die Hauptrollen spielen.

4. Cântece de stea, Chöre und Text für die Jungen, die mit dem „heiligen Stern" herumgehen.**)

5. Plugul, der Pflug, ist ein Lied oder vielmehr eine Reihe von losen Strophen, die am Neujahrstag gesungen werden. Größere Knaben und Burschen ziehen lärmend die Gassen entlang; jeder von ihnen hat eine Peitsche oder eine kleine Glocke, und nach jeder Strophe schreien sie „Hi ho!" knallen mit den Peitschen und schwingen die Glocken, als trieben sie den Ochsenzug, der dem Pflug vorgespannt ist.***)

6. Cântece de paparugă, Lieder, welche am dritten Donnerstag nach Ostern oder auch bei andauernder Dürre von tanzend

---

*) In der Bukowina nennt man die Turca gewöhnlich capra und bei Kronstadt cleampa.

**) Darauf bezügliche Sammlungen: 1. Anton Pann, „Cantece de stea", Bucureşti, 1852. 2. Cantece de Jorozi, Braşov (Hinţescu?). II. Eb. 1872. 3. Versuri san cântece de stea. Bucureşti, 1878.

***) Plugu-Strophen zu finden bei: 1. B. Alexandri, „Poesiile populare ale Romănilor", S. 387, 102. 2. G. Dem. Teodorescu, „Incercari critice asupra unor credinţe, datine şi moravuri" etc., S. 59. 3. T. Burada, S. 30.

herumziehenden Mädchen gesungen werden. Die Paparugă-Mädchen sind mit Blumen und allerlei grünem Laub reich geschmückt und werden überall, wo sie erscheinen, mit Wasser bespritzt; die Tänze, die sie aufführen, und die Lieder, welche von ihnen gesungen werden, sind besonders schamlos, und darum geben sich in manchen Gegenden nur Zigeunerinnen dazu her.

7. Cântece de nuntă, Hochzeits-Gedichte, gibt es bei den Rumänen sehr viele; sie werden jedoch nicht gesungen, sondern ganz einfach hergesagt. Es sind Einladungen, Trinksprüche, Glückwünsche, Texte für die Ausrufer der Ehrengaben, Verherrlichungen des Brautkranzes, cununa, Alles in einem heiteren und besonders höflichen Tone gehalten.

Dazu könnte man auch die cântece de cumetrie rechnen, welche die Freude über den Neugeborenen zum Gegenstand haben, also das — mir unbekannte — Lied der Feen, cântecul ursitelor, und die beim Fest der „Haarschneidung", „tăiarea moţului", üblichen.

Am dritten Tag nach der Geburt werden nämlich bei den Rumänen die drei Feen, ursitele, erwartet, die das Schicksal des Neugeborenen zu bestimmen haben; man setzt ihnen auf einem reingedeckten Tisch allerlei Speisen und eine gewisse Summe Geldes vor, um sie gut zu stimmen, und sagt dabei auch das Lied her, worin ihre Macht gepriesen wird. Die Gaben gehören dann der Hebamme, moaşa, welche bei den Rumänen immer auf eine besondere Achtung Anspruch macht.

Am Tage, an dem das Kind das dritte Jahr seines Lebens beschließt, wird dann die „Haarschneidung" vorgenommen. Der Pathe schneidet mit einer Scheere, die immer neu sein soll, die Haarflechte, moţul, des Kindes ab, bricht einen Kuchen, turta, über seinem Kopf entzwei und gibt ihm bei dieser Gelegenheit ein bedeutenderes Geschenk, überhaupt Etwas, was für's ganze Leben bleibt, gewöhnlich ein Hausthier von guter Zucht, o prăsilă bună. — Im Hause der Eltern gibt es an diesem Tag einen großen Tisch, masă mare, wobei die Musik nie fehlen darf.*)

8. Descăntece, Zaubersprüche. Diese sind bei den Rumänen äußerst zahlreich und verschieden, gewöhnlich Familien-Geheimnisse, welche die Mutter oder der Vater dem Kinde nur mit sterbender Zunge, cu limbă de moarte, anvertrauen soll, sonst verlieren sie ihre Wirkung. Sie beziehen sich auf Krankheiten, sowohl der Menschen, wie auch der Hausthiere, jede Krankheit hat ihren eigenen Descăntec, dann auf Unternehmungen, Liebe, Glück oder Unglück, überhaupt auf Alles, was dem Menschen in dieser Welt begegnen kann. Die meisten sind mit bestimmten Gesten und mit symbolischen Handlungen verbunden. Diejenigen, welche in dieser Zauberei die gehörige Fertigkeit haben, heißen bei den Rumänen vrăjitori und vrăjitoare und gelten für Menschen, die sowohl mit den guten wie auch mit den bösen Geistern in Beziehung stehen. Ihr Ansehen ist oft sehr groß, und ich kannte einen Popen, popa de la Tălagiŭ, der, als vrăjitor, so berühmt war, daß Kranke und Unglückliche aus einer Entfernung von drei Tagereisen zu ihm wanderten und sich beklagten, daß sie Tage lang warten müßten, bis die Reihe an sie käme.**)

---

*) Sammlungen: 1. „Oraţii ţinute la nunţe ţărăneşti", Sibiiu., 1867. 2. Oraţii. Bucureşti, 1879, zum großen Theil aus 1. nachgedruckt. 3. P. Băncilă, „Colindele" etc. — şi colăcăritul şi vornicitul" etc. Hermannstadt, 1872. — Colăcari nennt man die Burschen, welche vor der Hochzeit, in der Früh, beim Hause der Braut erscheinen und um sie bitten, wobei ein Scheinkampf mit den Angehörigen der Braut entsteht; — vornici oder vornicei sind die Ausrufer.

**) Sammlungen von Descăntece bei B. Alexandri, Buraba (S. 269). Buciumul Român (Jaşi. Cobrescu). II. in den „Convorbiri literare" und in der „Albina Carpaţilor".

9. **Bocete**, Klagelieder, die von eigens dazu bestellten Klageweibern gesungen werden und immer an den Verstorbenen gerichtet sind, ja ihm sogar in die Ohren gesungen werden.*)

In Ungarn, in Siebenbürgen und im Banat, wo das Wort **bocire**, Wehklagen, nicht gebraucht wird, heißen auch diese Lieder nicht bocete, wie in der Bukowina: man sagt hier — il plânge, beweint ihn, îl cântă, besingt ihn, und sonderbarerweise am häufigsten — îl descântă, singt ihm das Lied.

Das Wort „descântă" wird im Rumänischen immer gebraucht, wenn man sagen will, daß die Worte, die der Eine spricht, eine bestimmte Wirkung im Andern, dem sie gesprochen werden, hervorrufen. Descântece sind die Zaubersprüche, die galanten Reime, die der Tänzer seiner Tänzerin widmet, und das Lied, welches dem Todten in die Ohren gesungen wird. Darum sagt man aber auch im Rumänischen i-a cântat la urechiă, er hat ihm in's Ohr gesungen, wenn es Einem trotz vieler Mühe nicht gelingt, Jemanden Etwas einzureden. Die Bocete sind der letzte Versuch, dem Verstorbenen das Leben einzureden; man ruft ihn zurück; man erinnert ihn an Alles, was ihm das Leben werthvoll machen kann und man wiederholt unaufhörlich die Mahnung: „Lasse dich nicht verleiten! gib Acht! du wirst betrogen!"

Die Bocete hängen mit den allgemeinen Anschauungen des Rumänen über Leben und Tod zusammen, die hier, leider, nicht näher erörtert werden können; der Gedanke, der ihnen zu Grunde liegt, ist der, daß der Todte Alles hört und versteht und daß nur ein mächtiger Wille dazu gehöre, um die erstarrten Glieder in

---

*) Bocete-Sammlungen bei Burada, S. 261—264, und von demselben in den „Convorbiri literare", XIV. Jhg. — Vier davon in ausgezeichneter Übersetzung von George Allan, in dem „Magazin für die Literatur des Auslandes". 49. Jhg., Nr. 38, 18. Sept. 1880.

Bewegung und das Blut in Wallung zu setzen; denn die Seele, sufletul, bleibt auf und verweilt nicht etwa im Himmel oder in der Hölle, sondern in dieser Welt, wo sie herumgeht, mit anderen Seelen verkehrt, an Freud und Leid der am Leben Gebliebenen theilnimmt und auch bestimmte Bedürfnisse hat, welche von diesen befriedigt werden müssen.

Es wird dem Sterbenden ein brennendes Licht in die Hand gegeben, das Symbol des körperlosen Daseins, und es gibt für den Rumänen keinen fürchterlicheren Gedanken, als den, ohne Licht zu sterben, und kein größeres Verbrechen, als einen Menschen, sei es auch der ärgste Feind, ohne Licht sterben zu lassen.

Der nicht natürlichen Todes Verstorbene, wie überhaupt Jeder, der ohne Licht starb, soll unverzüglich dort beerdigt werden, wo seine Leiche aufgefunden wird, es gebührt ihm keine Todtensorge, kein Klagelied, keine Todtenwache, keine Todtenmesse, kein Platz in der geweihten Erde, keine pomana, und Jeder, der bei seinem Grabe vorübergeht, wirft einen dürren Ast, gewöhnlich eine Hand voll Dornen, o mănă de spini, darüber, um die Stelle des Unglücks zu bezeichnen.

Jeder andere Todte wird gleich nach der Erstarrung von einem oder von mehreren der nächsten Verwandten seines Geschlechts mit lauwarmem Wasser gewaschen; dann schneidet man seine Nägel ab, kämmt seine Haare, gibt ihm reine Kleidung und streckt ihn auf einem Brett, îl intinde pe scandură, gewöhnlich einen Tisch, aus. — Der Topf, in welchem das Wasser für die Waschung des Todten gehalten wurde, soll neu sein, also besonders rein, und wird auf die Erde, zu den Füßen der Leiche gesetzt.

Dies Alles heißt: den Todten besorgen, a griji mortul.

Nun folgt Trauer und Klage, welche früher nicht gestattet waren, und jeder wird zur Leiche zugelassen.

Als Zeichen der Trauer sollen sechs Wochen lang die Frauen der Familie ihre Haare nicht mehr flechten, pĕrul desplĕtit, und die Männer ihren Kopf nicht mehr bedecken, capul gol.

Beweint wird der Todte nur von Frauen. Die Frauen der Verwandtschaft, die mit der trauernden Familie befreundeten und diejenigen, welche zu irgend einer Zeit in dienstlichen Beziehungen zu ihr standen, sind verpflichtet, den Todten zu beweinen; andere Frauen müssen dazu zugelassen werden, besonders wenn sie solchen Familien angehören, welche mit dem Verstorbenen oder mit seinen Angehörigen in Zwietracht lebten und nun den Todten um Versöhnung bitten wollen.

Der Todte muß einen Tag und eine Nacht im Hause bleiben, und während dieser Zeit soll er nie allein gelassen werden und auch die Klage soll nicht aufhören; darum werden Klageweiber eigens dazu bestellt, und diese singen abwechselnd, seltener zugleich, nie aber zusammen, die eigentlichen Bocete.

Die Nacht hindurch wird bei dem Todten die Wache gehalten, priveghio, und die Männer derjenigen Familien, welche zur Klage verpflichtet sind, sollen die Nacht im Hause des Verstorbenen zubringen. Die Priveghia ist jedoch nicht traurig; im Gegentheil wird sie lustig und mit herkömmlichen Spielen zugebracht, und nur von Zeit zu Zeit greift das Lied der Klageweiber ein, um an den Todten zu erinnern.

Die Todtenmesse soll womöglich unter freiem Himmel stattfinden, und im Augenblicke, wo der Sarg hinausgetragen wurde, wird der Topf, in welchem das Wasser für die Waschung der Leiche stand, an der Schwelle zerschellt, sc spargo oala. In manchen Gegenden geschieht dieses nur am Grabe.

In der Bukowina wird der Todte zuweilen in einem mit Ochsen bespannten Schlitten zu Grabe getragen; in Ungarn aber, im Banat und, soviel ich weiß, auch in Siebenbürgen wird der Schlitten durch einen Karren, car cu boi, ersetzt, und schon bei den mijlocași i wird oft der Sarg auf eine Bahre (auch in der Bukowina) gelegt und von Leuten getragen, die dem Stande des Verstorbenen angehören. Es wird noch darauf gesehen, daß, wer ledig verstorben ist, nicht von Verheirateten getragen werde. Frauen werden von Männern, Mädchen jedoch nicht von Burschen, sondern von — fete cu pĕrul despletit, Mädchen mit aufgelöstem Haare, getragen.

Die Klageweiber gehen auch mit aufgelöstem Haare dem Sarge nach, der in der Bukowina oft zu beiden Seiten, an den Ohren der Leiche Öffnungen hat, damit der Todte die Klagen gut vernehmen könne.

Vor dem Sarge gehen noch in der Bukowina mehrere Flöten= spieler, fluierași, einher, eine Sitte, die ich in Ungarn, im Banat und in Siebenbürgen nicht vorfand.

Nach der Beerdigung folgen die pomenile, die Erinne= rungs=Gaben.

Jeder, der am Begräbniß theilnimmt, bekommt ein Wachs= licht, um es für den Todten brennen zu lassen. Nach dem Begräb= niß gibt die trauernde Familie einen „festlichen Tisch", die eigent= liche Pomana, und die Lieblingsspeisen des Verstorbenen werden aufgetragen. Jeder, der an der Pomana theilnimmt, bekommt einen Kuchen, colac, und einen Krug, ulcior. Den Tag darauf wird die Kleidung des Verstorbenen vertheilt; ausgenommen sind davon der Fest=Anzug und der Hut des Familien=Vaters, der für den Sohn zurückbleibt. Fernere pomeni finden noch nach vierzehn Tagen, nach sechs Wochen, nach einem halben Jahr, nach Vollendung des ersten Jahres und dann bis zum siebenten Jahr wenigstens einmal jährlich statt, und immer werden die

Lieblingsspeisen des Todten aufgetragen, die Lichter, die Kuchen und die Thongefäße vertheilt, nicht etwa als milde Gaben, sondern um dadurch die Bedürfnisse des Todten zu befriedigen; und jeder, der den Todten achtet und seine Ruhe wünscht, muß diese Gaben annehmen. Erscheint er einem der Familien-Mitglieder im Traume, so muß eine Pomana gegeben werden; Wasser, wenn er durstig, Speisen, wenn er hungrig, Kleider, wenn er nackt war, überhaupt dasjenige, woran ihm zu fehlen schien, denn nur so kann er ruhig in der Welt verweilen.

Seelen, welche diese Ruhe nicht genießen, sind strigoi, Gespenster, gehen klagend herum, stören die nächtliche Ruhe der Lebenden, und das so lange die große Ewigkeit dauert.*)

* * *

Die sittlichen Zustände sind bei den Rumänen im Allgemeinen besser als bei ihren Nachbarn.

Vor Allem sind sie ein sehr stramm organisiertes Volk mit scharf ausgesprochenen und im hohen Grade entwickelten sittlichen Anschauungen.

Es kann beinahe nie der Fall vorkommen, daß der Rumäne nicht ganz bestimmt wisse, was in sittlicher Beziehung richtig oder unrichtig sei, und auch in diesem Falle wird er dafür, daß er's nicht wußte, von seiner Umgebung verurtheilt.

Es gibt aber nur selten eine Gesellschaft, die so unerbittlich sein kann, wie die rumänische.

---

*) Eine „andere Welt", lumea cea-laltă gibt es auch bei den Rumänen; aber die Seele verweilt eine gewisse Zeit in „dieser" Welt. — Die strigoii thun, so viel ich weiß, nichts Böses den Lebenden an; sie schaden durch ihr bloßes Erscheinen, indem sie Krankheiten und Unglück hervorrufen.

Nichts geht dem Rumänen über die öffentliche Meinung, gura lumii, und er thut sich der Welt wegen, de ochii lumii, manchen Zwang an; darum ist er aber auch unerbittlich gegen solche, die frei nach ihrem Kopfe, de capul lor, ihr Leben einrichten wollen. Was vorgeschrieben ist, muß von allen mit derselben Genauigkeit eingehalten werden; es wird nichts nachgesehen und nichts vergeben; wer sich auch das kleinste Vergehen eines Andern nicht gut merkt und es bei gewissen Gelegenheiten nicht in Rechnung bringt, wird dadurch zum Mitschuldigen. Die Rumänen sind nun so eng unter sich verbunden, daß Jeder, der von ihnen verurtheilt wird, auch wirklich verurtheilt ist und in empfindlicher Weise zu leiden hat; man meidet ihn, man versagt ihm die allgemein übliche Mithilfe, und ist das Vergehen ganz schwer, so wird er bis in die Ewigkeit hinein verfolgt, indem Keiner ihn zum Grabe begleitet, Keiner ihn beweint, Keiner die für die Ruhe seiner Seele angebotene Pomana annimmt.

Der Rumäne sieht nur auf die Handlung; ihre Beweggründe sind ihm ganz gleichgiltig. So wird das Wort „Leidenschaft", pătimă, in seiner eigentlichen Bedeutung als Schwäche, slăbiciune, als Mangel, und nicht als Überfülle an persönlicher Befähigung gebraucht. Om pătimaș ist der Brustkranke ebenso gut wie der Trunksüchtige, der Raufbold oder der leidenschaftlich Verliebte. Die Leidenschaft ist ein Leiden, ein Unglück, eine böse Fügung des Schicksals, die aller Menschen Mitleid erwecken soll. Mitleid ist aber noch keine Nachsicht; die Leidenschaft führt zum Vergehen; sie ist die Mutter der bösen That; darum ist sie schon an sich verächtlich und wird im Rumänischen auch pĕcat genannt. Und pĕcat, Sünde, Laster, ist bei den Rumänen alles, sogar die Gelegenheit, wodurch ein Mensch zu bösen Thaten verleitet werden kann: om pĕcătos ist der Arme, der Unbeholfene, der

Leichtsinnige, der Leidenschaftliche, der Bedrängte, überhaupt jeder, dessen Ehrlichkeit, sei es in Folge persönlicher Mängel oder durch ungünstige Umstände, gefährdet scheint. Man soll einen solchen Menschen meiden und man darf ihm nicht vertrauen, denn es geht ihm auch die Fähigkeit ab, immer richtig zu handeln.

Fremden, străini, und weit Hergekommenen, venituri, venetici, gegenüber verhält sich also der Rumäne mißtrauisch und abwehrend. Es heißt immer, daß man nicht wissen könne, was in einem solchen Menschen steckt, und daß kein ordentlicher Mensch es nöthig habe, sein Dorf zu verlassen; er kann wohl ein ordentlicher Mensch sein, aber das muß durch seinen Lebenswandel nachgewiesen werden, wobei man ihn immer nur nach seinen eigenen sittlichen Anschauungen beurtheilt, denn nur diese verpflichten ihn. Für das einzelne Individuum enthalten die Worte — „das ist bei ihnen so Sitte" — die volle Entschuldigung.

Jeder soll sich nach seinem Dorfe und nur nach diesem richten. Der Leser soll also auch hier an die zu Anfang dieses Capitels dargestellte Eintheilung der Rumänen in drei verschiedene Classen erinnert werden.

Die sittlichen Anschauungen der Rumänen weichen zuweilen von den allgemeinen entschieden ab, und diese Abweichungen sind nicht überall die gleichen, denn nicht überall herrscht die gleiche Strenge.

Der Rumäne hält daran fest, daß nichts Böses in dieser Welt ungerächt bleiben kann, und so achtet er — schon aus Vorsicht — fremdes Gut und fremdes Leben. Aber das Sprichwort sagt: Dacă Dumnezeu vrea să te bată, iți ia mintea, „wenn Gott den Menschen strafen will, so nimmt er ihm die Vernunft weg". Wer das Böse thut, ist vor allem unvernünftig, denn früher oder später wird er auch die Folgen davon tragen müssen.

Diese Folgen sind nun nicht für alle gleich schwer, denn die volksthümliche Strafe geht — wenigstens bei den Rumänen — gewöhnlich nur an die Seele, und in Dörfern, wo man sich gegenseitig Vieles vergibt, wird man nicht bald bestraft.

Darum heißt das nicht vornehme Dorf sat pĕcătos und die nicht vornehme Gegend teară pĕcătoasă: es sind hier lasterhafte Menschen zu Hause, die keine strenge Zucht unter sich halten und denen nicht zu trauen ist.

Die erste Anforderung, die der Rumäne an jeden Menschen stellt, ist die, daß er sich nicht bloßstelle. Wer seine Lasterhaftigkeit nicht öffentlich zur Schau trägt, işi ascunde pĕcatul, der ist nach seiner Meinung noch immer ein ordentlicher Mensch.

Bea căt vrei, apoi te culcă şi dormi, trinke soviel du willst, dann lege dich nieder und schlafe, — sagt das Sprichwort. Das Trinken an sich ist noch nichts Schlimmes; ja auf Hochzeiten soll sich sogar jeder ordentliche Mensch einmal betrinken und dann im Heuschober ausschlafen. Ein Trunkenbold ist aber jeder, der, sei es auch nur einmal, im betrunkenen Zustande auf offener Gasse „von den Kindern verspottet und von den Hunden des Dorfes angebellt wurde". Darum hat aber auch jeder Rumäne die Pflicht, den Betrunkenen, wenn er sonst ein Mann von gutem Rufe und nicht sein persönlicher Feind ist, zum nächsten Heuschober zu führen.

Diese Auffassung findet nun eine allgemeine Anwendung.

Wer bloß gestohlen hat, der ist noch kein Dieb, und wer es weiß, aber sonst kein Interesse dabei hat, der soll davon schweigen, ja sogar der Bestohlene selbst soll mit dem Diebe womöglich unter vier Augen abrechnen.

Es gibt nun Dörfer, wo auch der Vornehmste sich nicht schämt, in betrunkenem Zustande die Gasse entlang zu gehen: in solchen Dörfern soll man keine Belege für die Beurtheilung der sittlichen

Zustände suchen, denn wo die Achtung für die öffentliche Meinung fehlt, dort kann von sittlichen Zuständen gar nicht die Rede sein.

Die Rumänen sind im Allgemeinen als nüchterne Menschen bekannt, und nur in einzelnen Gegenden haben Trunksucht, Armuth, Leichtsinn und andere damit verbundene pecate um sich gegriffen.

Eine Art Maßstab dafür, in welchen Gegenden dies stattfindet, wäre der Procentsatz derjenigen Elemente, die mit den krankhaften Bedürfnissen der Bevölkerung in Beziehung stehen, wie Griechen, Armenier und Juden.

Die besten Zustände finden wir bei den Moßen, wo Armenier sehr selten sind und bisher noch kein Jude bestehen konnte.

Ebenfalls gut sind die Verhältnisse an der Aluta und überhaupt im östlichen Theil Siebenbürgens, wo es zwar hie und da Armenier, aber sehr wenige Juden gibt. Man zählte im Jahre 1870 etwa 24.000 Juden in ganz Siebenbürgen und diese bewohnen beinahe ausschließlich das Szamos-Thal.

Viel schlechter sind die Verhältnisse im Banate, wo je nach den Gegenden die Juden 1—3% der Gesammtbevölkerung ausmachen.

In Ungarn sind die Verhältnisse verschieden. An der Maros, im Araber Comitat (die Stadt nicht zugerechnet) machen die Juden bloß 1% der Gesammtbevölkerung aus; aber sie nehmen gegen Norden rasch zu (2—3—5—6%) bis in die Marmaros, wo sie in manchen Gegenden über 8% der Gesammtbevölkerung bilden.

Ganz erbärmlich sind endlich die Zustände in der Bukowina; denn hier entfällt trotz der vielen Armenier auch noch ein Jude je nach den Gegenden auf je 6—10 Christen.

In zweiter Reihe entscheidend für die Sittlichkeit der Rumänen ist der Procentsatz der „Fremden".

Alles, was Gott gegeben hat, ce-a dat Dumnezeu, also Obst, Weintrauben und Mais in noch grünem Zustande, darf man nach der rumänischen Auffassung nehmen, wo man es findet, jedoch nur soviel, als man davon verzehren kann, und der Eigenthümer macht sich lächerlich, wenn er sich darüber beklagt. Wer aber davon auch mitnimmt, gilt für einen Dieb; das Vergehen wird ihm jedoch nur angerechnet, wenn er die Früchte nicht selbst verzehrt, sondern verkauft. Dasselbe gilt von Hühnern, Enten, Gänsen, Lämmern und Ferkeln; stiehlt Einer solche, bloß um sich einen guten Tisch zu bereiten, und wird er nicht dabei ertappt, so prahlt er schließlich nach einigen Monaten damit. Wird er aber ertappt, so hängt man ihm das Gestohlene um, führt ihn die Gasse entlang, trommelt bei jedem Kreuzweg die Leute zusammen und macht sein Vergehen kund, damit jeder sich vor ihm in der Zukunft hüte.

Ist nun der Bestohlene ein „Fremder", so verliert der auf diese Weise herumgeführte Dieb seinen guten Ruf gewöhnlich nicht.

Überhaupt gilt bei den Rumänen derjenige, der den reichen Fremden bestiehlt, nicht für schlecht, sondern für unbeholfen, wenn er dabei ertappt wird. Man soll nehmen, was man findet, jedoch mit gehöriger Vorsicht und nur solches, wofür keine empfindlichen Strafen ausgesetzt sind, denn die Strafe und nur diese allein schadet dem guten Ruf. *)

Am meisten leiden in Folge dieser Anschauung die deutschen Colonisten im Banat und auf der ungarischen Ebene, die sogenannten Schwaben, wenn sie auch immer nur Rumänen als Hirten und Feldhüter bestellen. Nirgends wird aber soviel gestohlen wie an der Scheidelinie, auf der ungarischen Ebene, von Arad an

---

*) Diese ist allerdings keine speciell rumänische Auffassung, aber sie trägt nichts destoweniger zur allmählichen Demoralisation bei.

gegen Großwardein zu, und nur höchst selten leiden auch die reichen Rumänen darunter, denn diese sind gewöhnlich die Hehler.

Wird aber der Dieb eingefangen und bestraft, so frägt man nicht darnach, ob er einen Rumänen oder einen Fremden bestohlen hat; er wird von den übrigen, welche noch nicht bestraft wurden, sorgfältig gemieden.

Wegelagerer und überhaupt verwegene Missethäter sind unter den Rumänen eine Seltenheit. Dazu ist der Rumäne zu vorsichtig. Man findet nur hie und da Einen, der sich einer ungarischen Bande anschließt. Wenn aber die Rumänen selbst Banden bilden, so geschieht es immer zu Zeiten, wo das Rauben epidemisch wird. *) Dann erscheinen sie gewöhnlich in großen Banden, ziehen sich in die Wälder zurück und brechen im Gegensatz zu den Magyaren-Räubern mit der ganzen Welt für immer ab. Werden nun solche Menschen eingefangen oder nicht, sie sind für die Rumänen verloren: niemand weint um sie, niemand darf die Pomana für die Ruhe ihrer Seele annehmen.

Häufig ist endlich bei den Rumänen die Rache, und unter diesen besonders Brandstiftungen und Todschläge. Es wird sich selten ein Rumäne finden, der eine aus Rache verübte That vor Gericht leugnet; die dafür bestandene Strafe wird ihm aber auch nicht angerechnet, wenn er sonst ein ordentlicher Mensch ist. **)

Es ist eine auffällige Thatsache, daß trotzdem verhältnißmäßig wenige Rumänen bestraft werden.

Von den königlich ungarischen Gerichten wurden wegen Verbrechen (nach Jahrbuch für 1873) verurtheilt:

---

*) Ende der 50er und Anfang der 60er Jahre gab es zwei solche Banden außerhalb Siebenbürgens, am unteren Lauf der Maros: die eine bei Lugos und die andere um Butyin, im Araber Comitat.

**) Bei Arad gilt die Hand eines Mannes, der aus Rache einen Mord verübt hat, für heilkräftig bei Seitenstechen, junghiű.

Im Jahre:	In Ungarn:	In Siebenbürgen:
1867	8,901	1925.
1868	13,539	2032.
1869	12,752	1763.
1870	11,211	1773.
1871	8,484	1086.
Zusammen	54,887	8579.

Nimmt man für Ungarn eine Bevölkerung von 11,200,000 und für Siebenbürgen eine solche von 2,100,000 Seelen an, so fällt in Ungarn eine Strafe auf 204, in Siebenbürgen aber auf 244 Seelen.

Die Verhältnisse sind jedoch nicht die gleichen bei den verschiedenen Nationalitäten Siebenbürgens.

Es findet sich für das Jahr 1872 eine Zusammenstellung der Strafen nach Confessionen vor, welche zu folgenden — auf Ungarn und Siebenbürgen bezüglichen — Resultaten führt:

Unitarier	99	Strafälle bei*)	54,327 Seelen also 1 Strafall auf	548	Seelen.
Reformierte	2869	„	„ 2,013,545	„ „ „	„ 702	„
Juden	743	„	„ 541,506	„ „ „	„ 729	„
Röm.-kath..	7740	„	„ 6,148,211	„ „ „	„ 794	„
Griech.-kath.	1840	„	„ 1,577,806	„ „ „	„ 857	„
Griech.-ort.	2048	„	„ 1,793,938	„ „ „	„ 876	„
Protestanten	1168	„	„ 1,081,753	„ „ „	929	„

Die Rumänen gehören nun ausschließlich den beiden griechischen Confessionen an, und zwar bilden sie bei der griechisch-katholischen Confession etwa 70% und bei der griechisch-orientalischen etwa 80% der Gesammtheit. Hervorgehoben muß auch werden, daß die griechisch-orientalischen Rumänen an der Aluta, auf der östlichen Wasserscheide, um die westlichen Berge, im Banat

---

*) Die Totalziffer nach der 1870er Volkszählung.

und auf der ungarischen Ebene bei Arad, die griechisch-katholischen dagegen in der Marmaros, an der Szamos und an den Körös-Flüssen das vorwiegende Element sind. Außerdem fallen auf die griechisch-katholischen Ruthenen verhältnißmäßig so wenige Straffälle, daß bei denselben ein Straffall auf weniger als 857 Seelen zu stehen kommt.

Betrachten wir aber das Strafmaß, so scheint es bei den griechisch-orientalischen Rumänen größer als bei den griechisch-katholischen zu sein.

Es befanden sich im Jahre 1872 in den 7 königlich ungarischen Strafhäusern zusammen 3775 Sträflinge, und zwar:

- Unitarier   30 also ein Sträfling auf 1810 Seelen.
- Reformierte 640   „ „   „   „ 3145   „
- Gr.-orient. 534   „ „   „   „ 3359   „
- Gr.-kath.   469   „ „   „   „ 3365   „
- Röm.-kath. 1824   „ „   „   „ 3370   „
- Protestanten 190   „ „   „   „ 5693   „
- Juden   88   „ „   „   „ 6153   „

Selbstverständlich kann man aus allen diesen Daten keinen sicheren Schluß ziehen, denn bei Straffällen soll immer das Strafmaß das Entscheidende sein, und ein sicheres Urtheil wäre nur dann möglich, wenn man wüßte, wie viel Jahre der Strafe auf jede der Nationalitäten entfallen.*) Dies läßt sich jedoch nicht ermitteln. Ich kann nur aus eigener Beobachtung mittheilen, daß in Gegenden, wo die Rumänen compact zusammen wohnen,

---

*) Es findet sich zwar auch eine Zusammenstellung nach Nationalitäten vor, und zwar gab es unter den Sträflingen: 2112 Magyaren, 644 Rumänen, 427 Slovaken, 228 Deutsche, 129 Serben, 51 Kroaten, 49 Ruthenen und 129 anderer Nationalitäten. Da aber die Gesammtziffer der verschiedenen Nationalitäten noch nicht festgestellt wurde, lassen sich mit Hilfe dieser Daten die Verhältnisse nicht ermitteln.

die sittlichen Zustände im Allgemeinen besser sind, als an den ethnographischen Scheidelinien.

Das liegt aber auch in der Natur der Sache: die Sitte ist eine volksthümlich festgestellte Ordnung, und überall, wo verschiedene mehr oder minder abweichende Ordnungen bestehen, wird die allgemeine Ordnung gar bald gestört.

Dieser Satz findet nun eine besondere Anwendung auf die Sitten, sofern sie die Verhältnisse zwischen beiden Geschlechtern betreffen.

Wir finden darauf bezüglich bei den Rumänen ein nach der allgemeinen Auffassung mehr oder minder verächtliches Princip: der Mann kann nie die Schuld tragen, und wenn die Frau zu einem Fehltritt sich verleiten läßt, so ist sie unbedingt zu verurtheilen.

„Traue dem Manne nicht, denn er ist zu nichts verpflichtet", ist somit die Weisung, die an die rumänische Frau ergeht, und achtet sie darauf nicht, so ist's um sie geschehen.

Als Entschädigung für diese strenge Auffassung gibt die rumänische Gesellschaft der Frau den ebenso strengen Anstand.

Betrachten wir vor Allem die rumänische Tracht, so finden wir, daß jedes Dorf seine eigene Tracht hat, und Jeder, der auch im geringsten von dieser abweicht, wird verfolgt oder zum mindesten verspottet. Neuerungen werden nur bei den Vornehmen nachgesehen, aber auch bei diesen nur, wenn sie den allgemeinen Anforderungen entsprechen.

Eng anschließende Kleidung ist bei den Frauen verächtlich und unschön: die Falten sollen immer senkrecht herabfallen, cute, creaeă dreaptă, besonders am Oberleib groß sein. Man wird also bei den Rumänen nirgends steife Röcke finden, und auch dort, wo eng anschließende Leiber getragen werden, sind sie kurz und derart geschnitten, daß sie die Formen des Busens verdecken. Der Rock soll endlich immer so lang sein, daß man beim Tanz nur die Fußspitzen sieht.

Die eigentlich rumänische Tracht besteht aus folgenden Stücken: 1. ein Hemb mit gestickten Ärmeln und gesticktem Brustftück, camășc, wegen der vielen Stickereien auch altițc und măneci genannt; 2. ist das Hemd lang, so ist es an den Nähten und am unteren Rand mit Stickereien oder mit einer Strickerei verziert; ist es aber kurz, so trägt die Frau einen ebenso verzierten weißen Rock, poale; 3. zwei aus Schafwolle gewobene Schürzen, cătrințe, opreg, fotă, buntfarbig, zuweilen mit eingewobenen Gold- und Silberfäden, fir, reich verziert und nur selten — an der Aluta und um Hermannstadt — ganz schwarz oder dunkelblau. In den westlichen Bergen und im Banat wird oft die eine der Schürzen, selten beide, mit langen farbigen Franzen besetzt; in der Bukowina findet man gewöhnlich nur eine breite Schürze, die den ganzen Leib umfaßt; in Ungarn endlich, am mittleren Lauf der Szamos, wie auch überall, wo die Rumänen gemischt mit Magyaren leben, nimmt man für die Schürze Seide oder andere farbige Stoffe, aber hier tragen die Frauen gewöhnlich auch einen farbigen Oberrock; 4. ein kurzes, mit Stickereien reich verziertes Pelzleibel, cojoc, cojocel; zuweilen, besonders für den Sommer, nimmt man jedoch statt Schafpelz Sammt, Seide oder einen anderen Stoff; 5. ein etwa zwei Finger breiter Gürtel, brĕu, bctc, cingătoarc; 6. eine je nach den Gegenden längere oder kürzere Jacke, șubă, subiță, sucman, țundră, mit Ärmeln, nie eng anschließend, aus Schafpelz, Schafwolle und nur gegen Hermannstadt aus dunklem Tuch; 7. was die Beschuhung anbelangt, so sind die Sandalen, opinci, nur bei den Moțen auch für festliche Gelegenheiten vorgeschrieben; sonst tragen die Frauen, gegen Westen und Norden zu, gewöhnlich rothe oder schwarze Stiefeln, gegen Osten und Süden aber meistens Schuhe; 8. Hals= und Kopfschmuck, die nicht bloß nach Dörfern, sondern auch nach dem Alter verschieden sind.

Die Tracht der Männer ist zu vielfältig, um hier umständlicher beschrieben werden zu können. Die Mozen, welche die vollständigste Tracht haben, tragen Unterhosen, ismene, und darüber immer weiße, enge, jedoch nicht anschließende (also Pantalon) Hosen, cioareci, und zwar im Sommer aus grober Leinwand und im Winter aus Schafwolle. Das Hemd ist kurz und verschwindet immer unter den Hosen. Sie tragen darüber eine Jacke aus grober Leinwand, mănecar, anschließend und mit engen Ärmeln. Ihr Oberrock, tundra, weiß, aus Schafwolle, ist einfach geschnitten, jeder Verzierung bar und kurz und reicht etwa eine Spanne über das Knie. Ihr Gurt, curea, șerpar, ist nicht zu breit und nur spärlich verziert; sie tragen ihn gewöhnlich unter der leinenen Jacke. Im Winter tragen sie noch eine kurze Pelzjacke ohne Ärmel über der leinenen Jacke und einen Pelzmantel, bitușă.

Dies sind die Kleidungsstücke, die man bei den Rumänen findet, jedoch nirgends so vollständig wie bei den Mozen. So fand ich die leinene Jacke nur noch bei den Selăgenii, welche sie jedoch nur tragen, wenn sie ohne Oberrock ausgehen. Die leinenen Hosen kommen dagegen nur an den Kockel=Flüssen und weiter der Aluta zu vor, wo sie aber im Sommer statt Unterhosen getragen werden. In der Bukowina findet man die leinenen Hosen bei Vornehmen um Campulung und Rădăuți. In einigen Gegenden fehlt dann die șuba oder tundra, in anderen der lederne Gurt u. s. w.

Der Schnitt ändert sich im allgemeinen nach Gegenden, die Verzierung jedoch ist in jedem Dorf eine andere; gegen

Süden mehr mit Schnüren, gegen Norden mehr mit farbigen Tuch-Aufschlägen.

Sowohl bei Männern, wie auch bei Frauen wird auf die Bequemlichkeit der Kleidung nicht gesehen. Bei Frauen sollen die Kleider schön sein, und bei Männern sollen sie die Körperformen heben. Wo also der Menschenschlag klein ist, werden wir lange, und wo er groß, immer kurze Oberkleider finden. Kleider sind nach der rumänischen Auffassung des Scheines wegen da; sie machen den Menschen; er soll auf sie schauen und eher hungern, als schlecht gekleidet vor der Welt erscheinen, denn „der Magen hat keinen Spiegel", stomacul nu are oglindă, und wer zu Ostern sich nicht ordentlich anziehen kann, der soll zu Hause bleiben und schlafen. Schlecht, prost, ist aber jedes Kleidungsstück, welches zerrissen, schmutzig oder im Dorfe nicht üblich ist.

Es hängt mit den Anschauungen des Rumänen über Reinheit und Unreinheit zusammen, daß Jeder nur selbstgesponnene, selbstgewobene und selbstgenähte Kleider tragen soll. Der Rumäne kann also seine Beschuhung, wenn auch ungern, von einem Fremden kaufen; der Kürschner aber, der seine Pelzjacke herstellt, muß immer ein Rumäne sein, meistens ist er auch zugleich sein Metzger.

So wie die Tracht unterliegen auch Tanz und Musik bestimmten Vorschriften, an die sich Jeder halten muß.

Es gibt bei den Rumänen folgende Tanzweisen:

1. Căluşerii und Bătuta, traditionelle Tänze, welche auf Volksfesten und Märkten nur von Männern aufgeführt werden. Es gehört dazu eine bestimmte Anzahl von Tänzern, gewöhnlich zwölf, und ein Tanzleiter, vatav; bei den Căluşerii sind alle Tänzer mit langen Stöcken versehen. Die besten Căluşerii sind an den Kokel-Flüssen zu Hause, und ich sah im Jahre 1867 Burschen

aus dieser Gegend in Temesvar den Tanz aufführen. Burschen aus Siebenbürgen führen denselben Tanz jährlich auch in Bukarest, auf den Moșii (Jahrmarkt und Kirchweihfeste) auf. Im Banat, in Ungarn und am Szamos sind beide Tänze außer Übung gekommen. In der Bukowina tanzte man, wie Demetrius Cantimir in der „Descriptio Moldaviae" berichtet, zu Anfang des XVIII. Jahrhunderts die Călușerii; heute ist der Tanz auch hier nicht mehr üblich. Man tanzt jedoch dort eine Art Bătuta, die auch von den mit der Țurca Umherziehenden aufgeführt wird.

2. Hora und Brâul, Kreistänze, welche sowohl von Männern allein, wie auch von Männern und Frauen zusammen aufzuführen sind, die jedoch nur in der Bukowina und im Banat gegen die Donau zu getanzt werden.

3. Ardeleana, Lugojana, Mărunțeaua, Pe picior und Hățegana, welche nur von Männern und Frauen zusammen getanzt werden, und zwar kann der Mann mehrere Frauen auf einmal zum Tanz führen. Es sind die eigentlichen Tänze der Siebenbürger.

Der Rhythmus dieser Tanzweisen ist der allgemein europäische, also zwei Schritt nach vorne und zwei zurück; der Tact und die Haltung sind jedoch ganz eigenthümlich.

Der Tact ist bei den oben angeführten Tanzweisen verschieden, ruhig bei der Ardeleana, schneller, aber besonders würdig bei der Mărunțeaua und äußerst schnell bei dem Pe picior. Außerdem hat jede Tanzweise zwei verschiedene Tempi im Tacte: es wird bald mit Bedachtsamkeit, domol, bald mit Eifer, cu foc, getanzt.

Sämmtliche Tanzweisen sind, wenn auch zuweilen unter anderen Benennungen, allgemein verbreitet.

Die Haltung ist bei allen Tanzweisen dieselbe.

Man sagt im Rumänischen nicht, daß der Mann mit der Frau tanze, joacă cu ea, sondern, daß er sie tanze, o joacă; das Wort „tanzen" wird also als ein transitives Verbum gebraucht. So ist es aber auch richtig. Der Tänzer hält seine Tänzerin bei der Hand und läßt sie vor sich tanzen, aber doch nicht wie sie will: er führt sie nach rechts und nach links, er hebt ihre Hand in die Höhe und läßt sie sich öfter drehen, hie und da faßt er sie an den Hüften (bei Pe picior) und dreht sie um; er selbst hält nur den Tact, sagt ihr Reime vor, ereifert sich nur höchst selten, denn ein guter Tänzer ist bei den Rumänen nicht derjenige, der selbst gut tanzt, sondern der mehrere Tänzerinnen zugleich derart tanzen läßt, daß jede von ihnen ihre Grazie nach Belieben zur Schau tragen kann. Er soll immer zeigen, was an seiner Tänzerin des Sehens werth ist, und mit geschickten Reimen die Aufmerksamkeit der Umgebung darauf lenken. So wird immer der gewecktete Bursche und nicht der beste Tänzer zum Tanzleiter des Dorfes, vatavul flăcăilor, gewählt.

Dieser leitet dann die Tanzunterhaltungen der Jugend, die gewöhnlich im Freien stattfindet.

Überall, wo Ordnung im Dorfe herrscht, werden die Mädchen nur vom Tanzleiter selbst oder von einem seiner Gehülfen, oamenii lui, zum Tanz geführt; es wird nämlich der Tanz in der Weise aufgenommen, daß der Tanzleiter mehrere Mädchen zugleich zum Tanz führt und nachdem er eine Weile sie tanzen ließ, winkt er den Burschen zu und gibt seine Tänzerinnen an sie ab. Dann nimmt er andere Tänzerinnen, tanzt wieder eine Weile und gibt auch diese an andere Burschen ab. Er allein also darf die Mädchen zum Tanz führen, und er bestimmt auch die Stelle, die jedes Paar in der Reihe einnehmen soll. Der Erste in der Reihe ist immer derjenige, der die vornehmste Tänzerin führt, und dieser leitet ben Tanz bald vorwärts, bald zurück, bald domol und bald cu foc.

Die Musik, ein Dudelsack, eine Geige oder eine Flöte, seltener zwei, nimmt neben der Reihe Platz, und der Aufspieler begleitet die Tänzer in ihren Bewegungen. Bei den Kreistänzen stehen die Spieler in der Mitte. — Zigeuner geben bei den Rumänen nur ziemlich selten die Musikanten ab; sie spielen die rumänischen Weisen nicht richtig und bringen immer etwas Freches in die Musik hinein.

Die Aufspieler sind meistens Blinde, Lahme und überhaupt mehr oder minder arbeitsunfähige Leute. Oft spielt auch einer der Burschen auf.

Die Tanzmusik ist je nach dem Tacte der Tänze mehr oder minder lebhaft, aber stets melancholisch und besonders keusch. Die reichhaltigste ist die Ardeleana, welche immer aus mehreren Strophen besteht, die zwar verschieden in ihrer Zusammensetzung, aber durch eine Grundarie verbunden sind: es ist ein Thema, welches vier- bis sechsmal variirt wird. Die Măruntzeaua hat dagegen gewöhnlich nur zwei Variationen, und wenn diese zu langweilig werden, geht der Aufspieler in ein anderes Thema über. Langstrophig und reich an Variationen ist gewöhnlich auch die Hora, aber nicht so melodisch wie die Ardeleana.

Außer der Tanzmusik werden noch die Doina und die Balladen auf Instrumenten gespielt; die Colinde, die Bocete und die übrigen Lieder werden jedoch nur gesungen.

Die Arien der Doine und die der Balladen sind ein klagendes, langgebehntes (trăgănate) Recitativ, und der Rumäne singt sie mit voller Stimme, so wie er spricht, also nicht näselnd, wie mancher es behauptet. Am schönsten wird die Doina in der Bukowina gesungen, wo die Strophen lang und voll interessanter

Abwechslungen sind. In Siebenbürgen, in Ungarn und im Banat wird sie dagegen in vierzeiligen Strophen gesungen. Den besten Klang hat die Doina auf der Hirtenflöte, fluieraş, tilinoă, und auf dem rumänischen Alpenhorn, bucium, aus Baumrinde, zuweilen über eine Klafter lang.

Die Musik ist bei den Rumänen für sehr viele Gelegenheiten vorgeschrieben, und da soll sie nicht fehlen; wo sie aber nicht vorgeschrieben ist, gilt sie für etwas Unpassendes. So soll z. B. der Vornehme für die Ernte und für die Weinlese auch einen Musikanten bestellen; unpassend ist dagegen, sich ohne jede Veranlassung vorspielen zu lassen, und hört der Rumäne irgendwo die Musik spielen, so frägt er immer: la ce cântă? wozu wird denn gespielt?

Das Alles ist nun besonders den Frauen zulieb vorgeschrieben worden; denn der Anstand ist die Form, in der die Gesellschaft die Frau gegen Versuchungen schützt.

Darum soll das Mädchen das väterliche Haus und, wenn es keine Eltern hat, sein Dorf, wo es überwacht wird, nicht verlassen; es kann nur im Hause solcher Leute leben, die es, nach der allgemeinen Annahme, ebenso gut wie die Eltern bewachen würden. Dienen soll es nur bei Verwandten, beim Popen oder bei Vornehmen des eigenen Dorfes, also bei Leuten, die für die Sittlichkeit der Jugend überhaupt zu sorgen haben. Rumänische Dienstmädchen sind auch in rein rumänischen Gegenden eine Seltenheit, denn nur solche ziehen in die Stadt, die in Folge eines Fehltrittes im Dorfe nicht mehr geduldet werden.

Auch beim Tanz ist der größte Anstand vorgeschrieben.

Frauen dürfen sich von Männern zu Ende des Tanzes umarmen und sogar küssen lassen, ohne daß ihr guter Ruf darunter leidet: besonders wenn sie Kinder haben und nicht mehr ganz jung sind, gehört diese Umarmung sogar zur guten Art. Das Mädchen soll sich dagegen äußerst abwehrend ihrem Tänzer gegenüber verhalten: er darf nur ihre Finger und bei einem einzigen Tanz (Pe picior) hie und da ihre Hüften fassen, aber auch dann müssen seine Arme ausgestreckt sein; mit einem Tänzer, der es wagen würde, mit seiner Tänzerin Brust an Brust zu tanzen, darf kein Mädchen sich weiter einlassen.

Sonst dürfen die Mädchen mit den Burschen sich herumbalgen, hărjoni, sich von ihnen umarmen und küssen lassen, aber nur öffentlich, also überall, wo auch ein Dritter dabei ist und wo jeder sie möglicherweise sehen kann, am Hofthor, portița, beim Brunnen, woher die Dorfleute das Trinkwasser holen, auf dem Felde, während der Arbeit, auf den Spinnstuben, șezători, überhaupt vor der Welt Augen. Sonst verliert das Mädchen seinen guten Ruf: andere Mädchen dürfen mit ihr nicht sprechen und sollen in derselben Reihe mit ihr, in rênd cu ea, nicht tanzen.

Die Heirat und der spätere gute Lebenswandel bringen die Fehler der Jugend, pĕcatele tinerețelor, in Vergessenheit.

Unerbittlich ist man aber gegen Unverbesserliche, zumal wenn sie kein Hehl aus ihrem schlechten Lebenswandel machen, nu-și ascund pĕcatul. Diese werden, sei es vom Popen oder von einem der Vornehmen, öffentlich zur Rede gestellt, vor Zeugen ermahnt, aufgefordert das Dorf zu verlassen, und wenn dies alles nichts hilft, in der herkömmlichen Weise gezüchtigt. Man führt eine solche Frau die Gassen entlang, trommelt bei jedem Kreuzweg, rêscruci, die Leute zusammen und zählt ihre Vergehen her, bindet sie dann — gewöhnlich vor der Kirche — an einen Pfahl, und versetzt ihr vor dem versammelten Dorf eine Anzahl von Peitschenschlägen.

In neuerer Zeit sind solche Züchtigungen immer seltener geworden, da die politischen Behörden sie nicht mehr gestatten. Der letzte mir bekannte Fall kam im Jahre 1873 (Mai) zu Szabadhely, dicht bei Arad,*) vor, wo eine reiche „Strohwitwe" auf diese Weise, auf allgemeines Verlangen, gezüchtigt wurde. Eine besondere Nachsicht genießen dagegen diejenigen, welche im Nothfalle sich befinden: es gibt bei den Rumänen außer der kirchlichen, auch eine conventionelle Ehe.

In Fällen, wo der Bursche nicht rechtzeitig heiraten kann, also wenn er noch der Militärpflicht unterliegt oder wenn die Eltern des Mädchens in die Heirat nicht willigen, findet eine Entführung eigenthümlicher Art statt. Zwei oder mehrere Freunde des Burschen entführen das Mädchen, furā fata, und bringen es in's nächste Dorf, wo der Bursche mit seinen Zeugen sie erwartet. Die Zeugen nehmen dann die gegenseitige Heiratserklärung des Paares entgegen, man legt dem Mädchen das Tuch, ii pune cărpa, den Kamm, péptenul, oder ein anderes in der Gegend übliches Zeichen der Ehe an, und das Mädchen gilt von da an für eine Frau, der Bursche für ihren Mann und ihre Kinder werden den aus gesetzlicher Ehe stammenden gleichgestellt. Der gute Anstand erfordert es jedoch, daß der Bursche die ihm auf diese Weise angetraute Frau in's Haus seiner Eltern führe. Werden solche Paare später auch kirchlich getraut, so findet keine regelrechte Hochzeit statt. — Der Mann, der die ihm auf diese Weise angetraute Frau verläßt und jede Frau, die keinen Anstand nimmt, ihm zum Altar zu folgen, werden unbedingt verurtheilt; sie wird nämlich der Concubine, ibovnică, gleichgestellt. Es kommen aber solche Fälle nur äußerst selten vor.

---

*) Die darauf bezüglichen Acten befinden sich beim Arader griechisch-orthodoxen Consistorium.

Derartige conventionelle Ehen sind im Banate häufig, in Siebenbürgen dagegen nur selten zu treffen; darum ist bei der Beurtheilung der sittlichen Zustände der Rumänen die Ziffer der unehelichen Kinder auch nicht im eigentlichen Sinne des Wortes entscheidend, denn beinahe alle die Kinder, welche in den statistischen Ausweisen als unehelich verzeichnet sind, stammen aus Verhältnissen, die dem Ehestand gleichgestellt werden und nach den rumänischen Anschauungen den Anstand nicht verletzen. Die Ziffer der unehelichen Geburten hat jedoch bei den Rumänen eine andere Bedeutung. Die conventionellen Ehen sind nichts weiter als Notheben: sie finden immer statt, wenn politische Gesetze oder ökonomische Zustände die rechtzeitige Trauung unmöglich machen. Die Ziffer zeigt also an, wie weit die Noth geht, denn die Zahl der auch nach der rumänischen Anschauung unehelichen Kinder, copii, copii de flori, ist bei den Rumänen so klein, daß sie kaum in Anschlag kommen kann.

Während einer Zeit von zehn Jahren, nämlich vom Jahre 1866 bis 1876, fand man bei den Rumänen immer weniger uneheliche Kinder, als bei ihren Nachbarn.

Die Ziffer ist in den officiellen Aufnahmen zwar nur nach Confessionen ausgewiesen, aber sie läßt sich auch für die rumänische Nationalität ziemlich genau ermitteln, da die Rumänen nur zwei Confessionen angehören und bei diesen den Ausschlag geben.

Im Jahre 1866 gab es in Ungarn bei 546,110 Geburten 47,115, also 8·6% uneheliche, nämlich: bei den Katholiken 10·16%, bei den Reformierten 8·78%, bei den Griechisch-katholischen 7·30%, bei den Protestanten 6·52% und bei den Griechisch-orientalischen 5·52%. Gibt man beide rumänische Confessionen zusammen, so ist der Procentsatz der unehelichen Geburten 6·40%.

Die Verhältnisse blieben während der nächsten neun Jahren ungefähr dieselben, und zwar:

für b. Jahr 1867 in Ungarn 7·86% bei den rum. Confes. 5·76%
" " " 1868 "   "   7·44 " " " "   "   5·70 "
" " " 1869 "   "   6·98 " " " "   "   5·15 "
" " " 1870 "   "   6·82 " " " "   "   5·24 "
" " " 1871 "   "   6·60 " " " "   "   4·92 "
" " " 1872 "   "   6·48 " " " "   "   4·74 "
" " " 1873 "   "   6·46 " " " "   "   4·83 "
" " " 1874 "   "   6·96 " " " "   "   5·24 "
" " " 1875 "   "   6·74 " " " "   "   5·70 "

Den kleinsten Procentsatz finden wir immer bei der griechisch-orientalischen Confession, da bei der griechisch-katholischen die zahlreichen Russen der nördlichen Gegenden verhältnißmäßig viele uneheliche Kinder haben.

Zu demselben Schluß führen auch die Daten der rumänischen griechisch-orthodoxen Consistorien. Nach diesen gestalten sich die Verhältnisse am ungünstigsten im Banat. In der Karansebeser Diöcese *) gab es im Jahre 1874 bei einer Bevölkerung von 339,447 Seelen 2533 und im Jahre 1877 bei 342,375 Seelen 2741 von der Kirche für Concubinate erklärte Nothehen; man sieht aber in der officiellen Statistik auch die Folgen davon. Die Ziffer der unehelichen Geburten war im Krassoer Comitat im Jahre 1874 auf 9·84% und in 1875 auf 10·42% gestiegen. Im Szörényer Comitat aber, also in der gewesenen Militärgrenze, stand sie im Jahre 1874 auf 3·33% und stieg dann in 1875 auf 4·23%.

Die Zahl der unehelichen Kinder ist nun in keinem rumänischen Comitat so groß wie im Krassoer. Am niedrigsten steht

---

*) „Protocoalele sinodelor eparchiale" etc.

die Ziffer im südlichen Theil Siebenbürgens, bei Fogaras und Hunyad, wo sie zwischen 2—3% schwankt; dann steigt sie gegen Norden, Naszob und Marmaros auf 5—6%. Bei Inner-Szolnok, Kövar und Kraszna schwankt sie zwischen 3—4%.

Und so wiederhole ich zum Schluß die Worte: das Volk kennt sich am besten, und in denjenigen Gegenden, die ihm für vornehm gelten, sind die ursprünglichen Rumänen zu suchen; dort sind auch die sittlichen Zustände besser, da die volksthümlich estgestellte Ordnung von keinen fremden Elementen gestört wird.

Die gegenwärtigen Zustände.

Die Totalziffer der gegenwärtigen rumänischen Bevölkerung des Reiches läßt sich nicht mit hinlänglicher Genauigkeit ermitteln. Herr Dr. Adolf Ficker, der im Jahre 1869 den Versuch machte, wie es scheint, auf Grundlage der Zählung von 1857, die Zahlenverhältnisse der verschiedenen Völkerstämme der Monarchie festzustellen, fand im Ganzen 2,902,400 sogenannte Ost-Romanen, die sich auf die verschiedenen Kronländer folgendermaßen vertheilen *):

Ungarn	1,300,800 Seelen
Siebenbürgen	1,200,400 „
Bukowina	205,800 „
Militärgrenze	147,000 „
Küstenland	3,700 „
Österreich unter d. Enns	2,300 „
Dalmatien	1,500 „
Krain	600 „
Kroatien und Slavonien	200 „
Galizien	100 „
Dazu actives Militär	40,000 „

---

*) „Die Völkerstämme der österreichisch-ungarischen Monarchie ꝛc." von Dr. Adolf Ficker. Wien, 1869, S. 90.

Von diesen waren 3500 Albanesen, 3200 Griechen und Zinzaren, also nur 2,896,700 eigentliche Rumänen.

Herr Karl Keleti fand dagegen, nach der Zählung von 1870, in Ungarn und Siebenbürgen zusammen bloß 2,321,906, also um 179,294 weniger Rumänen als Herr Ficker. *)

Diese auffallend große Differenz ist jedoch wenigstens zum größten Theil eine Folge der Fehlerhaftigkeit der vom Herrn Keleti gemachten Berechnung.

Nachdem bei der Zählung von 1870 die Nationalität der Gezählten nicht berücksichtigt wurde, glaubte Herr Keleti die Ziffer der schulpflichtigen Kinder, die auch nach Muttersprachen ausgewiesen wurde, zur Grundlage der Berechnung nehmen zu können.

Diese Grundlage ist aber entschieden falsch, denn, wie allgemein bekannt, ist die Ziffer der schulpflichtigen Kinder nicht bei allen Völkern und nicht in allen Gegenden dieselbe; sie ist größer, wo die mittlere Lebensdauer kleiner, und kleiner, wo die mittlere Lebensdauer größer ist. So machen, nach den Daten der griechisch-orientalisch-rumänischen Consistorien für die letzten 10 Jahre, die schulpflichtigen Kinder bei den Rumänen 14—17 und nur selten 18% der Gesammtbevölkerung aus; für die magyarischen Comitate, für die Székler-Stühle und für das Banat wird dagegen die Ziffer mit 20—27% angegeben.

Nimmt man also diese Ziffer zur Grundlage der Berechnung, so gelangt man immer zu falschen Resultaten.

In Siebenbürgen findet Herr Keleti 1,207,862, also um einige Tausende mehr Rumänen als Herr Ficker, weil die siebenbürger Sachsen sehr wenig Kinder haben und weil in Siebenbürgen die Rumänen den Ausschlag geben. In Ungarn, wo die Magyaren

---

*) „Hazánk és Népe", irta Keleti Károly. Budapest, 1873, Seite 71 bis 82.

den Ausschlag geben, gibt es dagegen nach Keleti bloß 1,114,044, also um beinahe 200,000 weniger Rumänen als nach Ficker.

Der Fehler ist jedoch größer, als er nach diesem ersten Vergleich zu sein scheint.

Nach dem statistischen Jahrbuch von 1873, Seite 38 und Seite 50, hat sich die Bevölkerung Siebenbürgens und besonders die rumänische, während der Zeit von 1866 bis 1871 ziemlich stark vermehrt, und so ist auch die Ziffer von 1,207,862 Seelen, die Herr Keleti für Siebenbürgen angibt, noch immer zu klein. Bei der Zählung von 1870 hatte man in Siebenbürgen für die beiden rumänischen Confessionen zusammen 1,253,139 Seelen angegeben, und diese sind, mit Ausnahme einiger wenigen Tausende von Zigeunern, Griechen und Ruthenen, sämmtlich Rumänen.

Und so wie für Siebenbürgen ist die Confession auch für die übrigen ungarischen Kronländer die einzige sichere Grundlage zur Berechnung der Totalziffer der Rumänen, denn beide rumänische Kirchen sind national abgeschlossen und enthalten außer Rumänen nur noch Zigeuner, Griechen und überhaupt nicht zahlreiche und nur spärlich zerstreute Elemente, welche nicht für abgesonderte Nationalitäten angesehen werden.

Wählt man aber die Confession zur Grundlage der Berechnung, so gelangt man zu denselben Resultaten wie Herr Ficker.

Nach Ficker gab es in Ungarn, in Siebenbürgen und an der Militärgrenze zusammen 2,648,200 Rumänen; nach den im Jahre 1873 veröffentlichten officiellen Daten zählte die griechisch-orientalisch-rumänische Kirche 1,609,169 und die griechisch-katholische 1,024,332 Seelen. Außerdem sind noch etwa 40,000 Rumänen einstweilen *) der serbischen Diöcese von Werschetz einverleibt.

---
*) Bei der hierarchischen Scheidung wurde eine gemischte Commission in die gemischten Gemeinden entsendet, um Jeden zu befragen, ob er zur

Die ganze rumänische Bevölkerung vertheilt sich auf die verschiedenen Diöcesen folgendermaßen:

1. Gr.-orient. Erzbisthum von Hermannstadt 715,928 Seelen
2. „ kath. „ „ Fogaras 379,802 „
3. „ orient. Bisthum „ Arad 557,880 „
4. „ kath. „ „ Szamos-Ujvár 423,130 „
5. „ orient. „ „ Karansebes 335,361 „
6. „ kath. „ „ Großwardein 121,291 „
7. „ „ „ „ Lugos 100,109 „
8. Serbisches „ „ Werschetz 40,000 „

Zusammen . 2,673,501 Seelen

Rechnet man nun auch das active Militär dazu, so kann die Totalziffer nicht unter 2,700,000 Seelen stehen.

---

serbischen oder zur rumänischen Kirche gehören wolle; diese Commission hat nun ihre Arbeiten noch nicht beendet.

Es gibt außerdem noch einige tausend Rumänen in der griechisch-katholischen Diöcese von Munkács. In der Bulle „Ecclesiam Christi" heißt es: „tum Magno-Varadiensis et Fogarasiensis tum duarum per Nos erectarum Lugosiensis nimirum et Armenopolitanae Dioecesium territoria una cum ibi existentibus Civitatibus, Oppidis, Pagis aliisque accessoriis in Ecclesiasticam Provinciam Graeco-Catholicam unitam linguae Romenicae ... erigimus et instituimus." Doch theilt mir Herr Consistorial-Secretär Atansius Demianu Folgendes mit: „Bei der Errichtung der Diöcese von Szamos-Ujvár (Armenopolis) hatte man sich jede Mühe gegeben, um das rumänische Element vom ruthenischen zu trennen, um es der Diöcese von Szamos-Ujvár einzuverleiben; es blieben aber dennoch rumänische Elemente in der Diöcese von Munkács, dagegen nur wenig Ruthenen in der Diöcese von Sz. U. und zwar verblieben in unserer Diöcese 100 Ruthenen zu Szathmár, die sich bis zum heutigen Tag auf 380 vermehrt haben. In der Diöcese von Munkács blieben aber Rumänen zu Szathmár-Némethi 217 S. zu Ronaszék 540 und außerdem eine große Anzahl zu Nagy-Kálló, Kálló-Szemjény, Napkor, Biri und zu Hajdú Dorog; diese letzteren sind jedoch für das rumänische Volk verloren, da sie mit Ausnahme derer von Ronaszék nicht mehr rumänisch sprechen."

Davon sind die Griechen und Albanesen, nicht über 3000, die Ruthenen, nicht über 2000, und die Zigeuner abzurechnen, deren Zahl sich nicht feststellen läßt. *)

Noch immer zu den Rumänen sind aber diejenigen Individuen rumänischer Confession zu rechnen, welche zwar nicht mehr rumänisch sprechen, aber sich zu den Rumänen bekennen. Die Sprache allein kann bei der Feststellung der Nationalität nicht entscheidend sein. Ein Volk sind Menschen, die zusammen gehören, weil sie zu einander passen und zusammenwirken, weil sie sich leicht verständigen können; und Jeder muß selbst am besten wissen, zu welcher socialen Gruppe er sich hingezogen fühlt und mit welchen Menschen er leichter zusammenwirken kann.

Diejenigen Rumänen, welche zerstreut auf dem Székler-Boden, im Hajduken-Kreise und auf der ungarischen Ebene von ihrem Volk getrennt leben, nicht mehr rumänisch sprechen, aber ihre orientalische Confession noch nicht aufgegeben haben, sind noch nicht gänzlich entnationalisiert worden und halten an dieser Confession fest, weil sie, nach ihrer Ansicht, die Nationalität ausmacht, und weil keiner von ihnen für einen Székler oder für einen Magyaren gelten will.

Darum wirken sie mit den Rumänen nicht bloß in kirchlichen, sondern auch in nationalen Angelegenheiten zusammen, ja sie sind sogar im Allgemeinen eifriger und opferwilliger als andere Rumänen, wenn es sich darum handelt, die rumänische Sache zu fördern.

Nach den Daten der rumänischen Consistorien gibt es nun bei 35,000 solcher Rumänen, und zwar etwa 25,000 auf dem

---

*) Ein großer Theil der Zigeuner bekennt sich zur römisch-katholischen Confession. Nach dem Ausspruch des Rumänen, — Tiganul e de legea satului, — hat der Zigeuner immer den Glauben des Dorfes, in dem er sich zufälligerweise aufhält.

Székler-Boden und der Rest auf der ungarischen Ebene; letztere sind jedoch zum großen Theil Macedo-Rumänen.*)

Es gibt außerdem im Hátszeger Thal und auf der Wasserscheide zwischen der Szamos und dem Körös Rumänen, deren magyarische Abstammung nicht in Abrede gestellt werden kann: diese bekennen sich zu einer der rumänischen Confessionen, sprechen nur rumänisch, wirken nur mit den Rumänen zusammen und wollen nicht für Magyaren gelten, ja auch diejenigen von ihnen, welche später die magyarische Sprache erlernt haben, wollen noch immer zu den Rumänen gerechnet werden.

Halten wir nun dies Alles zusammen, so können wir für die ungarischen Kronländer ein Maximum von 2,650,000 und ein Minimum von 2,600,000 Rumänen annehmen.

Diese Ziffer stimmt nicht bloß mit den von Herrn Ficker angegebenen, sondern auch mit den diesbezüglichen Daten der rumänischen Consistorien, nach denen etwa 2,640,000 Rumänen in den ungarischen Kronländern anzunehmen sind, überein. Während der Zeit von 1870 bis 1875 hat jedoch die rumänische Bevölkerung in Folge epidemischer Krankheiten und besonders der Cholera stark abgenommen, und nach den Berechnungen des Herrn Keleti gab es im Jahre 1876 etwa 100,000 Rumänen weniger als im Jahre 1870, also um etwa 300,000 Seelen weniger als nach Ficker.

Da nun die Geburtsziffer bei den Rumänen kleiner als bei den Nachbarvölkern ist, werden bei ihnen die an der Cholera

---

*) Ein ansehnlicher Theil derjenigen Individuen, die zwar zu einer der rumänischen Kirchen gehören, aber nicht rumänisch, sondern nur magyarisch sprechen, sind ihrer Abstammung nach Ruthenen. Man findet sie sowohl in Siebenbürgen wie auch besonders in den Hajduken-Kreisen, und ihre Zahl ist ungefähr so groß, wie die der nicht rumänisch sprechenden Rumänen außer Siebenbürgen.

Verstorbenen natürlich nicht so rasch wie bei diesen durch Neugeborene ersetzt. In den vorwiegend magyarischen Comitaten hatte man z. B. schon im Jahre 1876 eine merkliche Vermehrung gegen 1870 constatieren können; die rumänischen Comitate waren dagegen auch noch im Jahre 1877 und einige von ihnen sogar noch im Jahre 1878 gegen 1870 zurückgeblieben, und erst zu Ende des 1879er Jahres weisen die Consistorien eine Vermehrung aus.

Die Zahlenverhältnisse sind somit für die Rumänen der ungarischen Krone ungünstiger, als sie vor zehn Jahren gewesen waren, wenn auch ihre Totalziffer ungefähr dieselbe bleibt. Genau läßt sich diese Ziffer noch nicht ermitteln, da die Resultate der letzten Volkszählung bis zur Stunde noch nicht veröffentlicht wurden. Man weiß jedoch schon, daß während der Zeit von 1870 bis 1880 die Bevölkerung der zwischen der Donau und der Theiß, dann zwischen der Theiß und der östlichen Grenze befindlichen magyarisch-rumänischen Gegenden merklich (um etwa $3^{1}/_{2}\%$) abgenommen hat. Nach den Daten der Consistorien für das Jahr 1880 hat die rumänische Bevölkerung auch in diesem Jahre abgenommen, jedoch nicht in Folge der Mortalität, sondern durch Auswanderung. Betrachtet man das Verhältniß zwischen Geburten und Todesfällen, so hat sich die Bevölkerung überall vermehrt und zwar um etwa $^{1}/_{2}\%$; trotzdem war aber die Seelenzahl im Jahre 1880 kleiner, als sie im Jahre 1879 gewesen ist. Aus dem Erzbisthum von Hermannstadt allein sind während eines Jahres an 20,000 Individuen, meistens Männer, ausgewandert. Es soll jedoch hervorgehoben werden, daß nur wenige dieser Individuen das Land für immer verlassen haben. Sie zogen beinahe ausschließlich nach Rumänien, wo sie leichter ihr tägliches Brod erwerben können, und sobald in Ungarn eine

bessere Administration die jetzige ersetzen wird, werden auch die meisten dieser Auswanderer wieder in ihre Heimat zurückkehren, denn sie sind in Rumänien nicht ansässig und können es auch nicht bald werden. Nur sehr wenige haben sich in der Dobrudscha bleibend angesiedelt.

Für die Bukowina gibt Herr P. S. Aurelianu*) nach den officiellen Daten von 1869 über 209,000, also ungefähr soviel Rumänen wie Herr Ficker an. Später werden 210,000 bis 220.000 Seelen angenommen. Aus den Daten des Consistoriums läßt sich die Totalziffer der Bukowinaer Rumänen nicht ermitteln, da die Bukowinaer Kirche keine national abgeschlossene ist. Es kann jedoch bestimmt behauptet werden, daß die Rumänen in der Bukowina sich vermehren und nach den neuesten Daten der Handelskammer gibt es in der Bukowina gegenwärtig über 221,000 Rumänen. Es ergäbe sich somit, für die ganze Monarchie, ein Minimum von 2,800.000 Rumänen, und das Maximum, sammt dem activen Militär, kann auch nicht über 2,900.000 stehen.

Was die sonstigen statistischen Verhältnisse anbelangt, soll hier der Leser an die über die Bevölkerung der 13 rumänischen Comitate gemachten Beobachtungen erinnert werden, welche auch mit den Daten der Consistorien**) übereinstimmen: wenig Neugeborene, eine kleine Sterblichkeit in den ersten fünf Jahren, wenig schulpflichtige Kinder, mehr Männer als Frauen und verhältnißmäßig viel erwerbsfähige Individuen, dieß sind die Eigenthümlichkeiten der rumänischen Bevölkerung.

Zu Anfang des vergangenen Jahres 1880 gab es in der Archibiöcese von Hermannstadt und in der Diöcese von Arad zusammen-

---

*) „Bucovina" de P. S. Aurelianu. Bucuresti, 1876, S. 16—24.

**) Auch mit denen für das Jahr 1880, die vor einigen Wochen veröffentlicht wurden.

genommen bei einer Bevölkerung von etwa 1,200,000*) Seelen um etwa 15,000 Männer mehr als Frauen. In den 13 rumänischen Comitaten gab es dagegen bei 1,300,000 Seelen nicht ganz 10,000 Männer mehr als Frauen. So hat man bei einer rein rumänischen Bevölkerung im Allgemeinen günstigere Verhältnisse anzunehmen, als die der 13 rumänischen Comitate sind.

Die schulpflichtigen Kinder, 6tes—15tes Lebensjahr, machten nicht ganze 13% der Gesammtbevölkerung in den beiden Diöcesen aus; eine Geburt fiel auf 23 und ein Todesfall auf 32 Seelen, und die Bevölkerung vermehrte sich um 1·15%.

Diese Vermehrung scheint jedoch keine normale zu sein.

Eine vergleichende Untersuchung, die ich auf Grundlage der bei den griechisch-orientalischen Consistorien von Arad und Großwardein sich befindenden — allerdings nicht ganz zuverlässigen — periodischen Aufzeichnungen gemacht habe, führte mich zu dem Resultate, daß die Rumänen in Ungarn, also außer Siebenbürgen und außer dem Banat, während der Zeit von 1766 bis 1870 um etwa 190% sich vermehrt haben. Es fielen somit beinahe 2% auf je ein Jahr. Wenn wir aber bedenken, daß während dieser Zeit vier Generationen nach einander folgten und daß in den ersten Jahrzehnten der Periode auch eine Einwanderung rumänischer Elemente von Außen her stattfand, so werden wir die jährliche Vermehrung mit höchstens $\frac{1}{2}$% ansetzen müssen.

---

*) Nach den mir zur Verfügung stehenden Daten wären es 1,195,590 Seelen, worunter um 14,172 mehr Männer als Frauen. In der durch die gütige Vermittlung des Herrn Professor Dr. Ilarion Puscariu mir zugestellten Liste der 1262 Parochien und Filialen der Archidiöcese, worin die Seelenzahl, die Trauungen, die Geburten, die Todesfälle und die schulpflichtigen Kinder für die Jahre 1878 und 1879 nach den einzelnen Gemeinden verzeichnet sind, fehlen jedoch hie und da für eines der beiden Jahre die Daten und so mußte ich eine bloß wahrscheinliche Zahl annehmen.

Für das Banat benutzte ich als Grundlage der vergleichenden Untersuchung einen officiellen Ausweis über die Diöcese von Karansebes, aus 1844, und gelangte zu dem Resultat, daß während der kürzeren Periode von 1844 bis 1878 die Rumänen sich bloß um jährlich 0·53% vermehrt haben.

Stärker scheint sich die rumänische Bevölkerung in Siebenbürgen zu vermehren. Nach der Zählung von 1839 und nach einem Schematismus der griechisch-katholischen Diöcese von Fogaras zu schließen, vermehren sich die siebenbürger Rumänen um beinahe 1% jährlich,*) abgesehen davon, daß aus Siebenbürgen eine stete Auswanderung gegen die Donau-Länder zu stattfindet.

In der Bukowina endlich hat sich die rumänische Bevölkerung theils durch Einwanderung, theils durch Progenitur während hundert Jahren zum mindesten vervierfacht, was einer Vermehrung um etwa jährlich 1% entspricht.

Nirgends ist also die Vermehrung der rumänischen Bevölkerung so rasch, wie es gewöhnlich angenommen wird; sie ist aber eine regelmäßige und sichere, so daß bei längeren Perioden die Zahlenverhältnisse gewöhnlich zu Gunsten der Rumänen sich gestalten.

Die Seelenzahl an sich ist jedoch bei der Beurtheilung der politischen Bedeutung eines Volks noch nicht entscheidend, und man muß immer auch darnach fragen, wie das Volk zusammengesetzt sei. Nach den 13 rumänischen Comitaten und nach den beiden Diöcesen zu urtheilen, gibt es bei der rumänischen Bevölkerung der Monarchie um etwa 30,000 weniger Frauen als Männer, also um mindestens 60,000 mehr Männer als bei einer ebenso großen ungarischen Bevölkerung, und in demselben Verhältniß

---

*) Nach den Berechnungen des Herrn Ludwig Reißenberger hätten sie sich bei Hermannstadt während der Zeit von 1851—1859 um 0·78% jährlich vermehrt. Siehe „Siebenbürgen, Reisebeobachtungen und Studien" von Professor G. von Rath. Heidelberg, 1880.

ist bei den Rumänen auch die Zahl der erwerbsfähigen Individuen größer. Dieser Überschuß an Männern und an erwerbsfähigen Individuen ist nun ein Reserve-Capital von Kräften, welches den Rumänen den Kampf um's Dasein erleichtert. Darum galten die Rumänen auch schon im XVIII. Jahrhundert*) für ein werthvolles Element des Reichs; abgesehen davon, daß sie auffallend wenig Bedürfnisse haben, können sie bei gleicher Anstrengung mehr als ihre Nachbarn leisten.

Vor Allem sind sie steuerfähiger als ihre Nachbarn, weil die Zahl der Besteuerten bei ihnen größer als bei diesen ist. Da sie aber geringe Bedürfnisse haben, fühlen sie den Druck der Steuern nicht in demselben Grade wie die Andern und haben zugleich geringere Ansprüche dem Staat gegenüber, kurzum, sie geben mehr als Andere, verlangen dafür ein kleineres Entgelt und bleiben doch die am meisten Zufriedenen.

Dazu ist auch die Wehrfähigkeit der Rumänen eine verhältnißmäßig große.

Der Rumäne liebt zwar das Soldaten-Leben nicht und setzt Alles daran, um nicht assentiert zu werden; wird er aber assentiert, so fügt er sich darein und wird der beste Soldat, denn er ist überhaupt zuverlässig, unterthänig, ausdauernd, reinlich, besonders genügsam und zweifellos auch intelligent. Die Rumänen wurden übrigens auch schon von den competentesten militärischen Autoritäten als besonders gute Soldaten gerühmt; hier soll nur noch daran erinnert werden, daß sie zugleich ein verhältnißmäßig größeres Contingent als ihre Nachbarn in die Armee geben können und dennoch den Mangel an männlicher Arbeitskraft in ihrer Wirthschaft nicht in demselben Grade wie diese zu beklagen haben.

---

*) E. Hurmuzaki, „Fragmente zur Geschichte der Rumänen". II. Band, Seite 188—191, 161—162, 177—181.

Schwächer als ihre nächsten Nachbarn sind jedoch die Rumänen im politischen Kampfe, denn sie sind arm und ungebildet. Außerdem ist eben ihre größere Lebensfähigkeit für die militante Politik eine Art Schwäche. Ein Volk, dessen Lebensinteressen nicht so bald gefährdet werden können, nimmt im politischen Leben gewöhnlich eine geduldige und abwartende Stellung ein, und Manches, was die Rumänen, wenn auch mit merklicher Anstrengung, noch ertragen können, müßte andere Völker zu Grunde richten. Darin findet manches „Verwunderliche" im politischen Leben der Rumänen seine Erklärung.

„Wenn jemals ein Volk sich aus Noth und Erniedrigung emporgearbeitet hat, so die Rumänen", sagt Herr Professor G. von Rath in seinen unlängst erschienenen Vorträgen über Siebenbürgen*) und setzt später hinzu: „Wenn ein Volk seinen Genius hätte, welcher aussprechen und klagen könnte die erduldeten Unmenschlichkeiten, welches herzerschütternde Klagelied würden wir vom Genius des rumänischen Volks hören. Verwunderlich ist es fürwahr, daß ein so gequältes Volk nicht verzweifelte an der Zukunft, sondern in kinderreichen Ehen sein leidensvolles Geschlecht fortpflanzte durch die Jahrhunderte."

Sie haben eben ausgehalten und halten auch noch heute Manches aus, ohne sich in ihrer Entwicklung hemmen zu lassen, und ohne die Geduld zu verlieren, weil sie fühlen, daß sie die lange Zukunft noch vor sich haben.

* * *

Der politische Kampf, den die Rumänen seit beinahe zweihundert Jahren gegen die Magyaren führen, hat einen culturhistorischen Hintergrund.

---

*) Seite 155, 156 der oben bezogenen Studien.

Jahrhunderte lang waren die Magyaren das herrschende Element an der unteren Donau, das vornehmste christliche Volk im ganzen Orient und das vermittelnde Glied zwischen Osten und Westen; während dieser langen Herrschaft ist es ihnen aber nicht gelungen, zu einem socialen Kitt für die von ihnen beherrschten Völker zu werden. Sie waren ein politisch tüchtiges Volk, aber kein Cultur-Element; sie haben die von ihnen beherrschten Völker zwar zusammengehalten, aber wie? nicht durch ihre geistige Überlegenheit, sondern kraft der physischen Übermacht. Darum wuchsen die verwahrlosten Elemente um sie herum allmählich an, und das Bedürfniß nach einem Element, welches nicht bloß herrscht, sondern auch die Cultur bringt und die verschieden gearteten Völker in eine gemeinsame Bahn lenkt, wurde mit jedem Jahr reger und reger. Als nun mit den Habsburgern dieses culturbringende Element endlich im Orient erscheint, nimmt auch der planmäßige Culturkampf eine bestimmte Richtung an.

Der Versuch des deutschen Elements, die Aufgabe zu lösen, für welche die Magyaren sich unfähig erwiesen haben, ist bisher nur zum Theil gelungen. Die Völker der Monarchie fanden in den Habsburgern einen sicheren Halt und die treue Anhänglichkeit zu der gemeinsamen Dynastie hält sie für alle Zeiten zusammen; das deutsche Volk liegt aber zu entfernt und außerdem wird die deutsche Cultur zum großen Theil durch Juden und Magyaren gefärbt und nur so den andern Völkern mitgetheilt. So wirkte und wirkt noch immer der deutsche Einfluß anregend auf die orientalischen Völker und treibt sie zur raschen Entwicklung; es ist ihm jedoch bisher noch nicht gelungen, auch die Richtung dieser Entwicklung anzugeben.

Die Culturfrage steht also noch immer offen, und man wird es ganz natürlich finden, wenn auch das Volk der Rumänen sich berufen fühlt, einst — wohl nicht das politisch herrschende — aber doch das in der Cultur tonangebende Element im Orient zu werden.

Mit wunderbarer Klarheit hatte Schaguna diesen Gedanken erfaßt.

Als er sich an die Spitze der Rumänen stellte, brachte er kein fertiges Programm mit; sein Programm lag in den angestammten Neigungen des rumänischen Volkes selbst —, er verfolgte keine Pläne, die sich bei den Rumänen nicht durchführen lassen.

Er sah es vor Allem ein, daß die Rumänen sich unter keinen Umständen gegen die Dynastie leiten ließen, und daß Jeder, der ihre Mitwirkung sucht, im Namen des Kaisers in ihrer Mitte erscheinen muß. Die Macht und die Gnade sind, nach der traditionellen Ansicht des Rumänen, beim Kaiser, und Niemand kann sie anders, als im Namen des Kaisers üben. Die Idee der bürgerlichen Freiheit ist dem Rumänen noch fremd: er faßt sein Recht immer nur als ein kraft kaiserlicher Gnade verbürgtes auf, und wird ihm ein Unrecht zugefügt, so klagt er nie den Kaiser an, sondern seine „Diener", welche die ihnen übertragene kaiserliche Macht mißbrauchen. Nach der Anschauung des Rumänen ist der Kaiser im Reiche, wie der Vater in der Familie.

Darum sprach Schaguna im Sinne des rumänischen Volkes, als er im vermehrten Reichsrathe von 1860 sein Programm entwickelte und mit dem Satze einleitete:

„Die Einheit der Monarchie mit den Attributen, die seine Majestät bestimmen wird."

Und ebenso wenig entging es dem klaren Blicke Schaguna's, daß die Rumänen ein Volk sind, welches keine Machtansprüche hat.

Es fehlt dem Rumänen die Übung des Herrschens und, sagen wir, die Energie, die dazu gehört, um Andere zu beherrschen: er will ruhig leben und gibt sich nie die Mühe, Anderer Ruhe zu stören. Den toleranten Sinn, den er in seiner Kirche seit Jahrhunderten inmitten einer intoleranten Welt bewahrt, überträgt er auch in's politische Leben und versagt seine Mitwirkung jeder Action, die sich nicht auf Selbstvertheidigung beschränkt.

Darum schloß Schaguna jede directe Verständigung mit den Magyaren aus. Der allgemein beliebte Satz, daß Magyaren und Rumänen, als natürliche Alliirte, auf einander angewiesen seien, wurde von ihm entschieden verworfen. Nach seiner Ansicht sind alle Völker des Reichs an die gemeinsame Dynastie gewiesen, und jede directe Verständigung unter ihnen schließt den Gedanken einer Action gegen die Dynastie in sich. — Dies sind die leitenden Gedanken der modernen rumänischen Politik.

Als Schaguna im Jahre 1866 als geheimer Rath Seiner kaiserlichen Majestät nach Wien berufen wurde, hatte er für die Rumänen zum Abschied nur ein einziges Wort: „Geduld!" Die Rumänen sollten dem Wiener Hofe, dem sie ihre ganze moderne Entwicklung zu verdanken haben, nicht noch mehr Schwierigkeiten bereiten, als dieser schon zu überwinden hatte.

Und Schaguna kannte sein Volk: es blieb, ja es bleibt sogar noch immer geduldig.

Drei Wünsche hatte Schaguna damals im Namen des rumänischen Volks geäußert, und diese betrafen die Kirche, die Schule und die Sprache. Seine Wünsche gingen in Erfüllung: die rumänische Kirche wurde gesetzlich für autonom erklärt; es wurde den Rumänen das Recht zugesichert, selbst ihre eigenen Schulen zu errichten, zu unterhalten und zu verwalten, und das sogenannte „Gesetz für die Nationalitäten" gestattete bei gewissen Gelegenheiten und in gewissen Gegenden den officiellen Gebrauch der rumänischen Sprache.

So steht es im Gesetz. Aber die Gesetzgeber hatten schon bei der Abstimmung die Absicht, das Gesetz nicht zu achten.

Als nun die Rumänen sich darüber beklagten, sprach Schaguna die für die neueste rumänische Geschichte entscheidenden Worte: „Flere possem, sed juvare non."

Dort, wo die Regierung selbst, mit Zustimmung der parlamentarischen Majorität, die vom Staatsoberhaupt sanctionierten Gesetze nicht achtet, bleibt nur noch der offene Aufstand übrig, und dazu konnte Schaguna doch nicht rathen.

Von da an gestalteten sich die Verhältnisse zu Gunsten seiner politischen Gegner.

Ungeduldige oder ehrgeizige Menschen, denen die klare Einsicht in die Verhältnisse abgeht, gibt es überall und so auch bei den Rumänen: diesen konnte die bedachtsame Politik Schaguna's nicht zusagen; sie wollten mehr, sie wollten Alles, denn nach ihrer Ansicht ließe sich mit so einem Volk, wie die Rumänen es sind, auch das höchste durchführen. So lange jedoch Schaguna die Worte „juvare non" nicht aussprach, ließ man Leute dieser Art gewöhnlich nicht zum Wort kommen, und sie mußten es auch selbst fühlen, daß sie nur an der Seite Schaguna's zu einiger Bedeutung gelangen könnten.

Der Dualismus machte das rumänische Volk zugänglicher für die Rettungsversuche dieser Politiker; die Unzufriedenheit wuchs jeden Tag an; die Worte „der Kaiser hat uns in die Hände der Magyaren geliefert" (impĕratul ne-a dat po măna ungurilor) fanden immer mehr Anklang, und zuletzt glaubte der träumerischere Theil des Volks daran, daß dort, wo die Weisheit Schaguna's versagte, der blinde Eifer Anderer noch immer helfen könne.

Wie aber diese Anderen helfen zu können hofften, ob sie eine Politik auf eigene Faust einleiten oder an irgend eine unbekannte

Macht sich lehnen wollten, das ließ sich bisher noch nicht ergründen. Sie lehnten sich vor Allem gegen die traditionelle Leitung der Kirchenfürsten auf und begingen dadurch einen doppelten Fehler: sie machten sich beim Volke, welches seine Traditionen nicht sobald aufgibt, für die Dauer unmöglich und verloren zugleich den Halt, den die Rumänen seit zweihundert Jahren in Wien finden, denn Menschen, die gegen Schaguna vorgingen, konnte man in Wien nicht trauen.

Schaguna rieth den Rumänen, sich in die Verhältnisse zu fügen, die besseren Zeiten geduldig zu erwarten und auf den Wiener Hof zu vertrauen, welcher das gleichmäßige Wohl aller Völker der Monarchie anstrebt und mit der Zeit zweifellos auch durchsetzen wird: die Rettungspolitiker trieben dagegen die Rumänen zu einer hartnäckigen Opposition an, wollten die Union Siebenbürgens mit Ungarn nicht anerkennen und glaubten durch Pronunciamente, die beim Volk keinen Anklang fanden, Wunder wirken zu können. Dazu versuchten die Einen eine directe Verständigung mit den Magyaren, die Andern eine solche mit den Serben und den übrigen unzufriedenen Völkern zu erzielen, was natürlich nicht gelingen konnte, da der begriffstützige Rumäne immer nur darnach fragte, was der Kaiser dazu sage.

Um also eine Antwort auf diese Frage möglich zu machen, und um die ungeduldigen Politiker vom unzufriedenen Volk fern zu halten, faßte Schaguna den Plan eines National-Congresses, welcher die Wünsche der Rumänen formulieren und durch eine Huldigungs-Deputation an den Thron bringen sollte. Nur in dieser Form ließ er eine auch nach seiner Ansicht nothwendige Verständigung mit anderen unzufriedenen Völkern zu.

Die allerhöchste Genehmigung für einen derartigen Congreß wurde Schaguna zugesichert, und es blieben nur noch die constitutionellen Formen der Durchführung übrig. Da eilte der damalige königlich ungarische Minister-Präsident Graf von Lónyay nach Siebenbürgen und lud die Führer der Rumänen zu einer gutfreundlicher Verständigung ein. Schaguna ging natürlich darauf nicht ein und rieth auch seinen Gegnern davon entschieden ab; diese fanden jedoch in einer Conferenz mit dem Grafen von Lónyay nichts Verfängliches, und da die Rumänen auf eine directe Verständigung mit dem königlich ungarischen Ministerium eingingen, wurde der von Schaguna in Vorschlag gebrachte Congreß zum mindesten überflüssig.

Mit der Bereitlung dieses Congresses ging Alles aus den Fugen. Schaguna gab zwar seinen Plan nicht auf und erwartete mit der ihm eigenthümlichen ruhigen Zuversicht die günstigste Zeit dazu: er war jedoch kränklich und gebrochen durch Alter und lange mühevolle Thätigkeit; er verschied vor der Zeit. Die Männer aber, deren Mitwirkung er zum großen Theil seine Erfolge zu verdanken hatte und welche nach seinem Tode sich berufen fühlten, das gemeinschaftlich begonnene Werk fortzusetzen und auf der von ihm vorgezeichneten Bahn die Rumänen weiter fortzuführen, diese haben zwar seinen Segen bekommen, jedoch nicht seinen allseitigen Einfluß geerbt.

Der erste Nachfolger Schaguna's, Procopius Ivascovici, ein Jugendfreund und einer der Ersten unter den Kampfgefährten des Verblichenen, erfreute sich zwar einer allseitigen Beliebtheit; er war jedoch zu schwach für die Stelle, die vor ihm ein Mann wie Schaguna ausgefüllt hatte, und so blieb er auch nur kurze Zeit an der Spitze der griechisch-orientalisch-rumänischen Kirche, um deren Autonomie er sich so große Verdienste erworben hatte. Nach etwa einem Jahre wurde er zum serbischen Patriarchen gewählt und nahm im Interesse der Kirche diese Wahl an.

Joan Vancea de Buteasa, der Nachfolger des einige Jahre früher, 1867, verstorbenen griechisch-katholischen Metropoliten Sterca Șuluț, hielt sich bisher fern vom öffentlichen Leben, wirkte mit unermüdlichem Eifer für die ruhige Entwicklung seiner Kirche und trat im politischen Leben nur auf, wenn es sich darum handelte, die Aufmerksamkeit des Thrones rechtzeitig auf die für die Monarchie gefährlichen Folgen der von der königlich ungarischen Regierung befolgten Politik zu lenken.

Zum zweiten Nachfolger Schaguna's wurde der nächst Schaguna um die Cultur der griechisch-orientalischen Rumänen verdienteste Mann, der Diöcesan-Bischof von Karansebes Joan Popasu gewählt.

Joan Popasu, der Sohn eines Kaufmanns aus Kronstadt, geboren im Jahre 1814, ist einer der griechisch-orientalischen Jünglinge, die kraft kaiserlichen Rescripts vom 13. August 1816 aus Siebenbürgen zur höheren Ausbildung nach Wien entsendet wurden. Nach Beendigung seiner akademischen Studien brachte er aus der civilisierten Welt dieselben Überzeugungen wie Schaguna in seine Heimat mit und war, so wie dieser, sein ganzes Leben nur bestrebt, das rumänische Volk durch Bildung zu heben und für das politische Leben allmählich vorzubereiten. Darum hatte er sich, obwohl er an Bedeutung und an Bildung den meisten seiner Zeitgenossen überlegen war und schon bald nach seiner Heimkehr allgemein für den präsumptiven Nachfolger des zur damaligen Zeit schwächlichen Bischofs Moga galt, im politischen Leben nie vorgedrängt, sondern wirkte mehr durch seine Thaten selbst. Wir sahen ihn zwar im Jahre 1848 als Mitglied der rumänischen Huldigungs-Deputation in Wien, aber später, besonders während der 50er Jahre wirkte er mehr als Mitglied des Consistoriums und als Erzpriester des Kronstädter Sprengels. Abgesehen von dem, was er für das Schulwesen der griechisch-orientalischen Rumänen im Allgemeinen gethan, sind die prächtigen rumänischen Dorfschulen, welche man überall an der Aluta findet, und die Errichtung des rumänischen Gymnasiums von Kronstadt, der einzigen Mittelschule der griechisch-orientalischen Rumänen, seiner unermüdlichen Thätigkeit zu verdanken. Nach Wiedererrichtung der rumänischen Diöcese von Karansebes wurde Joan Popasu zum Bischof dieser Diöcese ernannt und schuf als solcher in Karansebes einen geistigen Mittelpunkt für die Rumänen des Banats, indem er hier eine pädagogische Schule und ein Priester-Seminar gründete und für das Lehrer-Collegium, wie früher in Kronstadt, dadurch sorgte, daß er begabte junge Leute zur höheren Ausbildung theils nach Wien, theils nach Leipzig auf Kosten seiner Diöcese schickte. Als er endlich vom Congreß der autonomen griechisch-orientalischen Kirche zum Metropoliten gewählt wurde, weigerte sich die königlich ungarische Regierung bei der Krone auf seine Bestätigung anzutragen.

Der später statt seiner gewählte Diöcesan-Bischof von Arad Miron Romanul wurde aber dadurch, daß er die dem Joan Popasu verweigerte Bestätigung erhielt, wenigstens für eine gewisse Zeit, unmöglich.

Zweifellos hatten auch die sogenannten „Nationalen" oder „Passivisten", wie sie sich in Siebenbürgen nannten, die besten und loyalsten Absichten, aber sie waren zu eifrig, überschätzten die Kräfte des rumänischen Volks und verstanden es nicht, ihren Absichten eine populäre Formulierung zu geben.

Dem eigentlichen Rumänen ist es ja ziemlich einerlei, ob Siebenbürgen autonom bleibt oder mit Ungarn vereinigt wird, und ebenso gleichgiltig ist es ihm, ob man in Pest einen Kaiser haben will oder bloß einen König: er versteht nur das Eine, daß überall ein und dasselbe Staatsoberhaupt, sein Imperatul, waltet. Außerdem enthält der Anspruch auf die Autonomie Siebenbürgens, sofern er von Rumänen erhoben wird, nebst der berechtigten Strebung nach nationaler Entwicklung, auch den leisen Wunsch, die magyarisch-sächsische Minorität mit der Zeit zu beherrschen: dafür wird aber nur selten ein echter Rumäne sich begeistern. Sollte man die Rumänen fragen, wie sie das Land eingerichtet haben wollen, so wäre ihre Antwort: Wir wollen diesmal, aber auch nur diesmal Alles brüderlich theilen, dann wollen wir unser eigenes Gemeindehaus, unsere eigene Schule, unseren eigenen Dorfrichter, unser eigenes Gericht, unseren eigenen Obergespan und unseren eigenen Sitz im Rathe des Kaisers haben, und die Übrigen sollen machen, was sie wollen. Darum bedeutet aber ein Rumäne im politischen Leben weniger als ein Magyare, dem der stolze Sinn des Herrschens angestammt ist, der sich bedrückt fühlt, wenn er Andere nicht beherrschen kann und der die Gleichheit mit Andern nur als ein historisches Unrecht aufzufassen vermag. Es wird sich also jeder verrechnen, der sich darauf verlassen würde, daß schon heute die 2,600,000 Rumänen es mit ebensovielen Magyaren aufnehmen könnten. Das emporstrebende Volk der Rumänen hat viel weniger Motive sich anzustrengen, als die Magyaren, welche jeden Tag in ihrer historischen Stellung um einen neuen Schritt zurückweichen müssen und ihren Ahnen gegenüber die Verpflichtung haben, jede Position mit dem Blute ihres Herzens zu vertheidigen.

So hatten sich auch die „nationalen Vorkämpfer" getäuscht: sie fanden beim Volk nicht die Energie, welche sie vorausgesetzt hatten und mußten sich nach einigen Jahren ermüdet zurückziehen.

Der Versuch mußte jedoch ziemlich theuer bezahlt werden. Es ist nicht genug, wenn ein Politiker loyal bleibt; er muß auch den Schein der Loyalität bewahren.

Die Behauptung, daß die Rumänen die Vereinigung aller von Rumänen bewohnten Länder zu einem selbständigen, dacorumänischen Reich anstrebten, ist eine Erfindung der Magyaren.

Zweifellos ist das Gefühl der nationalen Zusammengehörigkeit bei den Rumänen sehr rege, und es gibt auch im Geheimen wirkende Einflüsse, welche dieses Gefühl zu politischen Zwecken ausbeuten möchten. Der Kossuth-Partei, den internationalen Schwärmern, welche eine Conföderation der orientalischen Völker anstreben, Rußland und überhaupt den Feinden des Habsburgerreiches kann ja nichts näher liegen, als der Gedanke, auch das größte und compacteste Volk des Orients, die Rumänen, in ihre Bahnen zu lenken. Doch dazu werden sich die Rumänen nicht bald hergeben. Über tausend Jahre lang darbten die romanischen Elemente des Orients, weil sie allein, auf sich selbst angewiesen und ohne jeden Halt in der Welt standen; heute, wo sie endlich einen Halt gefunden und dadurch die ihnen gebührende Bedeutung erlangt haben, heute werden sie diese Bürgschaft ihrer Zukunft nicht leichtsinnig von sich werfen. Die Rumänen haben keine Machtansprüche; sie wollen nur, was die Habsburger kraft der ihnen zugefallenen historischen Mission anstreben: die sociale Ordnung in den Karpathen und an der unteren Donau aufrechterhalten und die Cultur, nach ihrer Fähigkeit, dem Orient vermitteln.

Fühlt man dies in Wien und fühlt man es weiter in der civilisierten Welt, so muß sich das rumänische Volk des wohlwollenden Vertrauens dieser ganzen Welt, deren Zwecke es im Orient vertritt und vertreten will, erfreuen; zweifelt man aber daran, so werden die Rumänen „in die Hände der Magyaren geliefert" oder sie müssen ihr Blut auf den bulgarischen Feldern für eine Sache vergießen, die mit ihrer eigenen historischen Mission in

Widerspruch steht. Der Tactlosigkeit der „nationalen Vorkämpfer" ist es zuzuschreiben, wenn heute die Rumänen in manchen Kreisen für ein Volk gelten, welches die Störung der bestehenden Ordnung anstrebt.

Den Magyaren, denen nur um ihre Herrschaft zu thun ist, konnte ja nichts willkommener sein, als ein Abfallen der Rumänen von ihrer ostentativ dynastischen Politik, also ein Vorgehen auf eigene Faust, welches unter vernünftigen Leuten immer zum Verdachte einer Anlehnung an irgend eine geheime Macht führt. Darum haben sie nicht bloß diesen Verdacht nach Möglichkeit gegen die Rumänen ausgebeutet, sondern gaben sich und geben sich noch fortwährend die größte Mühe, das dynastische Gefühl der Rumänen auch in der Wirklichkeit zu schwächen, indem sie jede Unbill, die sie selbst den Rumänen zufügen, immer nur auf den Thron zurückzuführen bestrebt sind.

Und wenn der Magyare, die verwundbare Stelle des Rumänen kennend, immer und immer wieder daran erinnert, daß Seine kaiserliche Hoheit Kronprinz Rudolf die rumänische Sprache nicht erlernt hat und daraus den Schluß zieht, daß der zukünftige Impĕratul nicht, wie seine Vorgänger, rumänisch mit den Rumänen sprechen will, so muß jeder Rumäne die Absicht verstehen und den Angriff abweisen. Den Gedanken, daß dort oben nicht gleiche Rücksicht für Alle herrscht, darf kein Rumäne aufkommen lassen, denn in der Liebe der Rumänen liegt auch zum großen Theil die Macht des Reiches und somit das Wohl der Völker.

Dergleichen haben die „nationalen Vorkämpfer" nicht gethan: sie waren zu empfindlich, zu unvorsichtig, zu wenig — wie ein Mann nach der rumänischen Anschauung sein soll, und so haben sie gegen ihren Willen eben ihren Feinden, den Magyaren, manchen guten Dienst erwiesen. Heute, wo sie wieder in die von Schaguna vorgezeichnete Bahn einzulenken bereit wären, darf man es ihnen wohl sagen.

Die Führer der „nationalen" Partei, Herr Vincenţiu Babeş im Banat und in Ungarn und Herr Georgiu Bariţ in Siebenbürgen, fanden zu Ende der 60er und zu Anfang der 70er Jahre einen ansehnlichen Anhang bei den Rumänen; dieser galt jedoch ihrer Politik, besonders soweit sie mit der der gemäßigten Partei übereinstimmte. Ein eigenes Programm hatte zwar die „nationale" Partei; ihre Bestrebungen wichen jedoch von denen der gemäßigten nicht ab, nur glaubten die „Nationalen" Alles unverzüglich und mit Sturm durchführen zu können, und so galten sie für die Männer der Situation.

Der eigentliche Führer der „Nationalen", Georg Bariţ, der Sohn des griechisch-katholischen Priesters von Alsó Zsuk bei Klausenburg, geboren im Jahre 1812, genoß seine Ausbildung zu Blasendorf und im römisch-katholischen Seminar von Klausenburg. Nach Beendigung seiner Studien wurde er zum Gymnasial-Professor in Blasendorf ernannt und ein Jahr darauf nach Kronstadt berufen, um dort eine rumänische Handelsschule zu organisieren. Damit beginnt seine öffentliche Laufbahn. Im Jahre 1838 gründete Bariţ das erste rumänische politische Blatt, „Gazeta Transilvaniei", und das erste literarische „Foaea pentru minte, inimă şi literatură". — Im Jahre 1848 wurde er zum Mitglied des nationalen Comités gewählt, flüchtete dann vor Bem nach Rumänien und wurde hier von den Russen gefangen genommen, abgeführt und nur in Folge einer Vermittlung der Brüder Hurmuzaki in Czernowitz wieder freigelassen. Während der 50er Jahre lebte Bariţ als Leiter einer Papier-Fabrik von Zërneşti bei Kronstadt ziemlich zurückgezogen; seit dem Jahre 1860 sehen wir ihn aber bei jeder nationalen Action unter den Ersten; als Mitglied des nationalen Congresses der Rumänen, als Regalist im 1863er siebenbürger Landtag, als Mitglied des Reichsrathes und später als Führer der Passivisten-Partei in Siebenbürgen ist er immer der eifrigste Vertheidiger der rumänischen Interessen. Georg Barit gehört zugleich unter die ersten Literaten der siebenbürger Rumänen.

So lange Schaguna die Action der Rumänen leitete, gehörte auch Barit, sammt seinen Meinungsgenossen, zu dem Kreise von Männern, die in allen nationalen Angelegenheiten mit Schaguna zusammenwirkten; den Vorwurf, daß er je das einheitliche Vorgehen der Rumänen gestört hätte, darf man ihm nicht machen.

Und hätte es Schaguna, so lange er die Action leitete, nicht verstanden, seine Meinungen immer derart zu formulieren, daß sie allen bedeutenden Männern der Rumänen zusagten, so wäre es ihm nicht möglich gewesen, dem rumänischen Volk die Stellung zu verschaffen, welche es im Reiche während des Provisoriums einnahm. Wir sehen aber an seiner Seite, in Siebenbürgen, den griechisch-katholischen Metropoliten Alexander Sterca Șuluț, der eine Million von Rumänen vertrat, in Ungarn den griechisch-orientalischen Bischof von Arad Procopius Ivașcovici, im Banat die Brüder Peter (Pera), Andreas und Antonius Mocsonyi, und in der Bukowina die Brüder Hurmuzaki, deren ältester, Eudoxius, bei seinen Bukowiner Stammesgenossen das entscheidende Wort hatte und ihm auch den Bischof Eugenius Hakmann zuführte; in seiner Kirche selbst war er aber, außer den Angeführten, noch von Männern unterstützt, wie der Vicar Nicolaus Popea, Jacobus Ritter von Bologa und Anderen, welche mit ihm zur Hebung des rumänischen Volks wetteiferten.

Nicht also den günstigen Umständen allein haben die Rumänen die kurze Periode nationalen Aufathmens, die sie während des

Provisoriums durchgelebt haben, zu verdanken: sie gelangten zur Bedeutung, weil in ihrer Mitte ein Mann lebte, der es verstand, sie zu vereinigen, ihren wahren Absichten den richtigen Ausdruck zu geben und von ihren Kräften den besten Gebrauch zu machen.

* * *

Das Bestreben, welches beinahe zweihundert Jahre das rumänische Volk in fortwährender Erregung erhielt, ging nur darauf hinaus, die Hindernisse zu beseitigen, welche die naturgemäße, allseitige Entwicklung der ihm innewohnenden Kräfte hemmten.

Nachdem in Folge der 1848er Revolution ein großer Theil dieser Hindernisse beseitigt wurde und besonders nachdem im Jahre 1860 das Princip, daß die Macht des Reiches nur in der gleichmäßigen Entwicklung aller seiner Völker bestehen könne, zur Geltung gebracht war, ging auch das rumänische Volk einer raschen Entwicklung entgegen.

Diese Entwicklung dauerte jedoch nur kurze Zeit.

Der Dualismus brachte ein neues Princip zur Geltung: daß die Macht des Reiches nur in der Entwicklung zweier Elemente, des deutschen und des magyarischen bestände.

Dieses Princip wäre nun richtig, wenn die herrschenden Elemente auch fähig wären, es durchzuführen; sie sind jedoch nicht im Stande, die übrigen Elemente in ihrer Entwicklung aufzuhalten und verbrauchen somit ihre Kräfte bei einer vergeblichen Arbeit, welche das Reich schwächt und einer unausbleiblichen Zerrüttung entgegenführen muß.

Was im Besonderen die Rumänen betrifft, so ist es falsch, zu glauben, daß sie sich heute, gegen Ende des XIX. Jahrhunderts, noch in ihrer Entwicklung aufhalten ließen. Sie haben ja eine

Epoche freien Aufathmens hinter sich, und wie kurz diese Epoche auch gewesen sei, sie wurde gut ausgenutzt, da Männer inmitten der Rumänen lebten, welche, jede Übereilung vermeidend, die freigewordenen Kräfte ihres Volkes nicht zu eitlen Zwecken, sondern dazu verbrauchten, um seine ökonomische und geistige Entwicklung für alle Zeiten zu sichern.

Die ökonomische Entwicklung richtet sich bei den Rumänen, wie auch bei andern Völkern, nach den jeweiligen Bedürfnissen des Volkes selbst, und da bei den Rumänen die Bedürfnisse nur allmählich zunehmen, ist auch der Gang der Entwicklung kein rascher.

Das Volk besteht durchgehends aus Bauern und Hirten, und darum gelten bei ihm nur Grundbesitz und Viehreichthum als wirklicher ökonomischer Wohlstand. Das Geld ist nach der Auffassung des Rumänen kein Reichthum und hat nur einen Werth, weil man damit Grund und Boden ankaufen kann. Wir stehen hier einem Volke gegenüber, welches Jahrhunderte lang keinen eigenen Grund und Boden hatte und vom Grundbesitzer beherrscht wurde; darum ist heute seine ganze ökonomische Thätigkeit darauf gerichtet, selbst Grund und Boden zu erwerben.

Abgesehen davon also, daß beinahe sämmtliche Bedürfnisse der Rumänen durch die primitive Hausindustrie befriedigt werden können, so macht schon diese Sucht nach Grund und Boden bei ihnen jede höhere industrielle Entwicklung für eine lange Zeit unmöglich. Es fehlt bei ihnen sowohl das Capital an Geld, weil sie alles verfügbare Geld mit einer fieberhaften Übereilung in den Boden stecken, wie auch das Capital an Kräften, weil der Rumäne lieber ein armer Bauer, als ein reicher Schuster sein will.

Es gibt zwar bei den Rumänen Gärber, dubelari, Kürschner, cojocari, Töpfer, olari, Holzarbeiter, dulgheri,

lemnari, Riemer, curelari, und in neuerer Zeit viele Schuh=
macher, cismari, călciunari: diese sind jedoch zum großen
Theil zugleich Bauern, treiben gewöhnlich ihr Gewerbe nur im
Winter und geben es als etwas Unwürdiges auf, sobald sie sich
etliches Vermögen erworben haben.

Gewerbetreibende Rumänen gibt es in größerer Anzahl
in Arad, Temešvar, Lugos, Lippa, Karlsburg, Hermannstadt und
Kronstadt; weiter gegen Norden sind sie selten. Auch in Arad,
Temešvar und Lugos, wo sie verhältnißmäßig zahlreich sind,
bemüht sich der ärmere Gewerbsmann, seinen Sohn zu einem
Popen, einem Advocaten oder mindestens zu einem Lehrer aus=
zubilden, gibt seine Tochter nur ungern einem Gewerbsmann zur
Frau, kauft sich mit seinen ersten Ersparnissen ein Haus und
treibt überhaupt das Gewerbe nur so lange, als er es noch
nicht aufgeben kann.

Die Zahl der Gewerbetreibenden wird trotzdem allmählich
größer. Die Lehrer und die Popen reden den Eltern der begab=
teren Schulkinder unaufhörlich zu, und es findet sich hie und da
ein Vater, der sich endlich entschließt, den einen seiner Söhne ihnen
anzuvertrauen. Diese bringen ihn dann in die nächste Stadt und
geben ihn zu einem Gewerbsmann unter ihrer Oberaufsicht in die
Lehre. In Siebenbürgen hat sich zu diesem Zwecke ein Verein
gebildet, der in Hermannstadt seinen Sitz hat und den Lehrlingen
auch mäßige Unterstützungen gibt.

Dieselbe Sucht nach Grundbesitz beherrscht auch die „höhere"
Classe der Rumänen, also die Lehrer, die Popen, die Dorfschreiber,
notari, und überhaupt die mehr oder minder gebildeten Mit=
glieder des Volks. Jeder arbeitet nur darauf los, um sich ein
eigenes Haus und möglichst viel Grundstücke zu erwerben. Darauf,
daß Grund und Boden verhältnißmäßig wenig trägt, wird nicht

gesehen; die Hauptsache ist, daß allein Grundbesitz Achtung bringt. So kann bei den Rumänen von Handel im eigentlichen Sinne des Wortes beinahe gar nicht die Rede sein. Es gibt zwar an der Aluta und auf der ungarischen Ebene zahlreiche Rumänen, die Viehhandel treiben, und da ihre Regiekosten klein sind, es oft weit damit bringen; diese sind jedoch meistens gewöhnliche Bauern, welche die Erträgnisse ihres Capitals und zuletzt auch das Capital selbst in den Boden stecken. Eigentliche Kaufleute gibt es bei den Rumänen sehr wenig und auch diese sind ihrer Abstammung nach meistens Macedo-Rumänen und haben es nur in Kronstadt zu einiger Bedeutung gebracht.

In neuerer Zeit haben die Rumänen zwei Actien-Gesellschaften gegründet, die Versicherungs-Gesellschaft „Transilvania" und die Credit-Anstalt „Albina", deren Actien gut stehen, aber sich schon nicht mehr ausschließlich in Händen von Rumänen befinden.

Wie viel Grund und Boden die Rumänen während der letzten 30 Jahre an sich gebracht haben, das läßt sich statistisch nicht ermitteln; es ist aber allgemein bekannt, daß in Siebenbürgen besonders die Sachsen und auf der ungarischen Ebene die Magyaren ziemlich viel Grund und Boden während dieser Zeit zum Theil auch an die Rumänen abgetreten haben. Während der letzten 5—8 Jahre hat dagegen die ganze ungarische Landbevölkerung und somit auch die rumänische, besonders im Banat und auf der ungarischen Ebene, viel Grund und Boden abgeben müssen und zwar zum größten Theil an die Juden. Ob nun die Rumänen mehr oder weniger als Andere verloren haben, das sollen die Wahllisten des gegenwärtigen Jahres zeigen; gewiß ist nur, daß, wenn in Ungarn wirklich die Steuern zu groß und die Verwaltung leichtsinnig sein sollte, es nicht die Rumänen sind, welche dies am meisten fühlen werden.

Der sicherste Maßstab für die ökonomischen Zustände ist, besonders beim armen Volk der Rumänen, die Summe, welche es jährlich aus eigenem Antrieb für die Beförderung seiner geistigen Entwicklung gibt, und diese Summe wird jedes Jahr größer: jedes Jahr wächst die Zahl der Schulen, jedes Jahr stellt der Rumäne an seinen Geistlichen und an seinen Lehrer größere Ansprüche und sorgt darum Jahr um Jahr besser für sie.

Und obwohl die Rumänen ebenso wie die andern Staatsbürger die Steuern zahlen, trägt der ungarische Staat nichts zur Hebung des rumänischen Unterrichtswesens bei, sondern der Rumäne, besonders der griechisch-orientale, hat noch eine neue Steuer zur Unterhaltung seiner armen Kirche und der dazu gehörigen Bildungsanstalten zu zahlen.

Seit dem Jahre 1848, wo die Rumänen ein Obergymnasium, ein Priester-Seminar und eine pädagogische Schule in Blasendorf, ein zweites Obergymnasium in Belényes, einen Cursus für die Ausbildung der Geistlichkeit in Hermannstadt, einen eben solchen Cursus in Arad und einige Hundert erbärmliche Volksschulen hatten, sind sie soweit vorgeschritten, daß sie im Jahre 1879 vier Obergymnasien, zu Blasendorf, Belényes, Naszód und Kronstadt, ein Untergymnasium zu Brad, zwei griechisch-katholische Priester-Seminare, zu Blasendorf und Szamos-Újvár, ein griechisch-orientales zu Hermannstadt, zwei höhere Anstalten für die Ausbildung der Geistlichkeit, zu Arad und Karansebes, sechs pädagogische Schulen, eine Real- und Handelsschule zu Kronstadt und 2932 Volksschulen hatten.

Am besten wird für den Volksunterricht in den beiden älteren und reicheren griechisch-katholischen Diöcesen gesorgt, in der von Großwardein und besonders in der von Blasendorf, welche schon im Jahre 1872 über 721 Volksschulen mit 738 Lehrern und

34,719 Schulkindern verfügte. Auch die ärmeren Diöcesen sind eifrig bemüht, das Versäumte nachzuholen. So gab es z. B. in der Araber Diöcese im Jahre 1872 bloß 481 und im Jahre 1879 schon 624, also um 143 Schulen mehr. Während der Zeit von 1877 bis 1879 hat die Zahl der rumänischen Schulen um 179 zugenommen. Im Jahre 1872 gab es in sämmtlichen ungarischen Kronländern 179,066 Schulkinder rumänischer Nationalität, und nach der Zunahme der Schulen zu schließen, muß ihre Zahl heute über 200,000 stehen. Die Rumänen bleiben jedoch noch immer, was den Schulunterricht anbelangt, hinter den Deutschen, den Slovaken und den Magyaren zurück.

Die Zahl an sich ist jedoch nicht entscheidend.

Die griechisch-katholischen Lehrer und Priester genießen heute ungefähr dieselbe Ausbildung wie die römisch-katholischen, und die Lehrkräfte der griechisch-katholischen Kirche werden zum großen Theil in Rom und an der Wiener Universität herangebildet. Für die griechisch-orientalischen Priester aber besteht der Cursus nicht mehr aus bloß sechs Monaten, sondern aus vollen drei Jahren, und es werden zu diesem Cursus auch nur junge Leute zugelassen, welche zum mindesten sechs Gymnasial-Classen absolviert haben. Die Lehrkräfte für diesen Cursus, für die pädagogischen Schulen und für die Gymnasien werden an den Universitäten von Wien, Leipzig, Graz und Pest herangebildet. So sind denn auch die Dorflehrer wirkliche Lehrer und die Dorfschulen wirkliche Volksschulen, welche jedes Jahr mehr und mehr den modernen Anforderungen entsprechen.

Was die Mittelschulen anbelangt, so sind die vier Obergymnasien, das eine Untergymnasium und die eine Realschule, welche die Rumänen bisher sich errichtet haben und nur mit merklicher Anstrengung unterhalten können, für ein Volk von 2,600,000 Seelen unzureichend, und der größte Theil der emporstrebenden rumänischen Jugend besucht nichtrumänische und besonders magyarische Mittelschulen. Hier können sie es aber, theils da sie mit einer ihnen unbekannten Sprache zu kämpfen haben, theils da sie verfolgt oder zum mindesten vernachlässigt werden, nur selten weit bringen, und wenn man in der ersten Gymnasial-Classe 40—50 Rumänen findet, so kann man sicher annehmen, daß nur höchstens vier davon es bis zur achten bringen werden. Außerdem ist das öffentliche Leben den Rumänen ziemlich verschlossen und auch ein Theil der wenigen jungen Leute, welche mit vieler Noth es endlich bis zur Universität bringen, sind, nach Beendigung ihrer Studien, besonders, wenn sie diese auf deutschen Universitäten gemacht haben, genöthigt, ihre Heimat zu verlassen. So finden wir im Jahre 1872 an den Mittelschulen neben 24,590 Magyaren und 3948 Deutschen bloß 2270 Rumänen, die mit der Zeit durchgehends doch nur Lehrer und Priester werden können.

Besser sollte es um das Unterrichtswesen der so außerordentlich reich dotierten Bukowiner Kirche bestellt sein. Trotzdem aber, daß der Bukowiner Religionsfond in der Wirklichkeit ein rumänischer Nationalfond ist, und daß seine jährlichen Einkünfte beinahe zwei Millionen Gulden ausmachen, wird nur sehr wenig davon für den rumänischen Unterricht verwendet. Man gab im Jahre 1871 eine Summe von etwa 60,000 Gulden für die Unterhaltung von 173 Volksschulen mit 217 Lehrern und 9781 Schulkindern, wovon bloß 2094 rumänischer Nationalität waren. Außerdem wird aus den Einkünften desselben Fonds ein Seminar, eine pädagogische Schule, eine Oberrealschule und eine Universität in Czernowitz und ein Obergymnasium in Suceava unterhalten, dessen Professoren an der Wiener Universität herangebildete Rumänen sind, die aber trotz der Verwunderung, der Seine kaiserliche Hoheit

Erzherzog Rainer vor einigen Jahren Ausdruck gab, den rumänischen Studenten in der ehemaligen Hauptstadt der Moldau noch immer in deutscher Sprache vortragen müssen.

Da kann man sich doch nicht wundern, wenn die Magyaren sich Mühe geben, ihre Sprache Anderen aufzudrängen, denn es erlernte sie gewiß keiner, wenn er dazu nicht gezwungen wäre.

Die vielen Rumänen an den so entfernten deutschen Universitäten, die aus der deutschen Sprache in's Rumänische übersetzten Bücher, und die allgemeine Achtung, der sich inmitten der Rumänen jeder gebildete deutsche Mann erfreut, sind hinlängliche Beweise, daß die Rumänen sich nicht gegen die deutsche Cultur sträuben; wenn es sich aber darum handelt, die Cultur in's Rumänische zu übertragen und im Volke zu verbreiten, so sollte man diese Aufgabe denjenigen Rumänen überlassen, welche an der Quelle selbst geschöpft haben, denn in Cultur-Fragen wirkt Liebe und Achtung mehr, als der Zwang, der mit der Zeit immer eine Reaction hervorrufen muß.

Die eifrige Thätigkeit, welche die Rumänen besonders während der letzten 30 Jahre entwickelt haben, ist, ethnographisch gesprochen, nur eine Vorarbeit: die Schule soll den jüngeren Generationen höhere Bedürfnisse beibringen, sie stärken und dadurch die allgemeine Entwicklung befördern; aber sie soll zugleich zum Fundament für die Ausbildung der rumänischen Sprache und der rumänischen Literatur dienen.

Die Literatur ist die Blüthe des Lebens und das, was aus ihr lebend bleibt, die Frucht: man soll nun bei den Rumänen wohl ein literarisches Streben, aber noch keine eigentliche Literatur suchen, denn bis zur Blüthe haben sie es noch nicht gebracht.

Es soll hier nur der allgemeine Gang der literarischen Entwicklung der Rumänen in einigen kurzen Zügen angedeutet werden.

Das erste uns bekannte rumänische Buch wurde im Jahre 1577 in Kronstadt gedruckt: es enthielt die Psalmen, von einem gewissen Diaconus Georg Coresi, wahrscheinlich aus dem Griechischen übersetzt.

Nachdem die Rumänen dieses erste Buch in die Hand bekamen, entstand eine ziemlich rege literarische Thätigkeit in ihrer Mitte und schon bis Ende des XVI. Jahrhunderts wurde ein ansehnlicher Theil der Kirchenbücher in Siebenbürgen, der Rest aber zu Anfang des XVII. Jahrhunderts in der Walachei und in der Moldau übersetzt und gedruckt.

Alle diese Bücher sind mit sogenannten kyrillischen Buchstaben gedruckt und in ein volksthümliches Rumänisch übersetzt; nur haben einige der Übersetzer, wo sie den rumänischen Ausdruck nicht fanden, griechische oder slavische Worte gebraucht.

Schon gegen Ende des XVI. Jahrhunderts hatten es Einige versucht, das Rumänische mit lateinischen Lettern zu schreiben; die Durchführung dieser Idee sammt ihren Consequenzen war jedoch der Blasendorfer Schule vorbehalten.

Es konnte der römischen Propaganda nichts näher liegen, als der Gedanke, die Rumänen an ihre römische Abstammung zu erinnern, und so ging die Blasendorfer Schule daran, diese Abstammung nachzuweisen und daraus die für die Rumänen günstigsten Schlüsse zu ziehen.

Der Nachweis an sich, soweit er möglich ist, war nun allerdings wünschenswerth, und die Männer, die sich bemüht haben, ihn zu liefern, haben sich sowohl um die rumänische Literatur, wie auch um die Wissenschaft im Allgemeinen verdient gemacht; aber schon darin, daß man annahm, sie suchten mit einer bestimmten, der Sache selbst fremden Absicht den Nachweis zu liefern, lag eine Gefahr für die fernere Entwicklung der rumä=

nischen Literatur, denn man wurde dadurch zu dem Gedanken verleitet, daß die literarische Thätigkeit nur bestimmt sei, im Volke politisch zu wirken.

Die eigentlichen Begründer der Blasendorfer Schule waren Samuel Klein, Petru Maior und Georg Sinkay, alle drei Siebenbürger, alle drei theils in Rom, theils in Wien gebildet und alle drei sehr thätig; sie lebten ungefähr zu gleicher Zeit, gegen Ende des XVIII. und zu Anfang des XIX. Jahrhunderts, wirkten zusammen, und da ihre mit guter Absicht begonnene und mit wahrer Hingebung fortgesetzte Arbeit nicht fruchtlos blieb, legten sie die ersten Grundlagen der modernen rumänischen Literatur und schufen dadurch eine neue Epoche in der geistigen Entwicklung des rumänischen Volks.

Ihr Standpunkt war aber auch ein gesunder. Sie forcierten zwar die Beweise für die römische Abstammung ihres Volks und leiteten die rumänische Sprache in übertriebener Ausdehnung von der lateinischen ab: aber sie schrieben selbst ein volksthümliches Rumänisch und gaben sich auch im Übrigen nicht die Mühe, die Resultate ihrer Untersuchungen praktisch zu verwerthen.

Aus der nachfolgenden Generation tritt vor Allem der in Wien herangebildete Archidiaconus der Hermannstädter Diöcese Georg Lazar hervor, der, mit seinem Bischofe entzweit, in die Walachei sich begibt und im Jahre 1818 die erste rumänische Schule — für Theologie und Mathematik — zu Bukarest eröffnet und damit den neuen Ideen auch an der unteren Donau Eingang verschafft. Die von ihm begonnene Arbeit wird von Joan Majorescu, ein Neffe des Petru Maior, fortgesetzt, der nach Beendigung seiner Studien (1836) auch in die Walachei auswandert und später als Gymnasial-Director in Crajova, dann als Universitäts-Professor, und besonders (1847) als Landes-Schul-

Inspector der Walachei wirkte. Ungefähr um dieselbe Zeit (1849) begann ein anderer Siebenbürger, Arone Pumnul, seine Thätigkeit in der Bukowina, der als Professor der rumänischen Sprache am Czernowitzer Gymnasium die Richtung angab, welche die Bukowiner Rumänen bis zum heutigen Tag in ihrer geistigen Entwicklung verfolgen. Zugleich mit diesen wirkten auch andere, ebenfalls wie diese an der Wiener Universität herangebildete Siebenbürger, welche an den Universitäten von Jassy und Bukarest mit der Wissenschaft auch die Ideen der Blasendorfer Schule an der unteren Donau verbreiteten. Die hervorragendsten unter diesen sind August Treboniu Laurianu, Alexandru Papiu Ilarianu und Simeon Bărnuț, welche sich nicht darauf beschränkten, die Ideen ihrer Schule zu verbreiten, sondern sich zugleich bemühten, dieselben weiter zu entwickeln und politisch zu verwerthen.

Fern von jedem Hintergedanken und nur von der Liebe zur Wahrheit geleitet, ging jedoch das eigentliche Haupt der Schule, Timoteus Cipariu, auf der von seinen Vorgängern geebneten Bahn vorwärts, und darum war seine Arbeit eine gesegnete, wenn sie auch zuweilen zu Resultaten führte, welche zu beklagen sind.

T. Cipariu, geboren im Jahre 1805 zu Panade bei Blasendorf, genoß seine Ausbildung in Blasendorf und am reformierten Collegium von Nagy-Enyed. Seit Beendigung seiner Studien (1826) lebt er anhaltend in Blasendorf als Professor, lange Zeit als Gymnasial-Director, seit 1842 Domherr, gegenwärtig Präpositus des Domcapitels, immer thätig und unausgesetzt seinen Studien obliegend. Er hatte zwar im Jahre 1848 als Mitglied des National-Ausschusses, im Jahre 1850 als Deputierter der Rumänen in Wien, und im Jahre 1860 als Mitglied des Reichsrathes Theil an der politischen Action der Rumänen genommen; aber er ließ sich dadurch in seiner literarischen Thätigkeit nicht stören. Im Jahre 1867 wurde er zum Präsidenten der rumänischen Akademie zu Bukarest gewählt.

Der ganze Ideengang T. Cipariu's ließe sich in einem einzigen Satze zusammenfassen: die Rumänen haben in ihrer geistigen Entwicklung sich an die classische Cultur anzulehnen, also ihre Sprache der lateinischen nachzubilden und ihre Anschauungen nach denen der classischen Welt umzugestalten. Die mit seinem „Auszuge über die rumänische Orthographie mit lateinischen Lettern" schon im Jahre 1841 eingeführte und in seiner „Gramatica limbei romāne" (1869) wissenschaftlich begründete rein etymologische Schreibweise, die Ersetzung der nichtromanischen Worte mit lateinischen und überhaupt das ganze Bestreben, das Rumänische zu romanisieren, waren nur praktische Folgen dieses Princips.

Das Princip an sich wäre nun ernst und edel; aber es ist schon darum unhaltbar, weil es bei den Rumänen eine classische Cultur voraussetzt, welche ihnen abgeht und welche angesichts der modernen Cultur ihnen auch nicht beizubringen ist. So zehrte denn die ziemlich ungebildete Jugend am edlen classischen Vorbild und machte — sich gegen die moderne Cultur sträubend und nach einem ihr unbekannten Ideal strebend — nur eine Carricatur davon. Zu einem entschieden gefährlichen wurde das Princip erst dadurch, daß Andere es auch politisch zu verwerthen suchten.

Unter diesen ragt besonders Simeon Bărnuț, (geb. 1808 im Krasznaer Comitat) hervor, der seit dem Jahre 1855 († 1864) als Professor der Philosophie und des Naturrechts an der Jassyer Universität wirkte und einen socialistischen Geist in die Blasendorfer Schule hineinbrachte.

Nach Bărnuț sind die Erben der römischen Cultur auch zugleich die Erben der römischen Rechte auf Dacien. Die römische Abstammung, die römische Sprache, der römische Geist, das römische Blut, das ganze römische Wesen des Rumänen soll sich empören gegen die unerhörte Ungerechtigkeit, welche die Nachkömmlinge der Römer seit Jahrhunderten zu ertragen haben; die ganze literarische Thätigkeit ist da, um dieser Empörung einen energischen Ausdruck zu geben; wer das leugnet, der ist ein Verräther; wer eine Wahrheit sagt, die damit nicht übereinstimmt, der ist ebenfalls ein Verräther, und wer sich mit Sachen abgibt, die darauf keinen Bezug haben, ist ein Verirrter. Diese Auffassung, wie überhaupt die ganze retrospective chauvinistische Richtung der Blasendorfer Schule mußte besonders den Rumänen in Siebenbürgen und Ungarn zusagen, denn eigentlich ist die ganze Blasendorfer Schule nichts weiter, als der magyarische Geist mit sehr wenigen Modificationen in's Rumänische übertragen. Wir finden also, besonders während der 60er Jahre, eine auffallend große literarische Production, aber eine allgemein unverständliche Sprache, eine abgeschmackte Empfindelei und einen beinahe absoluten Mangel an wahrer Inspiration und an Liebe zur Wahrheit.

Es gab nun inmitten der Rumänen auch Männer, welche zwar die wahren Errungenschaften der Blasendorfer Schule würdigten, aber im Übrigen sich fern von ihr hielten, denn kein Mann mit wahren Inspirationen wird sich in seiner Thätigkeit einen unvernünftigen Zwang anthun lassen. Zu diesen gehören, nebst Schaguna, als Begründer der rumänischen Kirchen-Literatur, Nicolae Popea und Freiherr Eudoxius von Hurmuzaki.

Eudoxius Hurmuzaki, geboren im Jahre 1812 zu Cernauca bei Czernowitz, genoß seine Ausbildung an letzterem Orte und an der Wiener Universität. Er ist in der neueren Geschichte der Bukowina mehr durch seine politische Thätigkeit, als der kaisertreue Leiter der Rumänen bekannt, wurde im Jahre 1873 für seine Verdienste in den Freiherrnstand erhoben und starb im Jahre 1874 als Landeshauptmann der Bukowina. Größer und allgemeiner ist jedoch seine Bedeutung als rumänischer Geschichtsforscher und namentlich verdanken ihm die Rumänen die größte Sammlung von (etwa 1200) historischen Documenten, die sie gegenwärtig besitzen.*)

Eudoxius Hurmuzaki theilt in seiner deutsch geschriebenen Geschichte der Rumänen, ebenso wie Schaguna in seiner Geschichte der orientalischen Kirche und in seinem canonischen Recht manche Meinungen der Blasendorfer Schule nicht; aber sie fallen gegen dieselben direct nicht aus; sie verfolgen zwar in ihrer ganzen Thätigkeit eine andere, gesündere Richtung, aber sie geben dieser Richtung keine genaue Formulierung und so scheinen sie von der Blasendorfer Schule sich fern zu halten, bloß weil sie keine Zeit haben, an ihrer Thätigkeit theilzunehmen.

Es mußte eine neue Generation mit neuen Ideen kommen, um die Verwirrung, in welche die Übertriebenheiten der Blasendorfer Schule die Geister versetzt hatten, wahrzunehmen, ihre schädlichen Consequenzen zu ermessen und mit ganzer Entschlossenheit dagegen zu kämpfen.

Es bildete sich zu Anfang der 60er Jahre in Jassy ein Kreis von Männern, welche ein literarisches Blatt „Convorbiri literare" gründeten und darin die neuen Ideen für eine neue Richtung besprachen.

Das Haupt dieser neuen, kritischen Schule, Titus Majorescu, Sohn des obengenannten Joan Majorescu, geb. 1840 zu

---

*) Die Manuscripte Hurmuzaki's wurden im Jahre 1874 vom damaligen rumänischen Minister für Cultus und Unterricht Titus Majorescu nach Bukarest gebracht und einer von der Familie des Verstorbenen gewählten Commission — M. Cogalniceanu, D. Sturdza, T. Rosetti und A. Obobescu — anvertraut, welche sie unter Aufsicht des Ministeriums, — gegenwärtig der rumänischen Akademie, — veröffentlicht. Es sind bisher drei Bände (VII., VI. und III.) der „Documente" und zwei Bände der „Fragmente zur Geschichte der Rumänen" erschienen.

Crajova, ausgebildet im Wiener Theresianum, dann in Berlin und Paris, trat vor Allem mit einem kritischen Aufsatz „Contra scoalei Bărnuţ" („Gegen die Schule des Barnutz") auf.

Es flog ein Entsetzen durch alle rumänischen Blätter; es empörte sich jede „gut gesinnte" rumänische Seele; man schrie allenthalben, daß die Jassyer Schule aus Kosmopoliten und Freimaurern bestände, welche das rumänische Volk germanisieren wollten: aber man gab in Jassy nicht nach, und es folgten bald darauf andere kritische Aufsätze von demselben Autor, wie „Despre scrierea limbei române", „Poesia română", „Limba română in foile de peste Carpaţi", „Noua direcţie", und die Gegner der neuen Schule wurden allmählich kleinlaut und gaben zuletzt den Kampf gänzlich auf.

Die Principien der „direcţia nouă" ließen sich in Folgendem zusammenfassen: Die römische Abstammung der Rumänen ist wohl eine historische Thatsache, aber sie kann für sich allein zur Entwicklung des rumänischen Volks nicht genügen, für welche nur die wirklichen Anlagen des Volkes selbst, seine gegenwärtigen Verhältnisse zu andern Völkern, und die unermüdliche Arbeit nach geistiger und materieller Entwicklung im europäischen Sinne entscheidend sein können; darum haben sich die Rumänen in ihrer ganzen Entwicklung an die moderne Cultur zu lehnen und sollen das im Volke Vorhandene im Sinne der modernen Cultur und nur von der Liebe zur Wahrheit geleitet, weiter fortbilden.

Seitdem nun diese Ideen in Siebenbürgen und in Ungarn sich allgemein verbreitet haben, werden dort weniger schlechte Verse geschrieben, aber hie und da ein ziemlich gutes Schulbuch verfaßt. Der Gedanke, daß Jeder nur das versuchen soll, was er auch leisten kann, bringt immer mehr durch, es legt sich allmählich Alles und an die Stelle der stürmischen Wallung tritt die wohlthuende

Ruhe eines vernünftigen Geduldens. — Von einer literarischen Thätigkeit im westeuropäischen Sinne des Wortes kann jedoch bei den Rumänen gar nicht die Rede sein. Es sind zwar im Volksbewußtsein die Keime dazu vorhanden, und es gäbe auch einzelne Talente, welche diese Keime im Sinne der „neuen Richtung" weiter fortzubilden fähig wären; es fehlen aber bisher die übrigen Bedingungen einer höheren geistigen Entwicklung. Vor Allem sind die Rumänen arm und auch ihre „Intelligenz" ist noch ziemlich ungebildet; so wird die geistige Arbeit zwar im Allgemeinen gewürdigt, aber nicht richtig beurtheilt und gar nicht bezahlt. Dazu hat der literarisch thätige Rumäne in den Ländern der ungarischen Krone auch im öffentlichen Leben eine schwierige Stellung. Die wenigen literarisch thätigen Rumänen, die heute in diesen Ländern leben, sind beinahe ausschließlich an den Consistorien oder an den confessionellen Mittelschulen angestellt, wo sie sehr karg bezahlt werden; die Andern, welche hier keine Anstellung finden konnten oder größere Ansprüche machten, mußten entweder in die Verhältnisse sich fügen und jede literarische Thätigkeit aufgeben, oder ihre Heimat, sei es für immer, sei es für eine unbestimmte Zeit verlassen. Abgesehen also davon, daß das moderne Ungarn nichts zur geistigen Entwicklung seiner Rumänen beiträgt, werden diejenigen, welche auch in dieser Entwicklung eine Stärkung des gemeinsamen Vaterlandes erblicken, zwar indirect, aber unerbittlich verfolgt, und für jeden in Ungarn öffentlich angestellten Rumänen liegt eine Gefahr schon darin, wenn seine Vorgesetzten eine rumänische Zeitung auf seinem Tische finden. Die nächste Folge davon ist die, daß in den ungarischen Kronländern überhaupt wenig Rumänisches gedruckt wird. Es soll hier bloß hervorgehoben werden, daß die Rumänen der Monarchie kein Tagblatt haben und daß das am meisten verbreitete politische Blatt „Telegraful Român" bloß dreimal in der Woche erscheint und in nicht mehr als 2000 Exemplaren gedruckt wird. — Die ferneren, bei einem so hartnäckigen Volke wie die Rumänen, viel schlimmeren Folgen sind, daß es für ein Verbrechen gilt, überhaupt etwas Magyarisches zu lesen und für ein großes Verdienst etwas Rumänisches, sei es noch so schlecht, zu schreiben. Gegen diese Folgen anzukämpfen ist einstweilen ganz und gar unmöglich; aber eben so unmöglich ist für die Dauer der Zustand, der solche Folgen hat. Es wird allmählich die Überzeugung durchbringen müssen, daß es nicht im Interesse der Monarchie sein kann, die allseitige Entwicklung desjenigen Elementes zu hemmen, welches so sehr geeignet ist, die Cultur-Bestrebungen der Monarchie im Oriente zu vertreten.

Hört man das Lied des Rumänen, sieht man seine kleidsame Tracht und die feine Verzierung aller Gegenstände, die durch seine Hand gleiten, beobachtet man seine Geschicklichkeit bei der Arbeit und die Standhaftigkeit, mit welcher er seine Zwecke verfolgt, so muß man sich unwillkürlich sagen: dies ist ein Volk von begabten Menschen, welches die Keime einer hohen industriellen und geistigen Entwicklung in sich trägt.

Wo aber die Fähigkeiten noch schlummern, dort muß mit der Zeit auch das unwiderstehliche Streben nach Entfaltung kommen. Dieses Streben ist bei den Rumänen schon entstanden, und die Zukunft wird zeigen, ob es der Mühe werth war, über tausend Jahre lang auszuhalten.

Inhalt.

	Seite
Bodenverhältnisse	1
Abstammung und Entwickelung	20
Historischer Rückblick	43
Religion	—
Religiöses Bewußtsein	63
Die Union	73
Die Kämpfe um die nationale Abgeschlossenheit beider rumänischen Kirchen	89
Die Bukowiner	104
Nationale Eigenthümlichkeiten	114
Eheschließung	123
Die gegenwärtigen Zustände	195

Buchdruckerei von Karl Prochaska in Teschen.

www.ingramcontent.com/pod-product-compliance
Lightning Source LLC
Chambersburg PA
CBHW031748230426
43669CB00007B/539